Tim Hodkinson

Odins Raben

TIM HODKINSON

ODINS RABEN

EINE WIKINGER-SAGA

Aus dem Englischen von
Andreas Decker

PIPER

Mehr über unsere Autorinnen, Autoren und Bücher:
www.piper.de

Wenn Ihnen dieser Roman gefallen hat, schreiben Sie uns
unter Nennung des Titels »Odins Raben« an *empfehlungen@piper.de*,
und wir empfehlen Ihnen gerne vergleichbare Bücher.

Von Tim Hodkinson liegen im Piper Verlag vor:
Die Chroniken des Nordens:
Band 1: Odins Zorn
Band 2: Odins Raben

Unser Versprechen für mehr Nachhaltigkeit
Klimaneutrales Produkt
FSC®-zertifiziertes Papier
Hergestellt in Europa

FSC
www.fsc.org
MIX
Papier | Fördert gute Waldnutzung
FSC® C083411

ISBN 978-3-492-06522-1

Titel der englischen Originalausgabe:
»The Raven Banner«, Aria/Head of Zeus, London 2020

Redaktion: Sabine Thiele
Satz: Satz für Satz, Wangen im Allgäu
Gesetzt aus der Sabon Next LT Pro
Druck und Bindung: CPI Books GmbH, Leck
Printed in the EU

»Sigurður jarl kvaddi þá til Þorstein Síðu-Hallsson að
bera merkið. Þorstein ætlaði upp að taka merkið.
Þá mælti Ámundi hvíti: »Ber þú eigi merkið Þorsteinn
því að þeir eru allir drepnir er það bera.«
»Hrafn hinn rauði«, sagði jarl, »ber þú merkið.«
Hrafn svaraði: »Ber þú sjálfur fjanda þinn.«

Jarl Sigurd befahl Thorstein Side-Hallsson,
das Banner zu tragen. Thorstein wollte es aufnehmen, aber
Amund der Weiße rief: »Nimm das Rabenbanner nicht,
Thorstein. Alle, die es in die Schlacht tragen, kommen zu Tode.«
»Hrafn der Rote«, sagte der Jarl. »Du trägst das Banner.«
Hrafn sagte: »Trag deinen Teufel selbst.«

Kapitel 157, *Brennu-Njáls Saga*

KAPITEL 1

JORVIK
ANNO DOMINI 935 – SPÄTWINTER

Einar Thorfinnsson sollte nie erfahren, was ihn da niedergestreckt hatte.

Er hatte gerade die Tür der Schenke hinter sich geschlossen und die dunkle Straße betreten, als ihn etwas an der Schläfe traf. Bunte Sterne blitzten vor seinen Augen auf, er verlor das Bewusstsein. Seine Knie gaben nach, er stürzte zu Boden, und sein letzter klarer Gedanke bestand darin, die eigene Dummheit zu verfluchen.

Er hätte wissen müssen, dass der Unbekannte mit der Kapuze Ärger bedeutete. In einer Stadt wie Jorvik waren Fremde nichts Ungewöhnliches. Leute kamen und gingen, aber der Fremde mit der dunkelgrünen Kapuze war irgendwie anders gewesen.

An Hilfe war nicht zu denken. Alle Zecher in der Schenke waren nach Hause gegangen. Die Thralle, die dort arbeiteten, ließen sicher gerade ihre müden Körper auf ihre Pritschen fallen, genau wie Gorm, der Wirt. Einar war nur noch wach, weil er geblieben war, nachdem der letzte Gast die Stube verlassen hatte. Er hatte auf den Lohn für seinen Auftritt gewartet, während Gorm die Abendeinnahmen zusammenrechnete. In der Zwischenzeit hatte er den Fremden, den er zuvor hinten im Raum entdeckt hatte, vergessen.

Der Fremde hatte seine Kapuze nicht abgesetzt, obwohl er sich nicht im Freien befunden hatte. An sich war das nicht ungewöhnlich. Leute mit Skorbut, Ausschlag oder Ungeziefer hielten die Köpfe oft verhüllt. Als Einar seinen üblichen Platz am Feuer eingenommen und die *drápa* von Hrolf Kraki vorgetragen hatte, um die Anwesenden zu unterhalten, war er überzeugt gewesen, von dem Fremden beobachtet zu werden. Eine der Mägde hatte das bestätigt und ihm amüsiert verraten, dass sich der Mann nach seinem Namen erkundigt hatte.

Er hätte die Gefahr erkennen müssen. Jetzt war es zu spät.

Seine Sicht klärte sich. Die undurchdringliche Dunkelheit der Nacht wurde von ein paar flackernden Fackeln auf langen Stangen zurückgedrängt, die hier und da auf der Straße standen. Als Erstes wurde ihm der durchdringende Gestank von Scheiße und Pisse bewusst. Er lag auf der linken Seite, eine Wange auf der kalten, glitschigen Holzplanke des Bohlenweges, der als Straße diente. Diese Bohlenwege führten in geraden Linien zwischen den Häusern und Läden durch die Stadt. Sie sollten die Füße der Bewohner von den offenen Kloaken fernhalten, die darunter verliefen. Nur die Holzplanke trennte Einars Nase von dem Unrat, und der Gestank war widerlich.

Er keuchte. Schmerz pochte in seiner Schläfe. Jemand trat ihm gegen die rechte Schulter und wälzte ihn auf den Rücken. Über sich sah er die Strohdächer der langen, niedrigen Gebäude, die die Straßen säumten, und die Sterne funkelten an einem Himmel, der so schwarz wie der Sand auf den Lavafeldern in Island war, seiner Heimat. Ein Ort, der im Augenblick so fern erschien wie diese Sterne.

Drei Männer standen über ihm. Im fahlen Licht konnte er ihre Züge nicht ausmachen, aber das Aufblitzen ihrer Klingen war unverkennbar.

»Du bist schwer zu finden«, sagte einer der Männer.

»Wo sind die Schwerter?«, fragte einer seiner Gefährten. »Ricbehrt will sie wiederhaben.«

Sachsen – Einar erkannte die Sprache. Oder *Engländer*, wie sie sich nun selbst bezeichneten.

»Erzähl uns nicht, dass du es nicht weißt«, sagte der dritte Mann, der Einars verwirrte Miene bemerkte, in der Sprache der Sachsen. Er hatte jedoch einen seltsamen Akzent. Vielleicht war er ein Franke?

»Hoffentlich hast du ihn nicht zu hart getroffen, Osric«, zischte einer der Angreifer seinem Gefährten zu, »und ihm den Verstand rausgeprügelt, bevor wir herausfinden, wo er die Schwerter versteckt hat. Das könnten wir überhaupt nicht gebrauchen.«

Noch immer tanzten viele kleine Lichter vor Einars Augen. Ihm war schlecht. Mit einem Stöhnen griff er sich an den Kopf, tastete vorsichtig nach seiner dröhnenden rechten Schläfe. Er spürte etwas Warmes und Klebriges, und ihm war klar, dass es sein Blut war.

»Meine Harfe«, stöhnte er, denn ihm wurde bewusst, dass sich der Lederbeutel mit dem Instrument nicht länger in seiner Hand befand.

»Helft ihm auf die Beine«, sagte Osric. »Schaffen wir ihn rein, damit wir ihn richtig befragen können.«

Sie zerrten ihn auf die Füße. Wieder verschwamm die Welt vor seinen Augen, seine Knie gaben erneut nach. Der Franke fing ihn auf und murmelte etwas in seiner eigenen Sprache, das verdächtig nach einem Fluch klang.

»Du hast ihn zu hart geschlagen, Osric«, beschwerte sich der andere Sachse. »Jetzt müssen wir ihn tragen.«

»Hör auf zu jammern«, sagte Osric. »Packt ihn an den Armen.«

»Warum müssen wir die ganze Arbeit machen?«, protestierte der Franke. »Du hast ihn geschlagen.«

»Weil ich hier das Sagen habe«, erwiderte Osric. »Richtig?«

Einen Augenblick lang starrten sich Osric und der Franke an, ihr Atem bildete weiße Wölkchen in der kalten Nachtluft, dann schaute der Franke zur Seite. Anscheinend hatte Osric recht.

»Ich bin direkt hinter ihm«, sagte Osric. »Wenn er Ärger macht, schlitze ich ihn auf.«

Der Franke und der andere Sachse legten sich Einars Arme über die Schultern, und er sackte zwischen ihnen zusammen.

»Beweg dich endlich, verflucht«, schimpfte der Franke, der links von Einar war.

Einar ließ den Kopf noch immer hängen, warf aber einen schnellen Blick nach links und rechts. Er musste wissen, wo sie ihre Messer trugen. Die beiden Männer hielten ihre Klingen in den freien Händen, auf der anderen Seite von Einar. Er hatte jedoch nicht die geringste Ahnung, was Osric tat.

Einar wusste nicht, wer diese Männer waren, aber so benommen er auch war, hatte er nicht die geringsten Zweifel, dass er in ernsthaften Schwierigkeiten steckte, wenn sie ihn von der Straße schafften und er ihrer Gnade ausgeliefert war. Das war vermutlich seine letzte Chance zur Flucht.

Er biss die Zähne zusammen, um die Benommenheit zu vertreiben. Dann stemmte er die Füße fest auf die Bohlen. Er spannte die Oberschenkel an und richtete sich auf. Diesmal war er so solide wie eine Eiche. Er legte die Arme um die Hälse der Männer und zog sie ruckartig gegeneinander. Ihre Köpfe schlugen mit einem Geräusch zusammen, als wären sie zwei volle Ale-Fässer.

Sie schrien auf und hielten sich die Köpfe. Einar ließ sie los und rannte so schnell, wie er konnte.

Jeden Augenblick erwartete er, den heißen Schmerz von Osrics Messer im Rücken zu spüren. Stattdessen vernahm er nur einen Fluch. Er war frei, hatte sich aber noch lange nicht von dem

Schlag auf den Kopf erholt. Bei jedem Schritt verschwamm seine Sicht. Die Straße schien zur Seite zu kippen, und er stolperte. Hinter ihm donnerten Schritte auf den Bohlen, während sein linker Fuß auf dem feuchten Holz wegrutschte.

Dann traf ihn etwas Schweres von hinten, und er fiel.

Einer der Männer hatte sich auf ihn geworfen und ihm beide Arme um die Beine geschlungen. Einar stürzte kopfüber. Die Luft wurde ihm aus den Lungen getrieben, und seine Zähne schlugen aufeinander, als sein Gesicht auf den Holzbohlen auftraf.

Der Angreifer hielt seine Beine fest. Einar war noch immer benommen, aber er wusste, dass er hier wegmusste. Er wand sich und trat zu. Der Angreifer hielt verbissen fest, aber es gelang Einar, den rechten Fuß loszureißen. Dabei verlor er den Schuh, der über den Bohlenweg rollte und im Unrat landete.

Einar trat hart zu, zweimal. Der Mann, der noch immer sein anderes Bein hielt, fluchte und ließ los. Einar warf einen Blick hinter sich. Die anderen hatten ihn fast erreicht.

Er rappelte sich auf und stolperte mit rudernden Armen vorwärts, versuchte verzweifelt, das Gleichgewicht wiederzuerlangen. Dann rannte er wieder, wobei sein nackter Fuß ständig auf dem feuchten Untergrund wegrutschte.

Hinter ihm donnerten seine beiden Verfolger über die Holzbohlen. Sie waren direkt hinter ihm. Er bereitete sich auf den nächsten Sturz oder den heißen Stich einer Waffe vor, die die letzte Dunkelheit bringen würde.

Ein Blick über die Schulter zeigte ihm, dass die Männer nur noch wenige Schritte entfernt waren. Ein Stück dahinter war der Mann, der ihn zu Boden gerissen hatte, auch wieder auf den Füßen und holte auf. Einar sah wieder nach vorn. Auf keinen Fall durfte er jetzt gegen eine Mauer laufen oder vom Bohlenweg stürzen.

Rutschend kam er zum Halt.

Ein kleines Stück voraus war eine Kreuzung. Sie wurde von vier flackernden Fackeln auf langen Stangen erleuchtet. Direkt in der Mitte, wo sich die Wege trafen, stand der Fremde mit der Kapuze aus der Schenke.

Er hielt einen gespannten Bogen, und die Eisenspitze des Pfeils zielte direkt auf Einar.

KAPITEL 2

Runter!«, rief der Fremde.

Tief in Einars Verstand blitzte etwas auf. Bevor ihm klar wurde, dass es Erkennen war, warf er sich wieder zu Boden. Der Pfeil surrte wie eine wütende Wespe über Einar hinweg.

Der Mann, der direkt hinter ihm war, hatte keine Chance.

Mit einem dumpfen Geräusch traf ihn der Pfeil mitten in die Brust, und er grunzte, während er noch ein paar Schritte weitertaumelte. Dann fiel er krachend auf die Holzbohlen, direkt neben Einar, der plötzlich in die bereits brechenden Augen des Franken blickte.

»Beim Blut Christi!« Osric kam rutschend zum Stehen, ebenso wie sein Gefährte.

Die grüne Kapuze wurde zurückgeschlagen. Langes, zu einem Zopf geflochtenes rotblondes Haar löste sich und wand sich wie eine Schlange auf ihrer rechten Schulter. Die Haut der Frau war so blass, dass sie in der Dunkelheit zu glühen schien. Die Brauen waren dunkel und gewölbt und hätten auch zu einer Katze gepasst. Ihre Schönheit ließ jeden Mann verharren. Ihr Bogen hatte noch größere Durchschlagskraft. Mit einer schnellen Bewegung hakte sie einen weiteren Pfeil ein, spannte die Sehne und zielte wieder auf die Straße.

»Affreca!«, sagte Einar.

Trotz der Situation versetzte ihm ihr Anblick einen seltsamen Stich.

»Bleibt, wo ihr seid, oder ihr seid tot«, rief Affreca den Männern zu.

Sie sprach Nordisch mit irischem Akzent. Selbst im Dämmerlicht konnte Einar die Verblüffung auf den Gesichtern der Sachsen sehen. Er rappelte sich wieder auf.

»An eurer Stelle würde ich mich nicht rühren.« Einar benutzte die Version der englischen Sprache, die er während seines Aufenthalts in Jorvik aufgeschnappt hatte. Es war eine Bastardsprache – hauptsächlich Sächsisch mit vielen nordischen Elementen –, aber sie war verbreitet genug, dass sich Angeln, Sachsen und Nordmänner in diesem geteilten Reich verständigen konnten. »Sie trifft einen flüchtenden Hasen auf hundert Schritte.«

Seine Verfolger wechselten einen Blick. Dann sprangen sie vom Bohlenweg, einer lief nach rechts, der andere nach links, und tauchten in die Dunkelheit zwischen den langen schmalen Häusern.

Affreca schoss. Osric stieß einen Schrei aus, verschwand aber trotzdem in der Finsternis. Affreca ließ einen weiteren Pfeil von der Sehne fliegen, der genau in dem Augenblick in die Ecke eines Hauses schlug, hinter der der andere Mann verschwand.

»Einen könntest du erwischt haben«, sagte Einar zu Affreca, als diese zu ihm lief. Sie spähten in die dunklen Gassen zwischen den Häusern auf beiden Seiten. Nichts bewegte sich dort.

»Ich weiß nicht, was in Hels Namen du in Jorvik zu suchen hast.« Einar breitete die Arme aus, nur um sie wieder sinken zu lassen und Affreca unbeholfen auf die linke Schulter zu schlagen. »Aber ich bin wirklich froh, dich zu sehen.«

Affreca hob die Brauen, dann schlang sie die Arme um ihn und drückte ihn fest. In Einars Lenden pochte das Blut. Er erwiderte die Umarmung und ließ schnell wieder los.

Aus der Gasse, in der Osric verschwunden war, drang ein Geräusch. Es klang, als wäre jemand über etwas gestolpert. Zwar gedämpft, aber es reichte, dass sie sich wieder auf die Situation konzentrierten. Die Dunkelheit jenseits der spärlichen Fackeln auf dem Bohlenweg bot jedem sich anschleichenden Angreifer perfekte Deckung. In diesem Augenblick konnten dort weitere Verfolger mit gespannten Bogen oder erhobenen Speeren lauern.

»Hier draußen ist es zu gefährlich«, sagte Affreca.

»Lass uns zurück zur Schenke gehen«, schlug Einar vor. »Meine Unterkunft ist zu weit weg.«

Sie stießen den toten Franken in die Gosse mit dem dreckigen Wasser. Einars Schuh befand sich irgendwo auf dem Grund des schwarzen Matsches, aber er hatte jetzt keine Zeit, ihn dort herauszufischen. Davon abgesehen, konnte er sich nicht dazu überwinden, in etwas herumzuwühlen, das nichts anderes als eine mit Abfällen verstopfte Kloake war.

Sie eilten zurück zur Schenke. Einars Harfe lag noch immer in ihrer Tasche, wo er sie auf dem Weg fallen gelassen hatte. Auf ihr beharrliches Klopfen reagierte Gorm zunächst mit der Forderung, sie sollten verschwinden. Als sie auf Einlass beharrten, wurden schließlich die Riegel lautstark zurückgezogen und die Tür geöffnet. Der breitschultrige Wirt mit dem großen Bierbauch stand vor ihnen, in der fleischigen Faust einen großen Holzknüppel, und wollte gerade die Forderung wiederholen, dass sie verschwinden sollten.

Beim Anblick Einars, dessen rechte Wange anschwoll und dem Blut aus der Kopfwunde übers Gesicht lief, blieben ihm die Worte im Hals stecken. Im nächsten Augenblick waren sie in der Schenke und die Tür hinter ihnen fest verriegelt.

Gorm führte sie zu einem Tisch in der Nähe des ersterbenden Feuers. Im Raum stank es immer noch nach den vielen Körpern, die sich dort zuvor gedrängt hatten. Der Geruch von Ale, Eintopf, Schweiß und feuchter Kleidung hing in der Luft, aber verglichen mit der Kälte und der Dunkelheit und den auf den Straßen lauernden Gefahren erschien Einar die Schenke wie *Fólkvangr,* Freyas himmlisches Reich, in dem ewiger Sommer herrschte.

Affreca sah ihn fassungslos an, als Einar ihr kurze Zeit später verriet, warum er in Jorvik war.

»Unterricht in der Dichtkunst?« Affreca verzog den Mund, als hätte er gerade einen üblen Furz gelassen. »Du hast Ulrichs *úlfhéðnar* verlassen, um Sänger zu werden?«

Einar zuckte mit den Schultern.

»In Jorvik lebt ein großer Skalde«, erklärte er. »Wenn ich berühmt werden will, muss ich noch viel lernen.«

Affreca kniff die Augen zusammen.

»Der Junge ist gut«, sagte Gorm und nickte in Einars Richtung. »Einer der besten Skalden, die wir je gehabt haben. Die Gäste lieben ihn.«

»Und Gorm bezahlt mich gut dafür, dass ich sie unterhalte«, sagte Einar. »So kann ich mir den Unterricht leisten, damit ich noch besser werde.«

Gorm, dessen kahler, mit Narben übersäter Kopf selbst von einem Leben voller Gewalt kündete, sagte: »Du siehst aus, als wärst du im Krieg gewesen, Junge. Die Straßen dieser Stadt sind nach Einbruch der Dunkelheit gefährlich. Es ist eine Schande, dass ehrliche Männer sie nicht benutzen können, ohne von Schurken und Dieben angegriffen zu werden.«

Einar schüttelte den Kopf.

»Die Männer haben mich gesucht. Ich bin sicher, dass zwei von ihnen Sachsen waren und einer ein Franke. Sie müssen für den Waffenhändler Ricbehrt arbeiten.« Er warf Affreca einen Blick zu. »Er will seine Schwerter zurück.«

»Die wir ihm in Irland gestohlen haben?«, fragte Affreca.

»Weißt du noch von anderen?«, gab Einar zurück.

»Ihr habt es ihnen bestimmt ordentlich gezeigt«, meinte Gorm.

»Meine Freundin hat vermutlich einen von ihnen getötet«, sagte Einar. »Wir haben ihn im Straßengraben zurückgelassen.«

Gorm verzog das Gesicht. »Dann habt ihr etwas zu trinken verdient. In meinen Augen ist Sachsen zu töten kein Mord. So, wie sie sich heutzutage über uns erheben, überrascht es mich, dass nicht mehr von ihnen in einem Graben enden. Aber deswegen wird es Ärger geben. Wenn man die Leiche findet, werden die Männer des Jarls in der Stadt umherstreifen wie Hunde auf der Fuchsjagd. Ich hole uns einen Krug Ale.«

Affreca schüttelte den Kopf.

»Also singt der Sohn des Schädelspalters jetzt für Münzen in einer Schenke?«, sagte sie verächtlich. »Wir waren der Meinung, du wärst hier, um mehr über das Kriegerhandwerk zu lernen. Oder um Verbündete für die Rache an Jarl Thorfinn zu finden. König Æthelstan von Wessex stellt ein Heer auf, das nach Norden marschieren soll. Wir haben gedacht, dass du dies vielleicht als Möglichkeit siehst, dir zu holen, was rechtmäßig dir gehört: das Jarltum von Orkney.«

Einar runzelte die Stirn. »Ich weiß nichts von Æthelstan. Davon abgesehen, wie sollte ich Orkney erobern? Ich würde mein eigenes Heer brauchen. Jarl Thorfinn ist zu stark. Ich kann nicht mein Leben mit der Hoffnung verschwenden, dass ich ihm eines Tages gegenübertreten kann.«

Er sah ihren Gesichtsausdruck und wurde knallrot.

»Es gibt außer dem Kampf noch andere Möglichkeiten, um Ruhm zu erringen.« Zur Abwechslung strömten die Worte aus seinem Mund, ohne dass ihm sein Kopf im Weg war. »Odin hat mir die Gabe der Dichtkunst verliehen. Damit kann ich mir einen Namen machen. Und dieser Ruhm wird so lange andauern wie der eines jeden Kriegers.«

Affreca schnaubte. »Und was ist mit der Ehre, Einar? Was ist mit der *Rache*?«

»Rache wofür?« Die Scham, die ihn hatte erröten lassen, verwandelte sich in Wut. »Thorfinn hat meine Mutter nicht ermorden können, nicht wahr?«

»Er hat es versucht. Er hat versucht, uns alle zu töten.«

»Und wir haben die Männer getötet, die er dazu losgeschickt hat. Einschließlich seines Sohnes – mein eigener Halbbruder Hrolf. Falls du das vergessen haben solltest.«

»Glaubst du, Thorfinn wird einfach so aufgeben? Er ist dort draußen und sucht nach dir. Willst du einfach darauf warten, dass er kommt und dich erwischt?«

Einar seufzte. Die Aufregung nach den Geschehnissen dieser Nacht ebbte ab und hinterließ eine tiefe Müdigkeit. Es war Zeit, zur Sache zu kommen. Er fixierte sie mit seinem Blick. »Warum bist du wirklich hier, Affreca?«

KAPITEL 3

Affreca blickte sich um und vergewisserte sich, dass sie keine Zuhörer hatten. Dann sagte sie: »Du hast doch Zutritt zum Königshof von Jorvik, richtig?«

Einar kniff die Augen zusammen. »Wie lange hast du mich beobachtet?«

»Ein paar Tage.«

»Ohne dich zu erkennen zu geben? Was, im Namen von Hels Königin, hast du vor?«

Affreca beugte sich über den Tisch. Zorn funkelte in ihren Augen. Einar konnte den Blick nicht von ihnen abwenden.

»König Erik hat uns für eine wichtige Aufgabe hergeschickt, für die wir in den Königshof müssen«, zischte sie durch die zusammengebissenen Zähne. »Gestern habe ich das Tor beobachtet, und wen sehe ich da reinspazieren? Dich!«

Sie pochte mit dem Zeigefinger auf seine Hand.

»Eyvind Finnsson, mein Lehrer, ist der Skalde von Hakon Haraldsson.« Zu seiner Überraschung ließ selbst ihre feindselige Berührung sein Herz erbeben. »Hakon herrscht vom Königshof aus über Jorvik. Ich bekomme dort meinen Unterricht.«

»Hakon ist nur der Schoßhund der Sachsen.«

Bei Gorms Stimme drehten beide den Kopf. Der Wirt war mit einem Krug Ale und drei Bechern zurückgekehrt.

»Æthelstan kommandiert ihn herum wie einen Hausdiener. Dass ein Sohn von Harald Schönhaar von Norwegen die eigenen Leute als Thralle hält! Es ist eine Schande. Ich mache die Religion dafür verantwortlich.«

»Eyvind Finnsson ist dein großer Lehrer?«, fragte Affreca.

Einar nickte und genoss den Stolz, den er verspürte, dass er mit einer solchen Berühmtheit in Verbindung gebracht wurde. »Du hast von ihm gehört?«

»Ja.« Affreca lächelte amüsiert. »Nennt man ihn nicht auch Eyvind *Skáldaspillir*? Eyvind den ›Skaldenverderber‹?«

Einar verschränkte die Arme. »Das mag schon sein. Aber nur die, die noch keinen seiner Auftritte erlebt haben.«

»Einst war er ein großer Dichter, davon habe ich gehört«, sagte Affreca. »Bevor ihm das Ale das Hirn vernebelt hat. Ist er heute nicht hauptsächlich dafür bekannt, dass er die Werke anderer vorträgt und dabei ruiniert?«

Einar seufzte. »Vielleicht hat er seine besten Tage hinter sich, ja. Aber er ist der Beste, den ich mir leisten kann.«

Er richtete den Blick auf den Tisch und war plötzlich begierig, das Thema zu wechseln.

»Also seid ihr zu König Erik Blutaxt gereist?«, sagte er. »Wie ist er denn so?«

Einar hatte Affreca, Ulrich, Skar und den Rest der überlebenden Wolfsmäntel aus Ulrichs Mannschaft das letzte Mal vor Monaten auf den *Färöern* gesehen, dieser kleinen Inselgruppe besiedelter Felsen, die auf halbem Weg zwischen Island und Norwegen in der Nordsee lag. Nach dem Kampf mit Thorfinns Männern auf dem Hof von Einars Mutter hatten sie Island zusammen verlassen. Obwohl es gefährlich war, im Winter zu reisen, hatte Ulrich unbedingt zu König Erik nach Norwegen zurückkehren wollen, um mit seinem Herrn Frieden zu schließen, bevor ihm jemand zuvorkommen konnte – vor allem Jarl Thorfinn von Orkney. Einar hatte dagegen nichts einwenden können. In Island war er für die nächsten beiden Jahre ein Gesetzloser, also musste er das Land so schnell wie möglich verlassen.

Goði Hrapp, sein neuer Stiefvater, hatte Mitgefühl mit ihm. Aber das Gesetz war nun einmal das Gesetz, und Hrapp war auch der Häuptling des Bezirks. Er konnte keinen Gesetzesbrecher unter seinem Dach aufnehmen. Also hatte sich Einar den *úlfhéðnar* auf ihrem Langschiff angeschlossen.

Schlechtes Wetter hatte sie die Reise auf den Färöern unterbrechen lassen. Dort hatten sie als Gäste eines Edelmanns im Haus festgesessen und den ganzen Tag nichts anderes tun können, als zu trinken und zu singen. Dabei hatte Einar sich mit einem alten Skalden angefreundet.

Du bist der beste Sänger, den ich seit Jahren gehört habe, Junge, hatte der alte Mann gesagt. *Besser als ich in deinem Alter. Du könntest es weit bringen und dir wirklich einen Namen machen.*

Er hatte Einar erzählt, dass der berühmte Skalde Eyvind Finnsson in der Stadt Jorvik in Britannien lebte und der junge Mann bei ihm Unterricht nehmen sollte. Und als der Sturm aufgehört hatte, hatte Einar von den *úlfhéðnar* Abschied genommen. Er war an Bord eines Handelsschiffes gegangen, das nach Britannien unterwegs war, während Ulrich sein Langschiff nach Norwegen steuerte.

Affreca zog die Mundwinkel nach unten. »König Erik? Er ist viele Winter alt, aber noch immer stark. Er ist von großem Wuchs und sieht gut aus, so wie man es sich von seinem Vater Harald erzählt. Aber er ist mürrisch. Er sagt nicht viel. Nicht, dass das überraschend wäre. Er ist von Feinden umgeben. Er hat zwei Halbbrüder, die der Ansicht sind, sie hätten einen größeren Anspruch auf den Thron als er. Einige seiner Jarle widersetzen sich offen seiner Herrschaft. Im Land braut sich eine Rebellion zusammen.«

»Ich habe gehört, dass das Eriks eigene Schuld ist. Hier in

Jorvik heißt es, dass er ein harter Herrscher ist. Sogar ungerecht. Dienst du gern so einem König?«

Affreca verzog das Gesicht, als wollte sie sagen: Was hat das mit mir zu tun?

»Seine Frau ist auch ein echtes Miststück«, fuhr sie fort. »Ein Albtraum von Frau.«

Einar hob die Brauen.

»Doch, das ist sie. Sie ist viel jünger als er. Und sie ist eine *seiðkona.* Eine Zauberin. Sie wurde in irgendeinem weit entfernten, seltsamen Königreich im Norden von Schamanen der Sami großgezogen. Das hat ihren Verstand verdreht, das schwöre ich. Odin allein weiß, was sie ihr angetan haben.«

»*Wir,* hast du gerade gesagt?«, griff Einar ihre früheren Worte auf. »Hast du dich also Ulrichs Mörderbande angeschlossen?«

Die Andeutung eines Lächelns huschte über Affrecas Lippen. Einar sehnte sich danach, sich über den Tisch zu beugen und sie zu küssen. Plötzlich wurde ihm bewusst, wie einsam er gewesen war, obwohl Jorvik eine so lebendige Stadt voller Menschen war. Er hatte sie vermisst. Und den Rest von Ulrichs Mannschaft auch.

»Ulrich hat gesagt, ich hätte vielleicht Potenzial«, antwortete sie.

»Wo sind denn die anderen?«, wollte Einar wissen.

»Sie haben mich als Kundschafterin ausgesandt«, sagte Affreca. Er konnte sehen, wie stolz sie war, eine solche Verantwortung bekommen zu haben. »Sie waren der Ansicht, dass ich allein nicht so auffällig bin.«

Einar nickte. Das ergab Sinn. Auch wenn sie nur noch zu siebt waren, hätte die Ankunft einer Gruppe Wolfsmäntel in der Stadt Aufsehen erregt. Elitekrieger des Königs von Norwegen würden von den derzeitigen sächsischen Herrschern von Jorvik nicht willkommen geheißen werden.

Gorm schenkte drei Becher Ale ein.

»Gorm«, sagte Einar und legte dem Wirt die Hand auf die Schulter. »Ich möchte dir jemanden vorstellen. Das ist …«

Ein heftiger Tritt traf sein Schienbein, und er zuckte zusammen.

»Schon in Ordnung«, sagte er zu Affreca. »Gorm können wir vertrauen. Das kann ich dir versprechen. Wir haben bereits einiges zusammen durchgestanden.«

Der Wirt grinste und zeigte ein paar Zahnlücken. »Einar unterhält hier nicht nur die Gäste. Wenn es Ärger gibt, hilft er mir, die Störenfriede rauszuwerfen. Ich weiß, dass er der Bastard von Thorfinn Schädelspalter ist. Bei Thors Eiern, ich habe erlebt, wie er an ein paar wilden Abenden ein paar Schädel aneinandergeschlagen hat.«

Beide Männer kicherten.

»Und das ist Prinzessin Affreca Ui Imair«, fuhr Einar fort.

»Eine Irin?« Gorm hob die Brauen. »Deinem Aussehen nach hast du wie wir viel nordisches Blut in dir. Du musst aus Dublin kommen. Oder vielleicht Limerick?«

Affreca nickte.

»Es tut mir leid, aber ich kenne mich nicht gut mit der Namensvergabe der Iren aus«, sagte der Wirt. »Wir benennen die Leute nach ihrem Vater.«

»Das ist in ihrem Land auch so«, erklärte Einar. »Allerdings verrät dir in diesem Fall das ›Ui‹, wer ihr Großvater war.«

»Imair?« Gorm sah verwirrt aus, dann riss er die Augen weit auf. »Ivar? Bist du mit den *Ivarssons* verwandt?«

Affreca nickte zögernd. »Ich bin Affreca Guthfrithsdottir. Mein Vater war Guthfrith Mac Sitric Ui Imair, der König von Dublin.«

Mit noch immer weit aufgerissenen Augen sah der Wirt Einar an, um sich das bestätigen zu lassen. Der junge Mann nickte.

»Das ist in der Tat eine Ehre.« Gorms Stimme war zu einem atemlosen Flüstern geworden. »Es tut mir so leid! Ich habe mein übliches Ale gebracht. Bitte, lass mich dir mein bestes bringen.«

Trotz ihres verwirrten Ausdrucks riss er ihr den Becher aus der Hand und goss den Inhalt zurück in den Krug.

»Oder möchtest du lieber Wein?«

»Ale ist in Ordnung«, sagte sie.

»Dein Vater hat für kurze Zeit auch über Jorvik geherrscht«, sagte Gorm. »Er war unser letzter nordischer König. Seit Æthelstan ihn vertrieben hat, stehen wir unter der Knute der Sachsen. Oder vielmehr der Engländer, wie uns Æthelstan befohlen hat, sie zu nennen. Für eine Ivarsson ist es hier gefährlich. Aber keine Sorge!« Er tippte sich an die Nase. »Meine Lippen sind versiegelt. In meiner Schenke bist du sicher.«

»Danke«, sagte Affreca. »Mein Vater hat nur wenige Monate über Jorvik geherrscht. In Irland wurde gescherzt, er wollte hier nur nach dem Tag fragen, um dann wieder nach Hause zu fahren. Natürlich hat keiner gewagt, ihm das ins Gesicht zu sagen.«

Gorm schaute betrübt drein. »Und wie ich gehört habe, ist Guthfrith nun tot. Mein Beileid zum Verlust deines Vaters.«

Affreca nickte, dann sah sie nachdrücklich in ihren leeren Becher.

»Ich hole dir etwas zu trinken.« Gorm verstand den Wink.

»Ich hätte nichts gegen etwas Wein einzuwenden«, meinte Einar.

»Im Gegensatz zu ihr bist du kein Nachfahre von Ragnar Lodbrok«, sagte der Wirt und begab sich in seinen Lagerraum. »Du bekommst das Ale, das alle trinken.«

Einar legte die Hand auf Affrecas, die auf der Tischplatte lag.

»Es tut mir leid, das mit deinem Vater zu hören«, sagte er. »Ich habe nicht gewusst, dass er gestorben ist.«

Affreca rümpfte die Nase und entzog ihm ihre Hand. »Der

Mistkerl wollte uns beide umbringen, schon vergessen? Es tut mir nur leid, dass ich ihn nicht selbst töten konnte.«

»Vielleicht bekommst du ja deine Chance darauf in Walhalla.«

»Das bezweifle ich. Wie ich gehört habe, ist er in seinem Bett am Schweißfieber gestorben. Die Walküren werden ihn nicht aus einem Haufen in der Schlacht gefallener Krieger erwählt haben.«

»Heißt das, du könntest jetzt die Königin von Dublin sein?«

Affreca schüttelte den Kopf. »Von Rechts wegen wird das Königreich an meinen Bruder Olaf gehen.«

»Ich wusste gar nicht, dass du einen Bruder hast.«

»Ich habe sogar vier. Eigentlich sind es Halbbrüder. Und ich sollte sagen, dass ich vier *hatte.* Zwei von ihnen sind tot. Und Olaf hat den größten Teil seines Lebens im Norden verbracht. Er wurde von den Ui Neills großgezogen. Das ist eine alte irische Tradition. Aber genug von meiner Familie.« Sie beugte sich wieder über den Tisch. »Sag mir, als du im Königshof warst, hast du da je ein Banner gesehen? Ein Feldzeichen mit einem Raben darauf?«

Einar runzelte die Stirn und schüttelte den Kopf. »Nicht, dass ich wüsste. Aber der Königshof war einst die Residenz der Könige von Jorvik. Die Wände sind mit Wandteppichen und Bannern nur so gepflastert. Es sind so viele, dass ich mir nicht sicher sein kann.«

Gorm kehrte mit einem neuen Becher Ale für Affreca zurück. Einar blieb nicht verborgen, dass es viel klarer als die dicke, abgestandene Flüssigkeit in seinem Becher war.

»Was ist an diesem Banner so Besonderes?«, wollte er wissen. »Warum ist ein Rabe darauf?«

»Ihr sprecht vom Rabenbanner?« Gorms Tonfall war andächtig.

»Du hast davon gehört?« Affreca richtete die Aufmerksamkeit auf den Schankwirt.

»Natürlich«, sagte Gorm stolz. »Einst bin ich dahinter marschiert. Ich war Krieger in Diensten von König Sitric, damals, als wir noch von nordischen Königen beherrscht wurden und nicht den Sachsen. Glaubst du, ich habe diese Narben auf meinem Kopf nur von Besoffenen, die ich aus meiner Schenke werfe?«

»Was ist so besonders an diesem Banner?«, fragte Einar erneut.

»In alten Zeiten hat Odin es höchstpersönlich an König Wölsung übergeben«, sagte Affreca so geduldig, als müsste sie es einem Kind erklären. »Man nennt es auch *den Landverheerer*, denn wenn es entfaltet wird, wird völlige Zerstörung auf das Land losgelassen. Es war ein Schatz meines Clans.«

»Es bringt jedem Heer, das dahinter kämpft, den Sieg«, sagte Gorm. »Es wurde an Ragnar Lodbrok weitergereicht, und er gab es seinem Sohn Ivar. Guthfriths Heer führte es mit sich, als er um Jorvik kämpfte. Es trägt eine mächtige Magie in sich.«

»Es ist verschwunden«, sagte Affreca. »Mein Vater hat es hier in Jorvik verloren, als die Stadt an Æthelstans Heer fiel.«

Gorm blickte finster drein. »Das ist doch Unsinn. Æthelstan hat nicht um diese Stadt gekämpft. Es gab keine Schlacht. Seine Männer haben sich reingeschlichen, statt die Stadt zu stürmen. Sie haben sie geplündert, und wenn du mich fragst, gehörte dieses Banner zu der Beute. Æthelstan herrscht nun wie der schlimmste Tyrann über uns. Er hat uns Hakon Haraldsson als Jarl vor die Nase gesetzt, weil er glaubt, wir würden uns dann weismachen lassen, von einem Nordmann regiert zu werden. Aber alle wissen, dass Æthelstan seine Leine hält. Im Augenblick ist es schlecht, hier ein Nordmann zu sein. Die Sachsen herrschen über uns. Wir müssen die Köpfe unten halten. Wir können nicht einmal unseren Glauben in der Öffentlichkeit ausüben. Ich kann mich noch an die Tage erinnern, in denen jeder Laden oder jedes

Haus in dieser Straße einen Götterpfahl vor der Tür stehen hatte, an dem ein geopfertes Tier hing. Eine stolze Zurschaustellung des starken Glaubens des Besitzers. Jetzt müssen wir uns aus der Stadt schleichen, nur um unseren Bräuchen nachzugehen. Wisst ihr, dass er das *jól*-Fest verbieten will?«

Affreca hob die Brauen.

»Ja!« Gorm begann sich für sein Thema zu erwärmen. Er pochte bei jedem Wort mit dem Finger auf die Tischplatte, um es zu unterstreichen. »Diesen Winter könnte das letzte *jól*-Fest hier gewesen sein. Stattdessen will er, dass sein Gott gefeiert wird. Wir sollen es die Christmesse nennen. Ich sage euch eines: Mir ist egal, wer auf dem Thron sitzt. Sie werden mich nicht davon abhalten, *jól* zu feiern. Beim nächsten Mittwinter werden wir in meinem Haus Geschenke austauschen und trinken und essen, bis wir platzen, so wie es unsere Vorväter zu *jól* getan haben, seit Odin ein Junge war.«

»Ich bin hier, um das Rabenbanner zu holen«, sagte Affreca. »König Erik setzen seine Feinde zu. Einige sind stark. Seine Frau hat ihn davon überzeugt, dass er die Magie dieses Banners braucht, wenn er überleben will. Er ist davon besessen. Falls Æthelstan es erbeutet hat, muss es irgendwo im Königshof sein. Einar, du bekommst dort deinen Unterricht. Wirst du mir helfen, es zu holen?«

»Also heißt es jetzt *ich* und nicht mehr *wir*?« Einar schob die Unterlippe vor. »Sollten *wir* nicht auf Ulrich und die anderen warten?«

»Wenn wir es bei ihrer Ankunft bereits besitzen, wird Ulrich bestimmt beeindruckt sein, glaubst du nicht?«

»Du willst wohl um jeden Preis zu seiner Mannschaft gehören, was?«

Affreca schnaubte und schaute weg.

»Was bleibt mir denn sonst übrig? Nach Hause reisen und heiraten? Wenn du mir hilfst, könnte das möglicherweise auch dein Ansehen bei Ulrich steigern. Möglicherweise vergibt er dir sogar, dass du uns verlassen hast.«

Einar verschränkte die Arme und schüttelte den Kopf. »Wie schon gesagt, ich bin hier, um zu lernen, wie man ein besserer Skalde wird. Du bittest mich, dir dabei zu helfen, dem Herrn meines Lehrers etwas zu stehlen. Jemand, der mich in seinem Haus willkommen geheißen hat. Es wäre ein Bruch der Gastfreundschaft.«

Affreca sah ihn lange an, dann stand sie auf.

»Werde erwachsen. Dein Traum von der Dichtkunst ist Unsinn«, sagte sie. »Gegen Thorfinn zu kämpfen ist dein Schicksal. Früher oder später wird es geschehen, ob du es willst oder nicht. Und wenn der Augenblick gekommen ist, würde ich an deiner Stelle lieber an der Seite einiger der besten Krieger in Midgard stehen – Ulrichs *úlfheðnar* –, als allein und nur mit einer Harfe bewaffnet. Gute Nacht.«

Sie ging zur Tür, schob die Riegel zurück und verließ die Schenke.

»Sei vorsichtig«, rief Einar ihr nach. »Ricbehrts Männer könnten sich noch immer dort herumtreiben.«

Als sich die Tür hinter Affreca schloss, stieß Gorm einen leisen Pfiff aus.

»Mögen die Götter denjenigen beistehen, denen sie dort draußen begegnet«, sagte er. »Sie ist wütend.«

KAPITEL 4

JARLSHOF, FESTUNG DES JARLS VON ORKNEY
ORKNEY

Gizur Kalfsson kaute auf der Unterlippe herum. Seine Hände waren zu Fäusten geballt, die Knöchel traten weiß hervor. Seine Handflächen waren verschwitzt. Sein Herz schlug schnell, aber er kämpfte mit aller Macht darum, so ruhig wie möglich auszusehen. Wie bei einem wütenden Hund durfte man sich auch vor Jarl Thorfinn seine Furcht unter gar keinen Umständen anmerken lassen.

Doch Gizur hatte schreckliche Angst.

Er hatte Jarl Thorfinn in der Hitze der Schlacht erlebt, wenn den Mann der Zorn überkam. Es flößte einem zugleich Ehrfurcht und Entsetzen ein, wenn man Zeuge wurde, wie der große Mann seine Axt schwang, Helme und die darunter liegenden Köpfe spaltete, Gliedmaßen abtrennte und Waffen zerschmetterte, während in seinen Augen Mordlust und Wahnsinn flackerten und Speichel in seinem Bart klebte. Allerdings war das nicht so besorgniserregend wie die derzeitige Stimmung des Jarls.

Wenn Gizurs Herr wirklich wütend war, brüllte er nicht. Er wurde ganz leise.

Gizur diente dem Jarl jetzt seit etwas länger als einem Monat als sein Hauptmann, aber er gehörte schon seit Jahren zum Haushalt. Er wusste nur zu gut, dass die derzeitige Stille des Jarls wie die seltsame Ruhe war, die die Wogen der See befällt, bevor der Sturm hereinbricht.

Thorfinn Rögnvaldsson, Jarl von Orkney und Herr der Wikinger, besser bekannt als *Hausakljúfr,* saß am Kopf seiner langen Festhalle auf seinem Hochsitz. Abends dröhnte die Halle vor Wärme, Aktivitäten und Lärm. Auf den Bänken saßen dicht gedrängt die Krieger und anderen Bewohner des Jarlshofes, Thorfinns Festung, die hinter ihren Wällen erleuchtet war, oben auf der Halbinsel, die von der Hauptinsel der Orkneys weit hinaus in die Nordsee ragte. Feuer loderten in langen Gruben, und die Tische bogen sich unter den Platten mit Brot, Fleisch und Fisch. Die lautstarken Unterhaltungen wetteiferten mit der Musik und den Darbietungen der Skalden, die versuchten, sich auf dem Podest, auf dem auch der Hochsitz des Jarls stand, Gehör zu verschaffen.

Jetzt am Morgen war die Halle so still wie der finster brütende Jarl. Die Bänke waren leer, und in den Feuergruben lag nur noch Asche. Die Fackeln waren verloschen, im Saal herrschte Zwielicht, und in der Luft lag der süßliche Geruch von altem Rauch, kaltem Fett und abgestandenem Bier.

Der Jarl saß auf seinem Podest, als wäre er Odin, der von seinem Thron *Hliðskjalf* über die Welt wachte. Gizur stand davor und schaute zu ihm hinauf. Thorfinn saß vorgebeugt da, die Arme auf den Knien verschränkt, die Stirn gerunzelt, während er die Binsen am Boden betrachtete. Er war ein großer Mann, der trotz seiner beinahe fünfzig Winter noch immer kräftig und ausdauernd war. Sein wolfgraues Haar war glatt gekämmt und fiel ihm bis auf die Schultern. Bart und Augenbrauen hatten ihre ursprüngliche dunkelbraune Farbe bewahrt, und sie rahmten die scharf geschnittenen Züge seines schmalen Gesichts ein. Er war in Felle und Robbenhaut gehüllt, als wollte er auf eine winterliche Seereise gehen.

Neben Gizur stand der Händler Kari Reffsson. Kari hatte gerade den Bericht über seinen kürzlichen Besuch in Island beendet. Seine Worte hatten Thorfinn in diese Stimmung versetzt.

Das einzige Geräusch war das Gänsehaut verursachende Kratzen von Stein auf Metall. Neben dem Hochsitz des Jarls stand die hagere Gestalt von Thorfinns *galdr maðr* Vakir. Vakir war so groß wie der Jarl, aber wo Thorfinn breite Schultern hatte und muskulös war, seine Oberschenkel an die Menhire auf der *nes* erinnerten, war der *galdr maðr* dünn und schmal wie eine Birke im Winter und bestand nur aus Haut und Knochen. Oben auf dem Kopf war er kahl, aber ein Kranz aus schlaffen weißen Haaren hing bis auf seine Schultern. Seine Aufgabe bestand darin, die heiligen Bräuche auszuführen – Rituale und Opfer –, aber so mancher auf dem Jarlshof hielt ihn für einen *seiðmaðr,* der dunkle Zauber wirkte.

Vakir leckte sich die Lippen, während er einen Wetzstein über die lange Schneide einer Axt schob. Thorfinn wollte einen Stier opfern, um die Gunst der Götter zu erlangen. In Kürze würden sie im Herz des Winters über die nördliche Walstraße segeln. Dabei würden sie alle Hilfe brauchen, die sie bekommen konnten.

Allerdings hatte der Händler die Reise gerade hinter sich gebracht und war genau in dem Augenblick eingetroffen, in dem der Stier aus seinem Gehege geführt wurde. Als Thorfinn gehört hatte, dass er in Island gewesen war, hatte er ihn in die verlassene Halle bringen lassen, wo er ihn weitab von neugierigen Ohren befragen konnte.

Endlich sah der Jarl auf. Beim Anblick der zwei glühenden Augen, die sich auf den Händler richteten, bekam Gizur eine Gänsehaut.

»Du willst also *nichts* gesehen haben?«, sagte Thorfinn. Seine für gewöhnlich dröhnende Stimme ähnelte jetzt dem leisen Knurren der riesigen zotteligen Wachhunde, die auf dem Gelände des Jarlshofes umherstreiften. »Ich habe zwei Schiffe mit meinen besten Männern losgeschickt. Mein Sohn Hrolf war bei ihnen. Und du sagst, dass es keine Spur von ihnen gibt? *Niemand* hat sie gesehen?«

Gizur wurde sich bewusst, dass der Händler keine Ahnung von dem Zorn hatte, der im Jarl brodelte, was seine Nervosität noch steigerte.

»So ist es«, sagte Kari. »Alle Einheimischen haben gesagt, dass seit dem vergangenen Sommer niemand mehr von Orkney da war.«

Der Händler war ein Norweger, der sein Handwerk von Dublin im Westen bis nach Haithabu im Osten ausübte. Genau wie der Jarl und Gizur war er für eine Winterreise gekleidet, aber sein geöffneter Mantel enthüllte das auffällige rote Hemd darunter, was typisch für die Kleidung weit gereister Männer war. Er war gerade auf Orkney eingetroffen, nachdem er den Isländern Holz und Wein ver- und ihnen Robbenhäute, Walrosselfenbein und Walblubber abgekauft hatte, mit denen er auf Orkney und den Hebriden handeln wollte. Dort beabsichtigte er, Wolle zu kaufen, die er dann auf der Rückreise nach Norwegen unter die Leute bringen wollte. Und in jedem Hafen würde er mehr Silber verdienen. Gizur war etwas neidisch. Das war ein ehrloser, aber beständiger Weg zum Reichtum, vor allem wenn man ihn mit dem verglich, den er selbst gewählt hatte. Er war ein Krieger – ein *hirðmaðr*, einer der auserwählten Männer des Jarls. Sein Schicksal würde Ruhm oder Tod sein. Vielleicht auch beides.

Als er von der Ankunft des Händlers im Hafen gehört hatte, wusste er, dass der Jarl ihn sofort würde sehen wollen. Seit Thorfinn seine Männer mit ihrem Mordauftrag nach Island geschickt hatte, war mehr als genug Zeit für die Hinreise, die Durchführung des Auftrags und die Rückreise vergangen. Mittlerweile hätten sie längst wieder da sein müssen.

Der Jarl strich mit der rechten Hand über den großen Holzpfosten an der rechten Seite seines Stuhls. Gizur hatte ihn schon oft dabei beobachtet. Das Holz war von der ständigen Berührung ganz glatt. Der Pfosten war mit vierzehn Nägeln gespickt, die in unterschiedlicher Höhe hineingehämmert worden waren. Es handelte sich um große, rechteckige Nägel, wie man sie für den Schiffsbau benutzte. Als sich die Hand darüber bewegte, trafen die goldenen Ringe des Jarls klirrend auf die Eisennägel. Der drittunterste Nagel ragte zur Hälfte aus dem Holz. Thorfinn hielt inne, als er ihn mit der Hand berührte, und strich wieder nach oben.

»In Island gibt es eine irische Frau, Unn Kjartansdottir«, sagte Thorfinn. »Bist du überhaupt auf ihrem Hof gewesen? Bist du ihr begegnet?«

Gizur wusste genau, dass der Jarl seine Stimme nur mit größter Mühe so desinteressiert klingen ließ. Als der Händler kurz hämisch grinste, runzelte er die Stirn.

»Ich habe gesehen, wo sie gewohnt hat«, antwortete Kari. »Ihr Hof ist nur noch eine ausgebrannte Ruine. Dort lebt keiner mehr.«

Thorfinn und Gizur wechselten einen Blick.

»Dort hat es gebrannt, wie mir die Einheimischen erzählten. Ein schrecklicher Unfall. Die Frau ist in den Flammen gestorben.«

»Das hat man erzählt?«, sagte der Jarl. »Und die Schiffe haben sie nicht erwähnt, die ich geschickt habe? Meinen Sohn Hrolf?«

Kari schüttelte den Kopf. Wieder zeigte sich auf dem Gesicht des Händlers dieses seltsame Lächeln. Dieses Mal war Gizur nicht der Einzige, der es bemerkte. Thorfinn erhob sich von seinem Sitz. Gizurs Magen verkrampfte sich.

»Dich scheint etwas zu amüsieren?«, fragte der Jarl.

Kari lächelte breit. »Die Einheimischen haben mir von deinem anderen Sohn erzählt. Dem Bastard. Sie fanden es witzig, dass er die ganze Zeit dort gelebt hat, ohne dass jemand wusste, dass er der Sohn des mächtigen Thorfinn *Hausakljúfr* ist.«

Die Brauen des Jarls schossen in die Höhe. Der *Galdr*-Mann hielt darin inne, die Axt zu schärfen.

»Ach, das haben sie? Ordentlich darüber gelacht?«, sagte Thorfinn.

»Nein, überhaupt nicht. Versteh mich nicht falsch.« Der norwegische Händler hob beschwichtigend die Hände. »Es ist nichts, weswegen man sich schämen müsste. Meiner Meinung nach macht es einen Mann nur noch mehr zu einem Mann, wenn er noch ein paar andere Kinder hat. Ich habe selbst ein paar Bastarde in verschiedenen Häfen.«

»Ach, wirklich?«, fragte der Jarl. »Und was hält deine Frau davon?«

»Meine Frau?« Der Händler breitete die Arme aus und kicherte. »Welche? Davon abgesehen, würde eine von ihnen versuchen, mir zu sagen, was ich zu tun habe, würde ich sie wieder in die Sklaverei schicken, aus der ich sie gekauft habe.«

»Ja.« Thorfinns Lächeln erstarrte. »Im Gegensatz zu meiner Frau, der Nichte des Königs der Schotten. In deinem Haus wird ein Streit keinen Krieg auslösen. Vakir?«

Der Jarl streckte die Hand aus. Als würde er seine Gedanken lesen, reichte ihm der dünne *seiðmaðr* die geschärfte Axt.

»Weißt du, wofür diese Nägel stehen, Kari?« Wieder ließ Thorfinn die Goldringe über die Nagelköpfe rattern, während er die Axt in der anderen Hand hielt.

»Natürlich.« Der Händler nickte. Diese Gewohnheit teilten alle großen Männer. »Es sind Götternägel. Jeder steht für einen Schwur, den du vor den Göttern abgelegt hast.«

»Vor den Göttern …«, sagte Thorfinn. »Leiste ich einen Schwur, wird ein Nagel zur Hälfte ins Holz gehämmert, und Vakir hier weiht ihn im Namen einer der Götter. Wurde der Schwur erfüllt, wird der Nagel ganz hineingeschlagen. Jeder dieser Nägel steht für einen besiegten Feind, ein erobertes Land oder einen getöteten Mann, ein erfülltes Versprechen an die Götter. Siehst du den da?«

Der Zeigefinger des Jarls verharrte auf dem Nagel ziemlich weit unten am Pfahl, der zur Hälfte aus dem Holz ragte.

»Das ist der Einzige, den ich nie ganz einschlagen konnte. Weißt du, wofür er steht?«

Kari schüttelte den Kopf. Verwirrt sah er Gizur an.

»Da habe ich geschworen, Unn Kjartansdottir zu töten«, sagte der Jarl. »Vor vielen Jahren. Sie war meine Bettsklavin. Ich habe sie gut behandelt. Sie lief fort. War mit meinem Bastardsohn schwanger. Und jetzt sagst du mir, dass sie tot ist.«

»Also kannst du den letzten Nagel einschlagen?« Kari erschien verwirrt.

Gizur verzog das Gesicht.

»Ich habe geschworen, *ich* würde sie töten!«, brüllte Thorfinn. Die plötzliche Veränderung seines Verhaltens ließ sowohl Kari wie auch Gizur zusammenzucken. »Du sagst, sie sei bei einem Unglück gestorben! Ein sehr praktisches Unglück! Wie kann ich das als meinen Verdienst beanspruchen? Was werden meine Feinde darüber sagen? Diese Schafficker in Island lachen mich bereits deswegen aus. Und was in aller Welt wird König Erik Blutaxt sagen, wenn er davon hört?«

Vom Zorn des Jarls eingeschüchtert, duckte sich der Händler zusammen und hob schützend die Arme, als wären die Worte ein körperlicher Angriff gewesen. Er stieß ein leises Wimmern aus.

»Mach nicht mich dafür verantwortlich. Ich bin nur der Bote.«

Thorfinns rechte Braue schoss bis beinahe zum Haaransatz empor.

»Ja, das bist du, nicht wahr?«, sagte der Jarl.

Mit zwei schnellen Schritten stand er am Rand des Podests und sprang auf den Boden. Er landete direkt vor dem Händler und schwang die Ritualaxt mit beiden Händen über den Kopf.

Der Jarl brüllte, der Händler schrie, und die Axt fuhr durch die Luft und machte dabei ein Geräusch wie ein flatternder Schwan. Die Schneide traf Kari über dem Nasenrücken in die Stirn. Sie zerschlug Fleisch, Knochen und Gehirn und spaltete den Kopf des Händlers in der Mitte in zwei saubere Hälften. Die Schneide verharrte erst, als sie das Rückgrat traf. Das entsetzte Kreischen des Mannes verwandelte sich in ein ersticktes Gurgeln, als er starb. Er sank auf die Knie, noch immer gehalten von der Axt in seinem Kopf.

Thorfinn betrachtete sein Werk, dann grunzte er. Er lächelte schmal, stemmte den Fuß gegen die Schulter des toten Händlers und zerrte die Axt aus seinem Schädel. Die Leiche kippte zur Seite. Einer von Karis Augäpfeln fiel aus der schrecklichen Wunde, während die von dem zerschmetterten Mund befreite Zunge wie ein großer purpurner Wurm herausbaumelte. Gizur verzog das Gesicht und trat zur Seite, um dem Blutstrom zu entgehen, der aus dem gespaltenen Kopf floss.

Hausakljúfr, der Spitzname des Jarls – der Schädelspalter – war in der Tat gerechtfertigt.

Thorfinn warf den Kopf in den Nacken und blickte ins Dachgebälk.

»Ach, Hrolf«, sagte er mit einem tiefen Seufzer. »Du dummer, dummer Hund. Du hast dich von Einar besiegen lassen.«

Er richtete die Aufmerksamkeit auf Gizur. Bei seinem glühenden Blick verkrampften sich dessen Eingeweide.

»Gizur, seit ich dich zu Björns Stellvertreter ernannt habe, als ich ihn mit Hrolf nach Island schickte, hast du mir gut gedient«, sagte der Jarl. »Vermutlich kann ich jetzt mit ziemlicher Sicherheit davon ausgehen, dass Björn tot ist. Also ist es Zeit, dir die Stellung zu geben.«

Gizur nickte nur. Sein Hals war wie zugeschnürt. Trotz seiner Furcht verspürte er Triumph im Herzen. Der Jarl machte ihn zu seiner rechten Hand. Björn war ein Narr gewesen. Ein alter harter Mann, der vom Ruhm vergangener Taten gezehrt hatte. Er würde diesen Fehler nicht begehen.

Der Jarl stieg wieder auf das Podest.

»Ich muss dich warnen. Das ist eine gefährliche Zeit für dich, an Bord zu kommen«, sagte er.

»Ich werde dich nicht enttäuschen«, stieß Gizur hervor, der seine Sprache endlich wiedergefunden hatte.

»Meine besten Krieger sind nach Island gefahren, um Unn zu töten«, fuhr der Jarl fort. »Das weißt du. Mein Hauptmann und mein Sohn. Nun sind sie alle tot, und meine Macht ist geschwächt. Ich bin sicher, dass diese verfluchten Isländer etwas damit zu tun haben. Ich bin mir auch völlig sicher, dass Ulrich und seine *úlfhéðnar* ihre Hand im Spiel hatten. Und mein anderer Sohn, dieser Bastard Einar.«

Gizur schluckte. »Wie kannst du dir da sicher sein? Sie hätten mittlerweile wieder zurück sein sollen, ja. Aber in dieser Jahreszeit ist das Meer stürmisch …«

Er verstummte, als ihn der Jarl mit einem weiteren finsteren Blick fixierte.

»Björn war so stark wie ein Bär und so gnadenlos wie ein Wolf«, sagte Thorfinn. »Aber er war auch so dumm wie ein Ochse. Ich brauche nicht noch einen dummen Hauptmann, Gizur.«

»Das werde ich nicht sein.«

»Sie sind nach Island gesegelt. Dort hat sie jemand umgebracht. Die Isländer lügen. Es ist offensichtlich, was passiert ist.«

Thorfinn strich mit der Hand über den Pfosten, als würde er die nackte Haut einer Sklavin liebkosen. Als seine Finger den hervorstehenden Nagel berührten, hielt er inne und ließ sie dort einen Augenblick lang ruhen. Der Jarl schloss die Augen.

»Ich füge meinem früheren Schwur, Unn zu töten, das Folgende hinzu. Ich schwöre bei Odin, dem Herrn der Toten«, sagte Thorfinn mit lauter Stimme, mit der er sonst Ankündigungen vor einer Menge in der Halle oder bei einer Versammlung machte. Die Halle war leer, aber er wollte, dass die Götter in Asgard seine Worte vernahmen. »Bei Vidar, dem Gott der Rache. Bei Freyr und Tyr, dem Gott der Schlachten. Ich, Thorfinn Rögnvaldsson, werde für die Ermordung meines Sohnes Hrolf Rache nehmen. Mein Bastardsohn Einar und seine Wolfsmäntel-Freunde werden für alles bezahlen, was sie getan haben. Ihr Götter, seid meine Zeugen und helft mir bei dieser Aufgabe.«

« KAPITEL 5 »

JORVIK

Hat jemandem deine Dichtkunst nicht gefallen, Junge?« Eyvind der Skalde zeigte auf Einars verfärbte Wange, das halb zugeschwollene rechte Auge und das verkrustete Blut an dem Schnitt auf seinem Kopf.

Es war der nächste Tag, und sie standen vor dem schweren Tor des Königshofs, dem Gebäude, das Jorviks Herrschern als Residenz diente, seit die Welt jung gewesen war. Einar war auf den *gatur* von Gorms Wirtshaus zum Königshof gegangen. Trotz der frühen Morgenstunde und obwohl er sich seit einigen Monaten hier aufhielt, fand er den Lärm und den Gestank manchmal überwältigend. Die Luft war schwer vom Rauch der vielen Kochfeuer, dem Geruch des mälzenden Biers und dem allgegenwärtigen Gestank nach Pisse. Händler brüllten, um Kunden für ihre Waren zu interessieren, die sie vor ihren Holzhäusern ausgebreitet hatten, Kinder rannten in der Menge umher, die sich auf den Holzwegen drängte; einige spielten Fangen, andere stahlen unvorsichtigen Passanten mit flinken Fingern die Geldbeutel.

Die schiere Zahl der Menschen, die ihn in der Stadt umgaben, erstaunte Einar immer noch. Man hatte ihm erzählt, dass sich fünftausend Menschen zwischen Jorviks alten Stadtwällen drängten. Die Zahl erschien gewaltig, aber er glaubte es sofort, und die Stadt wuchs noch immer. Der blühende Handel auf

Jorviks Märkten zog jeden Tag mehr Menschen an, die hier ihr Glück machen wollten. Während die Stadt wuchs, wurden neue Straßen konstruiert, und jede wurde in dem gleichen regelmäßigen Muster gebaut.

Eyvind hatte wie gewöhnlich am Tor des Königshofs auf ihn gewartet. Ohne Hakons Skalden als Bürgen wäre er unmöglich an den sechs stämmigen Wächtern vorbeigekommen, die das Tor in voller Rüstung bewachten. Es war erst sechs Jahre her, dass Æthelstan von Wessex den letzten nordischen König von Jorvik vertrieben hatte. Die Bürger waren hauptsächlich nordisch oder von gemischter Abstammung, und die Stadt fühlte sich noch immer mehr besetzt als befreit an.

»Im Wirtshaus gab es eine Schlägerei«, sagte Einar, als er dem Skalden auf den Hof folgte.

Obwohl er nun schon so oft hier gewesen war, beeindruckte ihn der Anblick des Königshofs jedes Mal aufs Neue. Eyvind hatte ihm erklärt, dass das Bauwerk vor vielen Jahrhunderten von sogenannten Römern errichtet worden war. Im Gegensatz zur Mehrzahl der Gebäude in Jorvik, die lang, schmal, einstöckig und aus Holz und Stroh waren, bestand der Königshof aus Stein. Er verfügte über ein weiteres Stockwerk, das die Stadt überragte, und nur die Glockentürme der Christentempel waren ähnlich hoch.

Das Tor öffnete sich auf einen zentralen Hof, an dessen einem Ende Ställe standen. Viele Türen führten in das Bauwerk. Krieger und christliche Kleriker eilten über den Balkon, der das obere Stockwerk umgab.

Einar fand, dass diese Kleriker den größten Unterschied zwischen den Nordmännern und den Engländern, wie sich die Sachsen nun nannten, repräsentierten. Der Unterschied lag nicht nur in den Göttern. Die Höfe und Räte der englischen Könige waren mit Klerikern verseucht, die ständig alles in seltsamen Runen auf endlosen Rollen Pergament niederschrieben. Alles wurde aufgezeichnet und damit organisiert und kontrolliert. Æthelstan von Wessex war nun der stärkste König von Britannien. Vielleicht war es den Engländern dank dieser Organisation gelungen, Einars Volk, die Nordleute, an die Landesgrenzen zurückzudrängen. Offensichtlich war Organisation deutlich von Wert. Aber Organisation forderte ihren Preis. Für Einar als Nordmann war dieser Preis die Freiheit.

Die dicken Steinwände des Königshofs und ihre Höhe machten ihn zu einer natürlichen Festung. Jeder von den alten Walisern über die Sachsen bis hin zu den nordischen Königen hatte ihn als Residenz und Stützpunkt benutzt. Der Haupteingang wurde auf jeder Seite von drei Steinsäulen flankiert. Die Stufen der Treppe waren in der Mitte abgetreten von den Füßen, die dort seit Jahrhunderten hinauf- und hinuntermarschiert waren. Sie führten zu einer beeindruckenden, mit Eisen beschlagenen Flügeltür.

Dahinter befand sich eine kleine Eingangshalle, die ebenfalls auf beiden Seiten von Steinsäulen gesäumt wurde. Einar und Eyvind durchquerten sie und betraten einen düsteren, schmalen Korridor, der von Fackeln erhellt wurde, deren Flammen die Wände schwärzten und die Luft mit Rauch füllten. Eyvind führte seinen Schüler eine Treppe hinauf. Obwohl Einar schon oft hier gewesen war, hatte er jedes Mal ein mulmiges Gefühl im Bauch. Er konnte einfach nicht begreifen, warum diese Römer in die Höhe und nicht auf einer Ebene wie jeder normale Mensch hatten bauen müssen.

Im ersten Stock gab es ein kleines Zimmer, das Eyvind für seinen Unterricht benutzte. Der Skalde nannte es gern sein »Nest«, aus dem er auf die Haupthalle des Gebäudes hinaussah. Die Halle war ein gewaltiger Raum, der am Tag als Versammlungsraum und anderen Erfordernissen der Staatskunst diente.

Abends, wenn die Halle für Bankette benutzt wurde, konnte Eyvind sich aus einem Fenster des kleinen Raumes beugen und die Gäste beim Essen unterhalten. Einar warf einen Blick nach unten. Dort eilten Diener und die unvermeidlichen Kleriker umher, stellten Bänke auf, kehrten den Boden oder wischten Staub. Es war offensichtlich, dass sie den Raum für etwas vorbereiteten.

»Junge, du meine Güte, wie sieht denn die Harfe aus.« Der Skalde schüttelte den Kopf, als Einar das Instrument aus seinem Beutel holte. Das Holz hatte tiefe Kratzer, der Klangkörper wies einen Spalt auf. »Dein Instrument sollte dir wichtiger als deine Frau sein. Als dein Leben. Dank ihm fließt Gold in deinen Beutel. Gib es her.«

»Sie ist gestern Abend in den Kampf geraten«, sagte Einar und gab dem Skalden die Harfe. Während Eyvind sich an die Arbeit machte und sie stimmte, betrachtete Einar die Wand. Das unglaubliche Mauerwerk war für ihn eine Quelle unendlicher Faszination. In seiner Jugend in Island war alles um ihn herum aus Holz und Stroh erbaut worden. Nichts war aus Stein, abgesehen von bestenfalls Hofmauern, und selbst die waren kaum mehr als niedrige Erhebungen aus zusammengesuchten Steinen. Die Wände des Königshofs bestanden aus flachen, glatten Steinblöcken von nahezu gleicher Größe.

»Diese Römer.« Einar strich mit den Fingern über den kaum wahrnehmbaren Spalt zwischen zwei Blöcken. »Wie konnten sie so bauen? Waren sie Zwerge?«

In den Legenden waren Zwerge Handwerker mit so unvorstellbarer Kunstfertigkeit, dass sie wie Magie erschien (und vielleicht auch war).

Eyvind grunzte. »Nein, Junge.«

»Oder vielleicht ja Riesen? Diese Mauern sind wie die um die Heimstatt der Götter.«

»Sie waren Menschen, genau wie wir«, sagte der Skalde. »Einst haben sie die Welt beherrscht, abgesehen vom Land der Schotten und der Iren. Dieses Gebäude war die *Porta Principalis Sinistra* ihrer Stadt. Das ist übrigens Latein. Wenn du es in dieser Welt zu etwas bringen willst, mein Junge, dann musst du diese Sprache lernen. Und mit Welt meine ich Orte von Bedeutung, nicht die arschkalten Sümpfe dieser nördlichen Regionen.«

»Du kannst Latein?« In Einars Stimme lag mehr als nur ein Hauch von Skepsis, als er das stoppelbärtige Kinn des Skalden und seine müden Augen betrachtete und seinen Weinatem roch. Er hatte von diesem Latein gehört. Es war die Sprache, mit der sich die Angehörigen verschiedener christlicher Völker verständigten.

»Natürlich.« Eyvind gab ihm die Harfe zurück. »Ich habe die ganze Welt bereist. Ich war der Dichter von Königen und Jarlen. Würde ich sie nicht beherrschen, wie hätte ich dann die Runen lesen können, die die Römer in diese Wände geritzt haben und die mir nach Jahrhunderten verrieten, dass dies einst ihr Gebäude war? Aber bezahlst du mich, um über Rom zu sprechen oder dir beizubringen, wie man ein Skalde wird?«

Der Unterricht verlief mit Eyvinds üblicher Gereiztheit, in der er an so gut wie allen von Einars Bemühungen etwas auszusetzen hatte. Im Lauf der Zeit verbesserte sich seine Stimmung, allerdings fragte sich Einar, ob das mehr an dem Wein lag, den sein Lehrer in sich hineinschüttete, als an einer Verbesserung seines Vortrags. Es war nicht einmal Mittag. Aber eigentlich hatte Einar nichts dagegen, dass er trank. Je mehr Eyvind intus hatte, umso leidenschaftlicher wurde er beim Thema der Skaldenkunst.

»Die Worte sind wichtig, Junge, aber es geht nicht um die eigentlichen Worte«, ereiferte sich Eyvind. »Du kennst die Geschichte und die Kenningar, die Formen und Rhythmen der

Dichtkunst, so wie jeder gute Dichter. Aber ein wahrlich großer Dichter, der wird sie wie ein Koch benutzen, der einen Eintopf zubereitet – nein!« Der Skalde suchte in seinem weingetränkten Verstand nach einem besseren Vergleich. »Wie eine Zauberin, die einen Trank braut. Es geht nur darum, wie alles innerhalb der Einschränkungen der Verse vermischt wird. Damit wirkst du deinen Zauber. Das hält das Publikum in deiner Macht.«

Einar nickte, aber er verstand kein Wort.

»Hör zu. Pass auf.« Eyvind nahm die Harfe und stimmte einen Gesang an.

Nach wenigen Worten begriff Einar. Der alte Mann sah noch immer abgerissen aus, und die gelblichen Augen waren rot gerändert, aber jetzt schlug ihn seine Stimme in ihren Bann. Ergriffen lauschte er der Musik und den Worten, konnte einfach nicht wegsehen oder nicht zuhören. Affreca hatte nicht unrecht gehabt; Eyvinds Talent schwand, zerstört von den vielen Fässern Ale und Wein, die er im Lauf der Jahre in sich hineingeschüttet hatte. Aber gelegentlich, in solchen Augenblicken, konnte Einar etwas von dem Talent erkennen, das einst hell in dem Skalden gelodert hatte. Wenn er jetzt noch immer eine solche Wirkung hatte, wie musste er dann als junger Mann gewesen sein?

Eyvind sang:

»Jetzt lasst uns das Netz des Krieges aufwickeln
Wo das Rabenbanner vorwärtsflattert
und die Walküren zuschauen und die blutbespritzten
Schilde sehen, die den König bewachen.«

Als er geendet hatte, sagte er: »Verstehst du, was ich meine?«

Einar blinzelte, als würde er aus einem Traum erwachen. »Du hast das Rabenbanner erwähnt. Weißt du, was das ist?«

Eyvind zuckte mit den Schultern. »Die uralte, von Odin gesegnete Kriegsfahne, die dem Heer den Sieg beschert, das ihr folgt? Ja. Aber vielleicht wäre die Beschreibung ›von Odin verflucht‹ zutreffender. Wo hast du von diesem alten Fetzen gehört?«

Einar schaute zur Seite.

»Weiß ich nicht mehr. Irgendwer in der Schenke hat sie gestern Abend erwähnt. Einer der Gäste.«

Eyvind sah ihn lange an. »Du bist ein schrecklicher Lügner, Junge«, sagte er dann. »Es geht mich ja nichts an, aber ich brauche das Geld von deinem Unterricht. Hör auf meinen Rat ...«

Der Skalde beugte sich vor, fixierte Einar mit seinem Blick. Seine Weinfahne ließ die Augen des jungen Mannes tränen.

»... halte dich von dem Rabenbanner fern!« Er drückte Einar die Harfe in die Hand und setzte sich wieder zurück.

»Warum?«

»Das Rabenbanner ist ein sehr altes, sehr böses Ding. Älter als selbst dieser von den Römern erbaute Ort.«

»Ich weiß. Odin hat es erschaffen«, hauchte Einar.

»Odin?« Der Skalde schüttelte den Kopf. »Nein. Es war schon uralt, bevor er es fand. So, wie man ihn kennt, hat er es vermutlich gestohlen. Drei alte Frauen haben es angefertigt. Es heißt, sie seien *jötnar* gewesen, Ungeheuer. Oder *dísir*, Walküren oder vielleicht auch die *Nornen* selbst.«

Bei der Erwähnung der drei Alten, die an den Wurzeln der Welt hockten und die Schicksalsfäden der Menschen sponnen, stockte Einar der Atem, und er griff nach dem Thorshammer an seinem Hals. Die Nornen brachten einem Glück oder Pech, abhängig davon, welches Schicksal sie für einen im Sinn hatten.

»Das Banner wird vor der Schlacht entfaltet«, sagte Eyvind. Er hörte sich an, als würde er eine alte Sage singen statt einfach ein paar Fakten mitzuteilen. »Hängt es schlaff am Pfosten, ist der Sieg nicht gewährt. Aber verfängt sich der Wind darin und lässt es aussehen, als würde der schwarze Rabe darauf mit den Schwingen schlagen, dann wird das Heer, das es führt, seine Feinde besiegen, deren Häuser niederbrennen und deren Frauen nehmen. Darum lautet sein anderer Name auch *Landøyðan* – Landverheerer.«

»Aber du hast doch behauptet, dass es böse ist«, sagte Einar. »Wie kann das sein, wenn es den Sieg bringt?«

Eyvind kicherte.

»Das kommt darauf an, auf welcher Seite du stehst, Junge, nicht wahr? Aber der alte Odin ist *sleekit.*« Er senkte die Stimme, als hätte er Angst vor Zuhörern. »Er gibt niemals etwas umsonst. Alles hat seinen Preis. Odin ist es egal, wer bei unseren kleinlichen Streitereien den Sieg davonträgt. Er interessiert sich allein dafür, sein eigenes Heer aufzustellen. Für die letzte Schlacht am Tag des Untergangs, beim Ragnarök, braucht er die besten und tapfersten Krieger.«

»Die *einherjar.*« Einar nickte und erinnerte sich an die Ehrerbietung, mit der Ulrich und Skarphedin von Odins Kriegern gesprochen hatten, die am letzten, schicksalsträchtigen Tag der Welt gegen die Mächte der Finsternis und des Chaos kämpfen würden. Die Wolfsmäntel hofften inbrünstig, zu diesem Heer zu gehören, wenn es gegen die Horden der unwürdigen Toten marschierte, die Hel an der Seite der Riesen aus Frost und Feuer und der anderen monströsen Kinder von Loki aus ihrem Königreich führen würde.

Eyvind nickte. »Odin gewährt den Sieg, doch das hat seinen Preis. Und er holt sich immer, was ihm zusteht. Der Mann, der das Banner in die Schlacht trägt, stirbt darin. Auf diese Weise bekommt Odin mehr Krieger für seine *einherjar.*«

»Wer würde also das Banner tragen außer jemandem, der voller Inbrunst glaubt?« Einar begriff die grimmige Logik dieses Handels. »Der perfekte Mann für einen Sturmangriff. Also ist das Banner hier?«

»Hier?« Der Skalde hob die Brauen.

»Ich habe gehört, es soll irgendwo hier im Königshof sein. Es befand sich in Jorvik, als die Stadt an König Æthelstan fiel.«

»Und wer hat dir das erzählt?« Eyvinds Blick wurde misstrauisch.

»Das war … äh, diese Person im Wirtshaus.« Einar war sich bewusst, dass er errötete.

»Falls dem so ist, habe ich es nie gesehen«, sagte der Skalde. Dann setzte er sich auf und blickte sich wieder verstohlen um. »Aber ich sollte mich nicht mit dir über solche Dinge unterhalten. Das würde meinem Herrn gar nicht gefallen.«

»Ist Hakon denn kein Nordmann?«, fragte Einar verwundert. »Ein Sohn von Harald Schönhaar? Was sollte er dagegen haben?«

»Harald hat ihn in Wessex großziehen lassen. Er wuchs an Æthelstans Hof auf. Er ist Christ, allerdings versteht er genug von der Staatskunst, um daraus keine große Sache zu machen, wo er jetzt Jarl von Northumbrien ist und die Hälfte der Leute, über die er herrscht, den alten Sitten und Gebräuchen folgen.«

Lärm aus der Halle unter ihnen unterbrach den Skalden, und er warf einen Blick aus dem Fenster.

»Komm her, dann wirst du verstehen, was ich meine«, sagte er leise.

Einar trat zu ihm. Die Halle nahm die ganze Seite des Königshofs ein und reichte bis an das obere Ende des ersten Stocks. Sie war wie verwandelt. Die Diener waren verschwunden und die Bänke und Tische an die Wände geschoben worden, sodass der Boden nun frei war. Zu beiden Seiten brannten große weiße Kerzen in goldenen Ständern und sandten den Duft von warmem Wachs in die Luft. An den Wänden hingen reich verzierte Wandteppiche, von denen jeder Geschichten von den Helden der Vergangenheit erzählte, von gewonnenen Schlachten und überstandenen Abenteuern. An einem Ende stand ein Podest mit einem Stuhl. Im Gegensatz zu dem Hochsitz eines Jarls mit seinen mit Götternägeln beschlagenen Pfosten war dieser Stuhl aus geschnitztem Holz und schlicht. Dort saß ein junger Mann. Er hatte langes, glatt gekämmtes blondes Haar, und sein armseliger Schnurrbart bedeckte gerade mal die Oberlippe. Die feine Wollkleidung zeugte von Reichtum, genau wie die große Goldbrosche, die den roten Umhang an der Schulter hielt.

»Das ist Hakon Haraldsson«, flüsterte Eyvind. »Der Herrscher von Northumbrien. Mein Herr.«

Einar nickte. Obwohl er schon einige Male im Königshof gewesen war, bekam er seinen jetzigen Besitzer zum ersten Mal zu sehen.

»Er sieht jung aus«, meinte er.

Der Skalde nickte. »Fünfzehn Winter.«

Zu beiden Seiten Hakons stand ein Leibwächter in einem Kettenhemd, vor ihm ein Mann neben einem kleinen Tisch, der das seltsame Gewand eines christlichen Zauberers oder »Priesters« trug, wie man sie Einars Wissen nach nannte. Auf dem Tisch stand ein großer goldener Kelch, daneben lag ein Brotlaib.

Hakon, der schwer gelangweilt ausgesehen hatte, verließ nun seinen Platz, um sich mit gesenktem Kopf vor den Priester zu stellen. Am gegenüberliegenden Ende der Halle trat eine Reihe aus zehn Frauen durch die Flügeltür ein. Alle waren in das gleiche raue, weiße Leinen gekleidet; die Kapuzen ihrer dunklen Umhänge waren nach oben geschlagen.

»Das sind Nonnen«, sagte Eyvind. »Christliche Zauberinnen. Sie kommen jeden Tag, um für Hakon die Christenmesse zu singen. Das ist ein magisches Ritual, so ähnlich wie *galdr.* Eines muss man ihnen allerdings lassen. Es klingt wunderschön. Als würden Lichtelfen singen.«

Sobald alle Nonnen eingetreten waren, schlossen sich hinter ihnen die Türen. Der Priester hob die Hand, und sie fingen an zu singen. Eyvind hatte recht. Der ätherische Ton war bezaubernd. Der Priester vollführte Gesten über dem goldenen Kelch, dabei bewegten sich seine Lippen, als würde er mit sich selbst reden. Als das Lied der Nonnen endete, hob er den Kelch mit beiden Händen und intonierte Worte in einer Sprache, die Einar fremd war.

»Latein«, flüsterte ihm der Skalde ins Ohr.

»Verstehst du, was er sagt?«

Eyvind nickte. »Ein magischer Zauber über Blut.«

Der Priester verstummte, und die Nonnen sangen wieder. Während Einar wie verzaubert lauschte, fiel ihm auf, dass die Nonnen, die ihre Kapuzen nicht zurückgeschlagen hatten, ihre Aufmerksamkeit auf den Priester mit seinem erhobenen Kelch gerichtet hatten. Da er auf Orkney unabsichtlich an einer Messe teilgenommen hatte, wusste er, dass der Kelch im Mittelpunkt des Rituals stand und die Nonnen ihre Ergebenheit demonstrierten.

Nur eine nicht.

Von seinem Aussichtspunkt konnte Einar erkennen, dass die Nonne sich weniger auf den Priester konzentrierte und sich stattdessen umsah. Als sie den Kopf hob, sah er ihr Gesicht.

Es war Affreca.

KAPITEL 6

Einar war fassungslos. Was tat sie da?

Die Antwort war offensichtlich: Er hatte ihr seine Hilfe verweigert, also hatte sie sich entschieden, auf eigene Faust in den Königshof zu gelangen. Einar hatte nicht die geringste Ahnung, wo sie sich die Nonnenkleidung besorgt hatte, aber er ging davon aus, dass irgendwo eine unglückselige, gefesselte Frau lag. Oder ihr war noch Schlimmeres widerfahren. Affreca tat so, als würde sie mitsingen, aber wie sie bei Hels kaltem Königreich glauben konnte, damit durchzukommen, war ihm unerklärlich.

Die Nonnen beendeten ihr Lied. Jarl Hakon ließ sich vor dem Priester auf ein Knie nieder. Die Nonnen stellten sich hinter ihm in einer Reihe auf und knieten ebenfalls nieder.

»Sie essen jetzt das Brot«, flüsterte Eyvind.

Einar rief sich das christliche Ritual in dem Hügelgrab auf Orkney in Erinnerung. Er wusste, was nun kam, und tatsächlich gab der Priester Hakon ein Stück Brot, das dieser sich in den Mund steckte und hinunterschluckte. Dann begab sich der Priester zur ersten Nonne in der Reihe.

Die Frau schlug die Kapuze zurück. Ihr Kopf war rasiert, wie Einar überrascht sah. Sein erster Gedanke war, dass sie an Läusen leiden musste. Als sie das Brot nahm und der Priester zur nächsten Nonne ging, schlug auch diese die Kapuze zurück. Auch ihr Haar war geschoren. Mit einem Frösteln erkannte Einar, dass das wohl alle Nonnen taten. Wusste Affreca davon?

»Ich muss gehen«, sagte er.

»Was? Unser Unterricht ist noch nicht zu Ende«, protestierte Eyvind. »Du kannst nicht ohne mich hier herumlaufen. Ich muss für dich bürgen.«

Einar holte tief Luft.

»Es tut mir leid. Wirklich.«

Eyvind wollte ihn gerade fragen, wofür er sich entschuldigte, als Einars Faust gegen sein Kinn krachte. Unter anderen Umständen wäre Einar mit dem Schlag zufrieden gewesen, als der Skalde die Augen verdrehte und bewusstlos in seinen Armen zusammenbrach. Aber dieses Mal verspürte er nur Bedauern.

Er legte Eyvind so behutsam wie möglich auf dem Boden ab, dann warf er noch einen Blick in die Halle. Mittlerweile waren fünf geschorene Köpfe enthüllt, und Affreca sah sich hektisch um. Sie geriet in Panik. Es war offensichtlich, dass sie mit ihrer Tarnung nicht so weit gegangen war, sich auch die Haare abzuschneiden.

Einar schnappte sich seine Harfe und rannte aus Eyvinds Zimmer. Er hatte keinen klaren Plan, aber er musste ihr irgendwie helfen. Am anderen Ende der Halle hatte er eine Tür gesehen, vielleicht konnte er Affreca dort hinausschaffen.

Er hastete die Treppe hinunter, nahm mehrere Stufen auf einmal. Er raste durch den dunklen Korridor und kam in die Eingangshalle mit den Säulen.

Sechs Männer waren gerade durch die Flügeltür vom Innenhof eingetreten. Einar rannte zu schnell, um ihnen auszuweichen. Er sah gerade noch in das überraschte Gesicht eines älteren Mannes in teurer Kleidung, bevor er mit ihm zusammenstieß. Beide stürzten zu Boden. Einar schaute nach oben in einen Kreis aus schockierten Gesichtern. Drei der Männer waren Krieger mit Helmen und Kettenhemden.

Die Überraschung der fünf Männer schlug in Zorn um. Die

beiden Krieger, die an der Tür zur Halle Wache hielten, eilten zu ihnen.

Einar rappelte sich auf alle viere auf und schnellte nach vorn, versuchte zwischen den Beinen eines der um ihn versammelten Männer durchzukommen. Aber mit seinen breiten Schultern stieß er den Mann lediglich um. Das machte den Weg frei, und die Wächter hatten die Tür verlassen. Er sprang auf die Füße und hielt auf den Eingang der großen Halle zu.

»Mörder! Mörder!«, riefen die Männer hinter ihm auf Sächsisch. Messer wurden gezogen.

»Lebend!«, befahl ein anderer. »Fasst ihn lebend! Ich will wissen, wer ihn geschickt hat!«

Einar schnappte nach Luft. Sein Herz pochte, als er die Flügeltür zur Halle aufstieß. Affreca wand sich im Griff von Hakons beiden Leibwächtern; die Kapuze war zurückgeschlagen und enthüllte ihren langen rotbraunen Zopf. Der Priester und die Nonnen starrten sie ungläubig an. Beim Krachen der Türhälften zuckten die meisten zusammen.

Einar rannte in die Halle und fuhr herum, um den Verfolgern die Tür vor der Nase zuzuschlagen. Zu spät. Sie hatten ihn bereits erreicht, knurrten vor Wut und griffen nach ihm. Einar hielt noch immer seine Harfe und schlug mit aller Kraft nach dem Kopf des ersten Mannes. Das Instrument zersplitterte auf dem Eisenhelm des Kriegers, aber die Wucht des Hiebes reichte aus, um ihn zur Seite taumeln zu lassen. Einar schnellte herum, um weiterzulaufen, aber die restlichen Verfolger stürzten sich auf ihn. Schläge hagelten auf ihn herab, Tritte trafen seinen Rücken. Starke Hände hielten seine Schultern, ein Tritt in die Kniekehle schickte ihn auf die Fliesen.

Das zweite Mal in genauso vielen Tagen lag Einar auf dem Boden und bezog Prügel. Er krümmte sich zu einer Kugel zusammen und versuchte das Gesicht zu schützen. Aber die Krieger waren geübt und teilten stattdessen schmerzhafte Schläge auf seine Seiten und den Rücken aus.

»Das reicht«, sagte dieselbe Stimme, die den Männern befohlen hatte, ihn lebend zu fassen. »Er ist keine Gefahr mehr. Stellt ihn auf die Füße.«

Kräftige Fäuste packten und zerrten ihn in eine kniende Position. Krieger hielten ihn an den Schultern fest, jemand vergrub die Faust in seinem Haar, eine kalte Klinge legte sich an seinen Hals, die so scharf war, dass sie die Haut unter seinem Bart teilte. Bei der kleinsten falschen Bewegung würde das Schwert durch sein Fleisch schneiden.

»Keine Bewegung«, zischte eine Sachsenstimme in sein Ohr. »Oder du bist tot.«

Abgesehen vom schweren Keuchen der atemlosen Männer, herrschte Stille.

Einar blickte zu Affreca hinüber. Jetzt hielten Krieger sie beide fest.

»Was tust du hier?«, fragte sie.

»Ich bin gekommen, dich zu retten«, antwortete Einar.

Affreca verzog das Gesicht. »Gute Arbeit. Danke.«

Der Mann, den Einar in der Empfangshalle umgerannt hatte, trat zwischen sie. Er war groß, sah gut aus, und obwohl er keineswegs alt war, zeigten die Falten in seinem Gesicht und die weißen Strähnen in seinen braunen Haaren und dem Schnurrbart im englischen Stil, dass er viele Winter älter als Einar war. Sein grüner Umhang war aus feinster Wolle und so kostbar wie sein Leinenhemd, die wollenen Beinlinge und die weichen Hirschlederstiefel. Er betrachtete die Szene mit erhobenen Brauen, und Einar hatte den Eindruck, dass er nicht wusste, ob er lachen oder vor Zorn platzen sollte.

»Was, in Gottes Namen, geht hier vor, Hakon?«, fragte der Mann.

Der blonde Jüngling drückte sich in der Nähe des Podests herum und sah wie ein ungezogenes Kind aus, das hoffte, nicht erwischt zu werden. Als sein Name ertönte, kam er heran und neigte vor dem Neuankömmling den Kopf.

»Herr«, sagte er.

Einar dachte an einen Hund, der auf die Stimme seines Herrn und Meisters reagierte.

»Wir haben gerade diese Frau erwischt.« Hakon wies mit dem Kopf auf Affreca. »Sie hat sich als Nonne ausgegeben. Ich habe keine Ahnung, wer der Mann ist.«

»Das ist mein Schüler«, ertönte eine Stimme von oben. Alle schauten in die Höhe und entdeckten den noch immer benommenen Eyvind an seinem Fenster. »Ich unterrichte ihn in der Skaldenkunst.«

Einar bedauerte, ihn nicht stärker geschlagen zu haben.

»Komm runter«, befahl Hakon. Der Skalde verschwand vom Fenster.

Einar dachte fieberhaft nach. Er und Affreca steckten in echten Schwierigkeiten, und im Augenblick fiel ihm kein Ausweg ein.

In diesem Moment öffnete sich die Tür erneut. Drei Männer traten ein. Bei dem Anblick, der sich ihnen bot, rissen sie die Augen auf. Einer der Neuankömmlinge war ausgesprochen fett mit einem roten Gesicht und einer Nase in der Farbe und der Form einer reifen Pflaume. Seine Kleidung war teuer und gut geschneidert, um seine Korpulenz zu kaschieren. Seine beiden Begleiter waren Krieger. Beim Anblick des Mannes auf der rechten Seite holte Einar zischend Luft durch die Zähne.

Es war Osric, einer seiner Angreifer in der Nacht zuvor.

« KAPITEL 7 »

Ricbehrt«, sagte der hochgewachsene Engländer, der anscheinend das Kommando übernommen hatte, zu dem Dicken mit der roten Nase. »Verzeih mir. Wir kommen sofort zu unserem Geschäft. Wie du siehst, muss ich hier erst etwas klären.«

Panik stieg in Einar auf. Er versuchte das Gesicht abzuwenden, damit ihn die Neuankömmlinge nicht erkannten. Osric starrte ihn an. Einar gab es auf und erwiderte den Blick. Osric murmelte seinem Herrn ein paar Worte ins Ohr. Wieder riss Ricbehrt die Augen auf.

»Wie heißt du?«, wollte der Engländer wissen. Einar fragte sich, wer dieser Mann war, wenn selbst ein so mächtiger Jarl wie Hakon, so jung er auch war und immerhin ein Sohn von Harald Schönhaar von Norwegen, sich ihm gegenüber so demütig zeigte.

»Mein König«, wurde er von Ricbehrt unterbrochen, der mit einem dicken Finger auf Einar zeigte. Er benutzte die Sprache der Sachsen, hatte aber den nasalen Akzent der Franken. »Dieser Mann ist Einar Thorfinnsson! Er ist der Sohn deines Feindes, des Jarls von Orkney. Er und seine Gefährten, die heidnischen Wolfsmäntelkrieger von König Erik von Norwegen, haben mir in Irland wertvolle Waffen gestohlen.«

Mein König? Einars Gedanken rasten. Die Ehrerbietung, die jeder im Raum dem älteren Engländer erwies und wie er die Situation zu beherrschen schien, war bereits überraschend gewesen. Jetzt bestätigten Ricbehrts Worte den Verdacht, der ihn beschlichen hatte, aber schier unglaublich erschien. Das musste Æthelstan sein, der König von Wessex oder, um ihn bei dem Titel zu nennen, den er in letzter Zeit benutzte, der König aller Engländer und Imperator von Britannien.

Æthelstan betrachtete Einar mit zusammengekniffenen Augen, als würde er ihn neu einschätzen. Der Funken der Heiterkeit war verschwunden. »Stimmt das?«

»Jarl Thorfinn ist mein Vater, ja«, sagte Einar.

Um ihn herum sogen alle scharf die Luft ein.

Die Flügeltüren wurden aufgestoßen, und Eyvind stolperte herein. Er hielt sich den Kopf.

»Hat dir der Wein den Verstand so aufgeweicht, Eyvind«, sagte Hakon mit donnernder Stimme, »dass du den Sohn von Thorfinn Schädelspalter in den Königshof gebracht hast?«

»Mir hat er gesagt, er sei Isländer«, erwiderte Eyvind.

»Und was soll das mit der Dichtkunst?«, fragte Æthelstan.

»Er verfügt über eine ausgezeichnete Stimme und hat ein echtes Talent, mein König.« Eyvind neigte den Kopf vor dem Engländer. »Mit der richtigen Ausbildung könnte er eines Tages ein berühmter Skalde werden.«

»Und die Frau?«, wollte der König wissen.

Eyvind zuckte mit den Schultern. »Die habe ich noch nie zuvor gesehen.«

Einar warf Affreca einen scharfen Blick zu. Es würde ihnen nicht helfen, wenn sie ihre wahre Identität verriet.

»Ich bin Affreca Guthfrithsdottir!« Affreca hob das Kinn. »Vom Clan der Ui Imair und dem Königreich von Dublin.«

Einar verdrehte die Augen. Æthelstan seufzte und blickte zu Jarl Hakon.

»Hakon, mein Besuch sollte geheim bleiben«, sagte er ärgerlich. »Und doch muss ich bei meiner Ankunft herausfinden, dass die Nachkommen von zweien meiner Feinde bereits auf mich warten. Einer von ihnen hat mich sogar auf den Arsch geworfen! Ist sonst noch jemand da, von dem ich wissen sollte? Vielleicht lauert dein Bruder Erik Blutaxt hinter den Wandteppichen?«

Hakons Wangen röteten sich, und er sah zu Boden. Der König warf einen Blick zu den Kriegern, die Einar festhielten.

Einar fühlte, wie sich ihr Griff verstärkte. Er schluckte, und sein Adamsapfel rutschte über die kalte Eisenklinge an seiner Kehle.

»Mein Vater bedeutet mir nichts!«, rief er. »Er wollte mich und meine Mutter umbringen. Er will mich tot sehen.«

»Und bist du tatsächlich hier, um die Dichtkunst zu lernen?« Æthelstans Stimme verriet deutlich, für wie unwahrscheinlich er das hielt.

»Ja!«, sagte Einar.

»Und du?«, wandte sich der König an Affreca.

»Ich bin gekommen, um das Rabenbanner zurückzuholen«, erklärte sie.

Ein Aufstöhnen ging durch den Raum.

»Also bist du eine Diebin«, sagte Æthelstan. »Nichts anderes habe ich von einer Heidin erwartet.«

Affrecas Miene blieb trotzig. »Ihr habt es meinem Clan zuerst gestohlen.«

»Und sie sind Mörder, mein König«, rief Ricbehrt aus. »Gestern Abend haben sie meine Männer angegriffen. Einen von ihnen haben sie getötet.«

»Also war der Tote, der heute Morgen im Straßengraben bei Micklegate gefunden wurde, einer deiner Männer?«, sagte Hakon. »In ihm steckte ein Pfeil.«

Ricbehrt nickte. »Ich verlange Gerechtigkeit.«

»Ein König muss für Gerechtigkeit sorgen«, sagte Æthelstan. Er schaute nach oben, und sein Tonfall ließ vermuten, dass er genauso sehr mit sich selbst debattierte wie mit Ricbehrt. »Jorvik ist nun Teil meines Reiches, auch wenn seine Bewohner noch nicht gelernt haben, mich zu lieben. Ich kann nicht zulassen, dass auf offener Straße gekämpft wird. Andererseits kommt das alles sehr ungelegen. Niemand soll wissen, dass ich in der Stadt bin.«

Einars Herz schlug schneller. Noch immer suchte er angestrengt nach einem Fluchtplan. Mindestens drei starke Männer hielten ihn fest in ihrem Griff. Die Klinge saß so nah an seinem Hals, dass er sich bei der geringsten Bewegung die Kehle durchschneiden würde. Dann würde alles vorbei sein. Es gab keinen Ausweg.

»Was hast du mit meinen Schwertern gemacht?«, verlangte Ricbehrt zu wissen. »Ich will sie zurück.«

»Das müssen ja ganz besondere Schwerter sein«, sagte der König, »wenn sie dir solche Mühen wert sind.«

»Der Wert dieser Schwerter entspricht dem halben Steueraufkommen dieses Landes«, behauptete der Waffenhändler.

»Hm.« Æthelstan hob eine Braue. »Also Ulfberht-Schwerter? Die nicht aus dem Heiligen Römischen Reich exportiert werden dürfen? Kein Wunder, dass du so begierig darauf bist, sie zurückzubekommen. Sollte Prinz Otto herausfinden, dass du sie ins Ausland gebracht hast, wäre er alles andere als erfreut.«

»Mein Herr, Prinz Otto muss es ja nicht erfahren.« Ricbehrt neigte unterwürfig lächelnd den Kopf. »Du hättest doch bestimmt nichts dagegen, würden bei der Bestellung, mit der du mich beauftragen möchtest, vielleicht ein paar Ulfberhts auftauchen?«

Æthelstan grunzte.

»In der Tat. Ich nehme an, dass dann auch dein Preis beträchtlich steigen wird. Lass uns das später besprechen.«

»Ich weiß, wo seine Schwerter sind«, verkündete Einar. Vielleicht hatte er jetzt eine Chance, aus diesem Schlamassel zu entkommen.

Auf jeden Fall hatte er die Aufmerksamkeit aller Anwesenden.

»Wo sind sie?«, fauchte Ricbehrt durch die zusammengebissenen Zähne. »Sag es mir, du Bastard!«

»Ulrichs Männer haben sich zwölf genommen, aber mit allen war das Schiff zu schwer«, sagte Einar. »Wir mussten so schnell wie möglich nach Island segeln, weshalb wir den Rest von Bord gebracht haben.«

»Wohin?« Der rote Kopf des Waffenhändlers wurde noch dunkler, als würde er gleich platzen.

Einar lächelte.

»Hältst du mich für dumm? Wenn ich es dir verrate, bin ich nicht mehr von Nutzen für dich. Du wirst mich töten lassen.«

»Eigentlich wirst du wegen Mordes aufgehängt«, sagte Æthelstan und konnte ein schmales Lächeln nicht unterdrücken. »Barbaren wie Erik Blutaxt oder dein Vater richten Leute aus einer Laune heraus hin, aber wir hier haben Gesetze. Wenn du sterben musst, wirst du auch auf legale Weise hingerichtet.«

»Von meinem Standpunkt aus gesehen, ist das Endergebnis dasselbe«, erwiderte Einar. »Ich werde nicht verraten, wo die Schwerter sind, aber ich bringe dich zu ihrem Versteck, Ricbehrt. Es befindet sich eine Seereise weit entfernt, mehr musst du im Augenblick nicht wissen. Also brauchen wir ein Schiff. Wenn wir dich zu den Schwertern bringen, lässt du uns gehen?«

»Nun?« Æthelstan sah den Waffenhändler an. »Anscheinend hat der Sohn des Schädelspalters etwas, womit er handeln kann. Ich würde in der Tat gern ein paar dieser Schwerter haben, wenn sie wieder in deinem Besitz sind.«

Ricbehrt knirschte mit den Zähnen. »Also gut«, sagte er. »Aber wenn du mich übers Ohr hauen willst, bist du tot. Und ich werde dafür sorgen, dass dein Tod alles andere als rechtmäßig oder schmerzfrei ist.«

»Was ist mit der Frau?«, wollte Hakon von dem König wissen.

»Sie muss mitkommen«, sagte Einar.

Æthelstan kicherte. »Nein. Wenn sie tatsächlich eine Ui Imair ist, könnte sie eine nützliche Geisel darstellen.«

»Wir können sie nicht hierbehalten«, sagte Hakon. »Die Leute in Jorvik verabscheuen die englische Herrschaft ohnehin schon. Falls bekannt wird, dass sie im Königshof ist, könnte ein Mob vor dem Tor aufmarschieren, der ihre Freilassung verlangt. Es könnte sogar der nötige Funke für eine Rebellion sein.«

Der König musterte Affreca in ihrer Nonnentracht. Dann sagte er: »Wenn sie eine Nonne sein will, schicken wir sie zu den guten Schwestern von Withern Abbey, die auf sie aufpassen werden. Dabei können sie gleich auch ihre heidnische Seele retten. Bringt sie weg. Ich habe etwas mit Ricbehrt zu erledigen.«

Hakons Krieger zerrten Affreca aus der Halle, während sich Osric und Ricbehrts andere Leibwächter um Einar kümmerten. Man fesselte ihm die Hände auf dem Rücken, dann stieß man ihn zum Ausgang.

»Der Pfeil von diesem Miststück hat mich gestern Nacht verfehlt«, zischte Osric ihm ins Ohr. »Das ist Pech für dich. Sobald wir die Schwerter haben, bist du ein toter Mann.«

Einar seufzte, denn ihm wurde klar, dass ihm lediglich gelungen war, Zeitpunkt und Ort seines Todes hinauszuzögern.

KAPITEL 8

AVALDSNES, RESIDENZ VON ERIK HARALDSSON, DEM KÖNIG VON NORWEGEN

Schon wieder falsch! Noch einmal, ihr nutzlosen Bastarde!« Skarphedin Harsson – Skar für seine Freunde – stand vor einer *skjaldborg*, einer Verteidigungsformation aus Schilden, die von den fünf Rekruten für Ulrichs *úlfheðnar* gebildet wurde. Sie hatten die Schilde nach seinem Befehl schnell genug gehoben, aber als der große Mann nun den erfahrenen Blick darüberschweifen ließ, sah er, dass es nicht der von ihm erwartete Standard war.

»Das nennt ihr einen Schildwall?«, brüllte er. »Den könnte ja meine Großmutter mit ihrem Gehstock aufbrechen. Und die ist seit fünfzehn Wintern tot.«

»Um Thors willen«, sagte Bragi, einer der neuen Männer, nahm seinen Schild aus der Formation und richtete sich auf. »Wir alle wissen, wie man einen Schildwall bildet. Das haben wir schon tausendmal gemacht. Du hast es uns heute tausendmal machen lassen. Wir haben es getan, wo es wirklich darauf ankommt: in der Schlacht. Wir müssen das nicht immer wieder üben.«

Die Augen des Kriegers waren weit aufgerissen. Er schnaubte wild, und in der kalten Luft stieg sein Atem weiß auf.

»Du wirst es noch einmal tun«, sagte Skar leise grollend. »Und dann noch einmal. Bis es richtig ist.«

Bragi und er maßen sich noch einen Moment mit Blicken, dann spuckte der Krieger in den Schnee und nahm wieder seine Position ein.

»Auseinander«, rief Skar. Die Formation löste sich auf. »Lauft.«

Jeder Krieger lief mit Schwert und Schild in eine andere Richtung. Die Übung fand auf einem Platz hinter den Ställen und der Festhalle des Königs in Avaldsnes statt. Die Residenz von König Erik von Norwegen erstreckte sich über die ganze Halbinsel, eine *nes*, die weit in den Karmsund reichte. Tatsächlich war diese *nes* beinahe eine richtige Insel, denn abgesehen von einer schmalen Landbrücke, die sie mit dem Festland verband, war sie auf allen Seiten von Wasser umgeben. König Eriks riesige Festhalle dominierte die höchste Stelle, inmitten von Hütten, Scheunen und vielen anderen Nebengebäuden, die für die Residenz des Königs nötig waren.

Skar hatte die Männer nun schon eine Weile angetrieben, und sie hatten den Schnee auf dem flachen Platz zu Matsch zertrampelt. Die neuen Rekruten sollten sich verteilen, um sofort nach Skars Befehl zusammenzukommen. Aber ihren Bewegungen fehlte jede ernste Anstrengung, ihr Lauf war kaum mehr als ein gemütlicher Trab, und ihr Ausschwärmen glich mehr einem unkoordinierten wüsten Haufen.

»Ihr faulen Bastarde seht aus wie ein Heringsschwarm«, rief er den umherlaufenden Männern zu. »Glaubt ja nicht, ich wüsste nicht, was ihr vorhabt. Ein Teil der Übung besteht darin, euch beizubringen, schnell die Formation einzunehmen. Ihr lauft so lange, bis ihr euch verteilt habt.«

Er drehte sich um und sah eine sich nähernde Gestalt. Der Neuankömmling war viel kleiner als er, allerdings galt das für die meisten Männer. Sein dunkelbraunes Haar war kurz geschnitten und wich von der Stirn zurück, obwohl er keineswegs ein alter Mann war. Er war von drahtiger Gestalt und trug dicke

Pelze gegen die Kälte. Auf seinen Schultern lag ein dunkler, beinahe schwarzer Umhang aus Wolfsfell. In einer Hand hielt er einen Speer, den er als Wanderstab benutzte. Im Gegensatz zu den meisten Männern war er glatt rasiert. Manche hätten das als unmännlich bezeichnet, allerdings hätte niemand gewagt, das diesem Mann ins Gesicht zu sagen. Skar richtete sich zu seiner vollen Größe auf, als sich sein alter Freund und Anführer der *úlfhéðnar* Ulrich Rognisson zu ihm gesellte.

»Und?«, fragte Ulrich. »Was hältst du von den Neuen? Jemand Vielversprechendes dabei?«

Skar verzog das Gesicht.

»Das sollen die furchteinflößendsten Krieger des Königs sein«, sagte Ulrich. »Er behauptet, uns die Besten der Besten gegeben zu haben.«

Skar blies die Wangen auf. »Das ist Teil des Problems. Sie sind nicht daran gewöhnt, Befehle zu befolgen. Es sind gefährliche Männer, da besteht kein Zweifel. Harte Männer. Sie sind auch ausdauernd genug. Bevor wir mit den Übungen angefangen haben, haben wir sie den Sund zweimal rauf- und runterrudern lassen. Aber es sind fast alles Berserker. Ich bin nicht davon überzeugt, dass sie das richtige Temperament haben. Auf jeden Fall fehlt ihnen die richtige Disziplin.«

Ulrich richtete den Blick auf die Männer, die in einer dichten Gruppe liefen und Skars Befehle offen ignorierten. Er griff unter den Umhang und holte einen Weinschlauch hervor.

»Mach dir nichts draus.« Ulrich entstöpselte den Schlauch und hielt ihn seinem großen Kameraden hin. »Hier. Aus dem Weinkeller des Königs. Dafür, dass du deine Zeit damit verschwendest, diesen Haufen herumzuscheuchen, hast du einen Schluck verdient. Ich frage mich, wie wir dem König beibringen wollen, dass seine besten Männer für uns nicht gut genug sind.«

Beim Anblick des Weinschlauchs hellte sich Skars Miene auf.

Er gönnte sich einen ordentlichen Schluck, dann senkte er den Schlauch mit einem zufriedenen Seufzer und fuhr sich mit dem Rücken der behandschuhten Hand durch den feuchten Bart.

»Das ist das gute Leben, was, Ulrich?«, meinte er. »Hier an König Eriks Hof. Wein, Bier, Met. Keine Kämpfe. Wir frieren uns nicht den Arsch ab, weil wir über die von allen Göttern verlassene Nordsee segeln, nur um jemanden zu töten und dann wieder heimzukehren. Gelegentlich tut eine Pause gut. Der Allvater weiß, dass wir sie uns verdient haben.«

Ulrich schnaubte. »Gewöhn dich nicht zu sehr daran. Wir brechen bald nach Jorvik auf. Erik will das Rabenbanner.«

Skar nickte. »Wie weit ist das Mädchen gekommen, was glaubst du? Ob sie es bei unserem Eintreffen schon gefunden hat?«

»Vielleicht. Vielversprechend ist sie, keine Frage.«

Skar warf ihm einen Seitenblick zu. »Soll das heißen, sie soll sich uns anschließen?«

»Warum nicht?«

»Weil sie eine ...« Skar verstummte, als er über Affrecas Fähigkeiten nachdachte. Dann senkten sich seine Mundwinkel, und er nickte.

»Was ist mit Einar? Er ist auch dort, wie du weißt.«

Ulrich zuckte nur stumm mit den Schultern, griff nach dem Weinschlauch und nahm einen großen Schluck.

»Heute Morgen ist ein Schiff eingetroffen«, sagte er beiläufig, während er sich den Mund abwischte und den Wein zurückgab. »Mit Jarl Thorfinn von Orkney an Bord.«

Skarphedin hielt kurz inne, dann führte er den Weinschlauch wieder an den Mund und trank. Er gab ihn zurück und erwiderte Ulrichs Blick.

»Also ist der Schädelspalter zu König Erik gekommen«, sagte er. »Glaubst du, er weiß, was in Island passiert ist?«

Ulrichs Blick huschte kurz nach links und rechts, bevor er

sich wieder auf seinen Kameraden richtete. »Ich weiß es nicht. Es überrascht mich, dass er die Eier hat, sich hier blicken zu lassen. Erik weiß von seiner Kuschelei mit Guthfrith von Dublin. Das macht ihn zu einem Verräter. Es würde mich nicht überraschen, wenn er am Ende gegen den *blámaðr* kämpfen muss.«

Skar fröstelte. Nur wenig auf der Welt machte ihm Angst, aber der *blámaðr* – der blaue Mann – hatte etwas Merkwürdiges an sich, das ihm Unbehagen bereitete. Der blaue Mann war wahrlich ein Riese, noch größer und breiter als Skar selbst, seine Brust und seine Gliedmaßen waren überaus muskulös. Manche hielten ihn für einen Halbtroll, denn seine Haut war überall sehr dunkel, fast blauschwarz. Nicht tief von der Sonne gebräunt; die Haut selbst war schwarz. Niemand konnte seine Sprache verstehen, aber er verstand jedes nordische Wort. König Erik hielt ihn als eine Art Schoßtier, so wie sich manche Könige Bären oder andere gewaltige Bestien hielten, um ihre Macht zu demonstrieren. Er hatte den *blámaðr* von seinem Vater König Harald geerbt, und niemand hatte eine Ahnung, wie alt der Mann tatsächlich war. Erregte jemand den Unmut des Königs, musste er mit dem *blámaðr* einen Ringkampf austragen, einen Kampf bis zum Tod, in dem es bis jetzt immer nur einen Sieger gegeben hatte. Der blaue Mann wurde in einer Hütte im Wald in Ketten gehalten, bekam aber Fleisch, damit er bei Kräften blieb, und gelegentlich auch eine Frau, um ihn bei Laune zu halten.

»Wenn Thorfinn ihm erzählt, was wir alles getan haben, werden wir möglicherweise alle gegen den *blámaðr* antreten«, sagte der große Mann finster. »Glaubst du, wir sind in Gefahr?«

Ulrich zuckte mit den Schultern. »Von Rechts wegen sollte sich Thorfinn mehr Sorgen machen müssen als wir. Aber der König befindet sich in einer schwachen Position. Er ist von Feinden umgeben. Thorfinn ist sein mächtigster Verbündeter. Kann er es sich wirklich leisten, ihn zu verlieren?«

»Aber der Jarl hat ihn verraten. Er hat einen Pakt mit Guthfrith geschlossen, einem von Eriks Feinden.«

»Das stimmt«, sagte Ulrich. »Aber Könige und Jarle schmieden die Staatskunst wie ein *seiðmaðr* seine Zauber. Ein Verräter kann sich in einem Wimpernschlag in einen Freund verwandeln und loyale Männer in ein lästiges Ärgernis. Halten wir unsere Augen und Ohren offen, ja?«

Skar nickte. »Erik ist kein Narr, aber du weißt ja, wie diese Dinge laufen. Wenn er etwas gegen uns unternimmt, wird er jemanden wählen, dem wir vertrauen.«

»In der Tat.« Ulrich richtete seine Aufmerksamkeit wieder auf die laufenden Rekruten. »Vielleicht ist jetzt der Augenblick, in dem wir diesem Haufen zeigen, wer hier das Sagen hat. Wer ist das größte Großmaul?«

»Bragi.«

Ulrich lächelte. »Sollte uns das bei diesem Namen überraschen?«

Dann brüllte er: »*Skjaldborg!* Hier! Sofort!«

Die neuen Männer trabten gemächlich herbei. Sie schlossen die Schilde mit viel Gepolter, statt mit dem einhelligen Schlag, den man von Kriegern erwartet hätte, die wie ein Mann handelten.

Ulrich fluchte und stürmte auf die Formation zu. Der Schnee spritzte unter seinen Fellstiefeln auf. Er stieß das Speerende in eine Lücke zwischen zwei Schilden und riss es nach oben, zwang sie auseinander, um die Gesichter der dahinter kauernden Männer zu enthüllen.

»Das ist armselig«, brüllte er. Er senkte den Knauf ein Stück und stieß ihn durch die geöffnete Lücke mitten in Bragis entblößtes Gesicht.

Der Berserker schrie überrascht auf. Dann ließ er Schild und Waffe fallen und fuhr in die Höhe.

»Für wen in Hels Namen hältst du dich?«, brüllte er. Wo ihn der Speer getroffen hatte, war seine Wange aufgeplatzt. Blut sickerte hervor. »Das macht niemand mit mir. Niemand! Ganz bestimmt nicht so ein Zwerg wie du. Du bist es nicht wert, diese Mannschaft anzuführen.«

»Und wer dann? Etwa du?« Ulrich verzog verächtlich die Lippen.

Bragi verdrehte die Augen, als wäre er sturzbetrunken. Allen um ihn herum war klar, dass er mit dem Zorn und all den anderen verwirrenden Gefühlen rang, die in seinem Inneren brodelten. Dann verlor er den Kampf, und die Berserkerwut übermannte ihn. Er schrie auf und rannte mit wildem Blick, gefletschten Zähnen und ausgestreckten Armen auf Ulrich zu, um ihm an den Hals zu gehen und zu zerfetzen.

Im letzten Augenblick trat Ulrich zur Seite. Bragi griff in die Luft, sein Schwung trug ihn an dem Wolfsmantel vorbei, sodass er mit dem Gesicht voran in den Schnee stürzte. Mit einem weiteren Schrei sprang er wieder auf die Füße, um erneut anzugreifen. Ulrich wandte sich ihm zu. Diesmal benutzte er den Speer als Stab und schwang beide Beine in die Luft. Mit einem hässlichen Geräusch trafen seine Füße auf Bragis Kinnspitze. Der Kopf des Berserkers wurde zurückgerissen, er fiel auf die Knie.

Ulrich landete geschmeidig und verpasste Bragi einen Rückhandschlag mitten ins Gesicht. Der Berserker fiel schwer auf den Rücken. Ulrich warf den Speer weg und stürzte sich auf ihn. Er kam auf seiner Brust zu sitzen, mit den Knien drückte er seine Arme gegen den Boden und schlug auf Bragis Gesicht ein. Zuerst versuchte der Berserker den Hieben auszuweichen, aber das hatte wenig Erfolg. Es knirschte, als Ulrich ihm die Nase brach. Nach dem nächsten Schlag bewegte er sich nicht länger. Ulrich schlug noch ein paarmal zu, dann hörte er auf.

Schwer atmend streckte Ulrich die blutbesudelte rechte Hand aus. Skar nahm sie und zog seinen Kapitän wieder auf die Füße.

Bragi lag auf dem Rücken und regte sich nicht. Der Schnee um seinen Kopf war mit rotem Blut bespritzt. Er atmete noch, aber die Luft blubberte in dem Blut, das aus der Nase und den zerschlagenen Lippen rann.

Ulrich starrte die anderen Rekruten finster an. Alle schwiegen.

»Ist noch jemand der Meinung, dass ich es nicht wert bin, diese Mannschaft anzuführen?«

Niemand sprach. Ein paar der neuen Männer schüttelten kurz und knapp den Kopf.

Ulrich ließ die Stille noch etwas andauern, dann versetzte er der Gestalt am Boden einen Tritt.

»Gut. Dann fangt ihr ja vielleicht endlich an, Befehlen zu gehorchen. Bragi hat bewiesen, dass er es nicht wert ist, zu meinem Wolfsrudel zu gehören. Wenn er aufwacht, kann er zur Hauswache des Königs zurückkehren.«

Ein paar der Männer schnappten unwillkürlich nach Luft, und Ulrich und Skar bemerkten die Furcht auf ihren Gesichtern. Die *úlfhéðnar* und die Berserker des Königs waren Elitekrieger, aber die Wolfsmäntel umgab eine geheimnisvolle Aura, bei der sich jeder Mann insgeheim wünschte, zu ihnen zu gehören. *Úlfhéðinn* zu sein war die größte Ambition eines jeden Kriegers. Die meisten Männer erhielten nie auch nur die Chance, sich ihnen anschließen zu können. Kurz davor zu stehen, einer von ihnen zu werden, nur damit einem das wieder genommen wurde, war schrecklich.

»Bragi hat seine Chance einfach weggeworfen«, sagte Ulrich und bemühte sich, den Männern das wirklich klarzumachen. »Denkt darüber nach, wie er sich fühlen wird, wenn er aufwacht. Stellt euch vor, wie niederschmetternd für ihn das Gefühl sein wird, auf eine solche Weise versagt zu haben. Und als wäre das nicht schon schlimm genug, wird er die Verachtung der anderen Krieger im Dienst des Königs zu spüren bekommen. Glaubt ihr, sie werden sein Versagen unkommentiert lassen? Oder die Tatsache, dass er arrogant genug war zu glauben, dass er besser als alle anderen ist und versuchen könnte, ein Wolfsmantel zu sein?«

»Drei Runden auf dem Platz«, befahl Skar. »Dann fangen wir von vorn an. Los!«

Die Rekruten liefen wieder los, und diesmal lag deutlich mehr Enthusiasmus in ihren Schritten.

»Ulrich.«

Ulrich drehte sich um. Eine Gruppe Männer näherte sich aus der Richtung der königlichen Festhalle. Die Wintersonne spiegelte sich auf dem polierten Metall ihrer Helme und den Eisenreifen ihrer Schilde. Die Schilde trugen alle das Bild einer Axt mit langer Schneide, das mit dunkelroter Farbe auf das Holz gemalt worden war: König Eriks Symbol der blutigen Axt. Ulrich und Skarphedin spannten sich an.

Einer der Bewaffneten löste sich aus der Gruppe und kam näher. Er trug Kettenhemd und Helm, aber auf seinen Schultern lag genau wie bei Ulrich und Skar ein Umhang aus grauem Wolfspelz. Es war Atli Bjarnarson, einer der Wolfsmäntel.

Ulrich und Skar wechselten einen Blick. Beide Männer mussten an Skars Worte denken. *Wenn er etwas gegen uns unternimmt, wird er jemanden wählen, dem wir vertrauen.*

»Atli, sei gegrüßt«, sagte Ulrich.

Atli nahm den Helm ab und ließ seine blonde Mähne auf die Schultern fallen. Er lächelte, und seine beiden Kameraden entspannten sich etwas.

»Ulrich, der König will dich sehen«, sagte er. »Ich soll dich holen.«

KAPITEL 9

Wo geht es hin?«, fragte Ulrich die Krieger, die zu beiden Seiten von ihm ritten.

Vor der Halle hatten Pferde gewartet. Sie waren über die Landbrücke getrabt, die Halbinsel und Festland miteinander verband, und jetzt entfernten sie sich von der Siedlung und hielten auf die bewaldeten Hügel im Landesinneren zu.

Ulrich entging nicht, dass die sechs Krieger sie in ihre Mitte genommen hatten. Zwei auf jeder Seite, einer hinten und einer vorn. Atli ritt neben ihnen.

»Zum König«, sagte der Mann vor Ulrich, über die Schulter. Sein langes eisengraues Haar hing unter dem Helmrand bis zu seinen Schultern. Ulrich kannte ihn. Grettir war der Anführer der Krieger des Königs.

»Im Wald?«

»Er vollzieht die heiligen Riten«, erklärte Grettir.

Ulrich nickte; ihm gefiel die Frömmigkeit des Königs.

Schweigend ritten sie tiefer in den Wald hinein, kleine Schneewölkchen stoben unter den Pferdehufen auf. Auf den Ästen der Lärchen, Kiefern und anderen Bäume, die den Weg säumten, lag noch mehr Schnee. Er verschluckte jeden Laut, sodass alles gedämpft und seltsam still klang.

Schließlich kamen sie zu einer Stelle, an der weitere Pferde auf dem Weg standen, die offensichtlich einer größeren Gruppe Reiter gehörten. Spuren im Schnee führten zwischen die Bäume.

Bei den Pferden hielten sich noch mehr bewaffnete Krieger auf. Bei Ulrichs und Skars Eintreffen scharten sie sich um die Neuankömmlinge.

Ulrich und Skar zügelten ihre Tiere und stiegen ab. Die Krieger formierten sich um sie und bildeten einen Kreis aus Schilden mit der aufgemalten Axt.

»Gebt uns eure Waffen«, sagte Grettir. Es war keine Bitte, sondern ein Befehl.

»Stecken wir irgendwie in Schwierigkeiten?«, fragte Ulrich.

Die blauen Augen hinter dem Helmvisier des Anführers blieben unbewegt.

»Ihr tretet vor den König«, sagte er. »Er ist an einem heiligen Ort. Keine Waffen.«

»Nehmt ihr eure mit?«

»Wir sind die Leibwächter des Königs«, erwiderte Grettir, als wäre das alles, was es dazu zu sagen gab. Er senkte den Speer, bis die Spitze auf Ulrichs Brust zeigte. »Und jetzt gebt mir eure Waffen.«

Ulrich musterte den Schildkreis. Er, Skar und Atli waren von einer deutlich größeren Anzahl von Männern in voller Rüstung umgeben.

»Und wenn ich dir nun sage, du sollst dich verpissen?«, entgegnete Ulrich.

Grettir machte eine Kopfbewegung. Die anderen Krieger hoben die Schilde und rückten auf Ulrich und Skar zu. Im nächsten Augenblick waren sie in einem engen Schildkreis eingesperrt, aus dem Speerspitzen hervorragten. Die Botschaft war klar. Ein Wort von Grettir, und die beiden Wolfsmäntel würden von einem Dutzend Speeren durchbohrt werden. Der grauhaarige Krieger sah sie teilnahmslos an.

»Ernsthaft, Ulrich?« Auf seinen Lippen lag ein trockenes Lächeln.

Ulrich seufzte und löste seinen Schwertgürtel. Skar folgte seinem Beispiel. Ulrich warf Atli einen Blick zu, der noch immer auf seinem Pferd saß. Der Wolfsmantel breitete die Hände mit den Flächen nach oben aus, als wollte er sagen, dass er nicht die geringste Ahnung hatte, was hier vor sich ging. Nicht zum ersten Mal wünschte sich Ulrich, Atli wäre etwas schlauer gewesen.

»Was ist mit ihm?«, fragte er.

»Atli wird nicht vor den König treten«, sagte Grettir. »Er kann sein Schwert behalten.«

Ulrich und Skar nahmen die Schwertgürtel ab, und die Krieger um sie herum traten zurück. Ulrich übergab Grettir die Waffe in ihrer Scheide.

»Pass gut darauf auf«, sagte er. »Die Klinge war teuer.«

Grettir zog das Schwert aus der Scheide und betrachtete die Waffe mit dem erfahrenen Auge eines Kriegers, der ein Handwerkszeug einschätzte. Sein Blick fiel auf die Muster und Runen, die man in die Klinge eingraviert hatte.

»Ein Ulfberht«, sagte er. »Hübsch. Jetzt geht. Der König wartet auf euch.«

Ulrich blickte sich um und hielt nach Fluchtwegen Ausschau. Dabei fielen ihm zwei Männer auf, die nicht weit entfernt hinter Bäumen hervortraten. Beide hielten Bögen mit eingelegten Pfeilen. Die Sehnen waren nicht gespannt, konnten es aber sofort werden. Der König ging wirklich nicht das geringste Risiko ein.

Flankiert von Kriegern, benutzten Ulrich und Skar den schmalen Pfad zwischen den Bäumen und folgten den Spuren im Schnee.

Kurz darauf vernahmen sie Gebrüll, dann öffnete sich der Wald auf eine große, ovale Lichtung. Die Hälfte des Platzes wurde von fünf außergewöhnlich hohen Menhiren von mindestens doppelter Manneslänge eingenommen. Sie bildeten einen Kreis.

Runen und Wirbelmuster waren hineingemeißelt, die Rillen waren hellrot, schwarz und weiß ausgemalt worden. In der Mitte des Kreises ragte ein kleinerer, runder Steinblock von ungefähr halber Manneslänge aus dem Schnee. Darauf war eine Art dunkelbraune Farbe zu sehen, die willkürlich daraufgespritzt zu sein schien.

Am Rand des Kreises stand ein überaus muskulöser kahlköpfiger Mann mit einem Speer in der einen und einer Peitsche in der anderen Hand. Ulrich kannte diesen Mann. Er war der Hüter des *blámaðr.* Er verfolgte den Kampf zweier Männer zwischen den Steinen. Der Schnee wurde dabei so aufgewühlt wie auf dem Übungsplatz, als die beiden miteinander rangen. Das Gesicht des einen, ein blonder Mann, war bereits blutüberströmt. Er wirkte benommen, verängstigt und schien sich nur noch mühsam auf den Beinen halten zu können.

Beim Anblick des Gegners überlief Skar ein Frösteln. Es war der *blámaðr.* Trotz der Kälte trug er kein Hemd und stellte gewaltige Muskeln zur Schau, die Torso und Arme bedeckten. Auf Rücken und Brust befanden sich lange wulstige Narben. Die Beine sahen so dick und stämmig wie die Menhire aus.

Ulrich, Skar und die anderen blieben stehen.

»Wer ist das?«, wollte Grettir wissen.

»Yngve Olafsson«, sagte der Glatzkopf. »Ein *hersir* aus dem Hochland. Der König hat das Gerücht gehört, er wolle sich den rebellischen Jarlen anschließen.«

Grettir nickte, während die beiden Kämpfer einander umkreisten. Dann schnaubte der schwarze Mann und stürmte los. Er prallte gegen Olafsson, schlang die Arme um ihn und schob ihn mit kräftigen Schritten zurück.

Olafsson blickte sich um; Panik stand ihm ins Gesicht geschrieben. Die Kraft des *Mannes* war offensichtlich, denn ganz egal, wie sehr sich Olafsson auch bemühte, im Schnee Halt zu finden, sein Gegner zwang ihn unbarmherzig zurück. Olafssons Füße rutschten, bis er gegen den niedrigeren Stein in der Kreismitte stieß. Mit einem Schrei kippte er nach hinten und fiel mit dem Rücken auf den Felsblock.

Der *blámaðr* brüllte wie ein Ochse und sprang in die Luft. Mit seinem ganzen Gewicht landete er auf Olafsson und presste ihn auf die unnachgiebige Oberfläche. Ein schreckliches Knacken hallte zwischen den Bäumen, als das Rückgrat des Mannes brach. Der Schwarze grunzte wie ein wildes Tier, schob sich von Olafsson und ergriff ihn bei den Schultern. Er zerrte den schlaffen Körper des Mannes von der Platte, drehte ihn mit einem Heulen um und schlug seinen Kopf mit aller Kraft gegen die Kante. Wieder ertönte ein Knacken, das einem den Magen umdrehte, dann spritzte scharlachrotes Blut aus Olafssons zerschmettertem Schädel auf die Platte.

Keuchend richtete sich der *blámaðr* auf und warf die zuckende Leiche des Hersen in den Schnee. In der kalten Luft stieg Dampf von seinem schwitzenden Körper auf.

»Gute Arbeit«, sagte der Glatzkopf und warf Eisenfesseln zu Füßen des schwarzen Hünen. »Heute Abend bringe ich dir eine Frau. Jetzt leg die wieder an.«

Um den Befehl zu unterstreichen, ließ der Glatzkopf die Peitsche knallen. Sie zuckte nur einen Fingerbreit von der Hand des Schwarzen durch die Luft, als dieser nach dem Eisen griff. Ulrich erkannte, dass die Narben auf dem Körper des Mannes nicht von den Kämpfen stammten.

»Kommt schon«, sagte Grettir. »Wir sind nicht hier, um uns einen Ringkampf anzusehen.«

Am anderen Ende der Lichtung wuchs eine mächtige Esche. Auch ihre Äste waren mit Schnee bedeckt, aber sie trugen schreckliche Früchte. Von jedem Ast hingen die Überreste aller möglicher Geschöpfe. Vögel, Hunde, Schafe, Ziegen, Schweine und mehrere andere nicht zu identifizierende Kadaver drehten sich im Wind. Einige waren relativ frisch, andere hingen dort schon lange Zeit; der Winter hatte ihr totes Fleisch gefroren, und der Schrecken ihrer Verwesung lag teilweise unter einer Schneeschicht verborgen. Ein Pferdekopf hing noch immer in seiner Schlinge, obwohl der Rest des Körpers verfault und zu Boden gefallen war. Die Augen waren nur noch leere schwarze Höhlen; Krähen wie die beiden, die auf dem Ast darüber hüpften, hatten sie schon vor langer Zeit gefressen. Die Vögel taten mit einem heiseren Krächzen ihr Entzücken über das unter ihnen ausgebreitete Festmahl kund.

Alle waren auf dieselbe Weise gestorben. Am Hals aufgehängt, dann von einem Speer in die Seite durchbohrt. Die heilige Weise, um ein Opfer Odin zu widmen, in seinen eigenen Worten so verkündet.

Ulrich wusste, dass der Schnee am Fuß des Baumes einen ganzen Berg aus Knochen und Körperteilen verbarg, die dort lagen, wo sie von den verrottenden Körpern, die im Wind darüber schaukelten, abgefallen waren. Er senkte den Kopf und gedachte der Heiligkeit des Baumes. Dies war der Ort, an den der König kam, um den Göttern im Gegenzug für ihre Gunst zu opfern. Je größer der gewünschte Gefallen, umso kostbarer das Opfer. Offensichtlich hatte Erik in letzter Zeit viel mehr Hilfe gebraucht. Knapp unterhalb der Baumkrone drehte sich der verweste, schwarz verfärbte, aber unverkennbare Körper eines Kindes in der Brise. Ein Stück weiter unten war die relativ frische Leiche einer Frau. Ihre Augen waren nur noch leere Höhlen, aber ihre Brüste waren noch deutlich erkennbar. Auch zwei Männer baumelten an den Ästen, und die Haut des einen war noch immer weiß und makellos.

Vor dem Baum stand der König, die Arme im Gebet ausgebreitet. Er war so hochgewachsen wie sein Vater, Harald Schönhaar. Und genau wie sein Vater hatte auch Erik eine beeindruckende Haarmähne, die in drei Zöpfen auf seinen Rücken hing. Allerdings hatte sein Haar die Farbe von Kohle, während Haralds wie reifes Getreide am Sommerende ausgesehen hatte. Erik hatte mehr als vierzig Winter in Midgard verbracht, und graue Strähnen durchzogen sein Haar. Er trug ein langes weißes Leinengewand, das bis zu den Füßen reichte, wie es sich für einen Mann, der eine religiöse Zeremonie vollzog, gehörte.

In der Nähe des Königs stand ein anderer Mann. Auch er war sehr groß und muskulös, hatte das Ende seiner mittleren Jahre erreicht. Sein eisengraues Haar war glatt gekämmt und fiel bis zu seinen Schultern. Gekleidet war er in Pelz und Robbenfelle wie jemand, der gerade eine Reise unternommen hatte. Ulrich nickte, denn er erkannte den Mann als Thorfinn *Hausakljúfr*, den »Schädelspalter«, Jarl von Orkney.

Der *blámaðr* wurde von seinem Hüter an den Rand der Lichtung geführt. Er starrte Ulrich und Skar aus blutunterlaufenen Augen an.

KAPITEL 10

Während sich Ulrich zur Mitte der Lichtung begab, schwärmten Eriks Krieger zwischen den Bäumen aus und füllten die Lücken zwischen den Bäumen, sodass sie ein Kreis aus Schilden umgab. Auf jedem glänzte Eriks rote Axt. Die beiden Bogenschützen hielten sich ein Stück hinter den Bäumen, einer auf jeder Seite.

»Du wolltest mich sprechen, mein König«, brach Ulrich die Stille.

Der König von Norwegen hielt den Kopf noch einen Augenblick lang gesenkt und die Augen geschlossen. Dann sah er auf.

»Ah! Ulrich«, sagte er und schüttelte andeutungsweise den Kopf, als wäre er enttäuscht. »Ich stehe vor einem Dilemma.« Er deutete auf den Mann an seiner Seite. »Du kennst Jarl Thorfinn von Orkney?«

»Ich kenne ihn in der Tat«, erwiderte Ulrich. »Ich habe nur nicht erwartet, dass mein König mit Schlangen verkehrt.«

»Achte auf deine Worte, Wolfsmann«, knurrte Thorfinn und machte einen Schritt auf Ulrich zu. »Oder ich schneide dir die Zunge raus.«

König Erik legte dem Jarl die Hand auf die Brust. Ein Blick von ihm reichte aus, um selbst einen so großen Mann wie Thorfinn innehalten zu lassen.

»Ulrich, ich muss meinen Männern vertrauen können«, sagte König Erik. »Ich bin von Feinden umgeben. Wenn einer meiner Männer Ungehorsam zeigt, kann ich keine Gnade zeigen. Ich kann auch keinen Streit untereinander dulden. Es hat den Anschein, Ulrich, als wärst du nicht ganz ehrlich zu mir gewesen.«

Ulrich hob die Brauen. »Sagt wer? Jarl Thorfinn? Der Mann, der einen Pakt mit Guthfrith von Dublin geschlossen hat – deinem Feind –, um den Sklavenhandel in der Irischen See zu beherrschen? Der Mann, der meine Mannschaft in eine Falle geschickt hat, damit Guthfrith uns töten kann. Nur hat das nicht so ganz funktioniert, was?«

Ulrich warf dem Jarl ein provokantes Grinsen zu. Thorfinn erwiderte es.

»Wir haben uns den Weg aus Dublin freigekämpft, und statt getötet zu werden, haben wir sie getötet«, fuhr Ulrich fort. »Das habe ich dir alles erzählt.«

Erik seufzte. »Ich habe dich an Jarl Thorfinns Hof geschickt, weil er ein Verbündeter ist. Er sollte dir helfen, die Ulfberht-Schwerter für meine Männer zu besorgen. Ich habe dich nicht dorthin geschickt, damit du zu deinen eigenen Abenteuern aufbrichst. Jetzt muss ich hören, dass du in Island gewesen bist?«

Ulrich blickte zur Seite.

»Was ist in Island geschehen?«, verlangte Thorfinn zu wissen.

Ulrich schürzte die Lippen. »Ich weiß nicht, wovon du sprichst.«

»Doch, das tust du genau, du zu kurz geratener Bastard.« Thorfinns Hand fiel auf den Griff seines Sax-Messers. »Ich habe zwei Schiffe nach Island geschickt, mit meinen besten Männern. Meinen besten Kriegern. Alles nur, um eine alte Frau zu töten. Mein Sohn ist mit einem Schiff aus Dublin zu ihnen gestoßen. Keiner von ihnen ist zurückgekehrt.«

»Das Meer ist gefährlich.« Ulrich zuckte mit den Schultern. »Unfälle passieren. Menschen gehen verloren.«

Thorfinn trat näher. Der große Jarl mit der breiten Brust überragte den kleinen Wolfsmantel. Er hatte die Zähne gefletscht, als wollte er die Wut zurückhalten, die in ihm loderte und sich nur durch den Speichel bemerkbar machte, der von seinen Lippen spritzte.

»Nicht meine Schiffe. Nicht meine Männer. Nicht mein Sohn«, sagte Thorfinn. »Diese isländischen Ziegenficker behaupten, auch nichts zu wissen. Dabei wissen sie es genau. Das weiß ich. So wie ich weiß, dass du es auch tust. Was ist mit meinem Sohn geschehen?«

»Welchem?« Ulrich tat sein Bestes, desinteressiert zu klingen.

Thorfinn blinzelte. Seine Lippen bewegten sich, aber es kam kein Ton aus seinem Mund.

»Du hast doch noch einen anderen Sohn, oder?«

»Du meinst Einar?«, brüllte der Jarl. »Meinen Bastard? Den ich dieser irischen Christenschlampe gemacht habe?«

Ulrich entging Eriks höhnisches Lachen nicht. Der König legte Thorfinn beschwichtigend die Hand auf die Schulter.

»Wir alle haben unseren illegitimen Nachwuchs, der uns heimsucht«, sagte er. »Mein Vater hatte einundzwanzig Kinder von fünf verschiedenen Frauen. Odin allein weiß, wie viele Bastarde dazukommen. Kannst du dir vorstellen, was das für das *jól*-Fest bedeutet? Was spielt es da schon für eine Rolle, wer der Stärkste ist, nicht wahr?«

»Ich habe einen Eid geschworen«, stieß der Jarl von Orkney durch die zusammengebissenen Zähne hervor. »Ich werde diesen Bastard Einar zur Strecke bringen. Ich werde ihm den Blutadler in seinen Rücken schneiden, ihm die Rippen brechen und seine Lungen rausziehen.«

»Komm schon«, sagte der König. »Nun reg dich doch nicht wegen lästiger Kinder auf. Die einzige Aufgabe des Vaters besteht darin, sie zu zeugen. Den Rest müssen die Kinder selbst unter sich ausmachen. Sieh doch nur mich und meine Brüder an, was mich zu meinem heutigen Thema bringt.«

Thorfinn öffnete den Mund, aber Erik hielt die Hand hoch und gebot ihm, zu schweigen.

»Schluss mit dieser Scheiße«, sagte der König mit seiner üblichen Direktheit. »Ich muss wissen, ob ich mich auf euch beide verlassen kann.«

»Das kannst du«, sagte Thorfinn.

»Er hat dich verraten!«, sagte Ulrich.

»Wie ich dem König bereits *erklärt* habe, habe ich Guthfrith an der Nase herumgeführt«, sagte der Jarl gezwungen. »Ich wollte ihn von Anfang an verraten!«

»Aber natürlich«, meinte Ulrich.

»Hört auf! Alle beide!«, brüllte Erik. Überrascht von der Wut und der Vehemenz des ansonsten so wortkargen Königs zuckten Ulrich, Skar und Thorfinn überrascht zusammen. Einen nach dem anderen starrte Erik an, bis sie alle schließlich zu Boden schauten.

»Wenn einer von euch diesen Streit fortführen will, wird derjenige gegen meinen *blámaðr* antreten«, fuhr er fort. Bei diesen Worten nahm der gewaltige Schwarze die Schultern zurück und ließ bösartig grinsend den Kopf kreisen.

»Ich habe nicht die geringste Ahnung, was du da im Schilde geführt hast, Thorfinn«, sagte Erik. »Oder was du in Island zu suchen hattest, Ulrich. Aber ich befehle euch beiden, damit auf der Stelle aufzuhören. Ihr müsst zusammenarbeiten. Meine Halbbrüder Olaf und Sigurd bereiten sich zusammen mit drei der stärksten Jarle von Norwegen darauf vor, gegen mich zu rebellieren. Sie hatten auch mit meinem kleinen Bastardbruder Hakon zu tun. Da wird eine Allianz geschmiedet. Sie wollen mich vom Thron stoßen.«

»Hakon?« Ulrich verzog spöttisch die Lippen. »Er ist keine

Bedrohung. Er ist noch immer ein Jüngling. Davon abgesehen, ist er seit Jahren in Britannien, seit ihn dein königlicher Vater dorthin geschickt hat, damit er bei Æthelstan von Wessex aufwächst.«

»Glaubst du etwa, Æthelstan hätte nicht gern einen kleinen zahmen Hund auf meinem Thron in Norwegen sitzen?«, grollte der König. Er atmete schwer, als er darum rang, der Empörung in seinem Inneren Herr zu werden. Nach ein paar Momenten hatte er sich wieder beruhigt.

»Glücklicherweise haben mir die Götter eine Gelegenheit geschenkt«, fuhr er fort. »Hakon kann nicht nach Norwegen kommen, da er anderweitig beschäftigt ist. Æthelstan marschiert nach Norden, um Schottland anzugreifen. Mein kleiner Bruder führt einen Teil seiner Armee an. Leider kann auch ich Norwegen nicht verlassen, um mich um ihn zu kümmern. Führte ich meine Armee hier weg, würden diese verfluchten Rebellen ihren Zug machen, und ich hätte nichts mehr, wohin ich zurückkehren kann. Darum müsst ihr beiden zusammenarbeiten.«

Ulrich und Thorfinn maßen sich mit Blicken.

»Ulrich, du musst mir das Rabenbanner besorgen«, sagte der König. »Wenn es sich in Jorvik befindet, darf ich nicht zulassen, dass Hakon und Æthelstan über eine magische Fahne verfügen, die jenen den Sieg garantiert, die dahinter marschieren.«

Ulrich nickte. »Wir werden es beschaffen.«

»Du wirst es Thorfinn bringen«, fuhr Erik fort und wandte sich an den Jarl. »Wir werden ihnen ihr magisches Banner stehlen und sie dann mit Eisen aufhalten. Wir können uns nicht allein auf Zauberei verlassen, auch wenn meine Gemahlin euch etwas anderes versichern würde. Schwerter und die Kraft unserer Arme werden den Ausgang dieser Sache entscheiden. Sobald Ulrich das Banner hat, brauche ich dich, damit du deine Schiffe und Krieger nach Süden führst und Hakon aufhältst. Marschiere hinter dem Rabenbanner in die Schlacht. Töte Hakon, wenn du kannst.«

»Du willst, dass ich deinen Bruder töte?« Thorfinn klang etwas ungläubig.

Erik grunzte nur.

»Ich habe bereits zwei meiner Brüder getötet. Erledigst du es nun oder nicht?«

»Ich werde es tun.« Thorfinn neigte den Kopf.

»Verstehen wir uns jetzt alle?«, fragte der König.

Ulrich und Thorfinn nickten. Ulrich dachte bei sich, dass König Erik ein Mann weniger Worte war, aber wenn er sprach, verschaffte er sich Gehör.

»Gut«, sagte Erik. »Jetzt geh, Ulrich. Es gilt keine Zeit zu verschwenden.«

Ulrich zog die Luft zwischen den Zähnen ein. »Wir sind noch nicht bereit. Wir bilden noch immer die neuen Männer aus.«

»Ich habe dir meine besten Krieger gegeben«, sagte der König. »Wie können sie nicht bereit sein?«

Ulrich verzog gequält das Gesicht. »Es tut mir leid, aber es bedarf ganz bestimmter Fähigkeiten, um ein *úlfhéðinn* zu werden. Gerade heute musste ich Bragi rauswerfen.«

»Bragi?« Der König sah erstaunt aus. »Dieser Mann ist der geborene Krieger. Wie kann er nicht gut genug sein?«

»Also fehlt meiner Mannschaft ein Mann«, fuhr Ulrich ungerührt fort. »Wie du weißt, müssen wir zwölf sein.«

»Warum?«, mischte sich Thorfinn ein.

»Es sind immer zwölf *úlfhéðnar*. Berserker auch. Das ist immer schon so gewesen. Odin würde uns nicht seine Gunst erweisen, wenn wir seine heilige Zahl nicht ehren.«

»Ist nicht die Neun Odins heilige Zahl?« Der Jarl runzelte die Stirn.

»Neun ist drei mal drei«, erklärte Ulrich. »Drei mal drei plus drei ist zwölf.«

Thorfinn nickte, aber seinem Gesicht war deutlich anzusehen, dass er nicht die geringste Ahnung hatte, auf welche mystische Bedeutung sich Ulrich da bezog.

»Ich kann nicht herumsitzen und darauf warten, dass du die richtigen Männer findest«, sagte der König.

»Ich habe da einige Leute in der engeren Wahl«, sagte Ulrich. »Affreca …«

»Affreca?«, wiederholte Erik ungläubig. »Guthfriths Tochter? Ist sie nicht … ist sie dafür nicht zu sehr …«

»… Frau?« Ulrich war sich bewusst, dass sich seine Wangen röteten. »Das war Brunhilde auch. Genau wie Lagertha, Ragnar Lodbroks Frau. Deshalb war sie nicht weniger großartig. Affrecas Geschick mit dem Bogen ist verblüffend. Sie hat für dich keinen Wert mehr als Geisel. Ich kann sie gebrauchen.«

Vor seinem Tod hatte König Guthfrith von Dublin König Erik einen mit Runen versehenen Nachrichtenstab mit der Botschaft übersandt, dass Erik darauf verzichten sollte, Affreca als Geisel zu benutzen. Sie hatte seine Familie so sehr entehrt, dass sie für ihn keinerlei Wert mehr besaß. Falls Erik sie zurückschicken wollte, würde Guthfrith ihr höchstpersönlich die Kehle durchschneiden.

»Dann ist da Einar, Thorfinns anderer Sohn«, fügte Ulrich hinzu.

Der Jarl hustete. Ulrich entging nicht, dass er sich auf die Lippe biss.

»Er ist ebenfalls in Jorvik. Ich glaube, Odin will ihn in meiner Mannschaft haben.«

König Erik musterte Ulrich lange. »Ich weiß, wie religiös du bist, Ulrich«, sagte er schließlich. »Und ich will das nicht in Abrede stellen, aber wir können wirklich nicht länger warten.«

»Dann kann ich helfen«, sagte Thorfinn. »Mein Hauptmann Gizur kann Bragis Platz in deiner Mannschaft einnehmen. Ich biete dir seine Dienste freiwillig und ohne Verpflichtung an.«

Ulrich wirkte alles andere als glücklich. König Erik hingegen schlug dem Jarl begeistert auf die Schulter.

»Das ist der richtige Kampfgeist, Thorfinn.« Der König zeigte ein seltenes Grinsen. »Ihr arbeitet bereits zusammen. Ulrich, mach dein Schiff zum Auslaufen bereit. Es gilt keine Zeit mehr zu verschwenden.«

« KAPITEL 11 »

Mondlicht streute zahllose silberne Diamanten auf den Karmsund. Jarl Thorfinn ignorierte den wunderschönen Anblick, als er zum Ufer schritt. Hinter ihm drangen Gelächter, Gesang und Unterhaltungen aus der großen Festhalle des Königs oben auf der *Halbinsel,* so wie die Wärme ihrer Feuer in die eiskalte Nachtluft drang. Thorfinn zog seine Pelze enger um sich und versuchte, so gelassen zu blicken, wie er konnte.

Der Jarl folgte dem Pfad zu den Bootsschuppen und dem Trockendock am Hafenrand. Aus Stein errichtete Anlegestellen ragten langen Fingern gleich hinaus in den Sund, das Wasser, das dagegenschwappte, glich einer dicken Suppe und stand kurz davor zuzufrieren. Ein Wald aus Masten ragte im Mondlicht auf, die den *knerrir* – wie Langschiffe gebaute Handelsschiffe, aber breiter und mit einem tieferen Rumpf versehen – und anderen Seefahrzeugen gehörten, die an den Anlegern vertäut lagen oder aufs Ufer geschoben waren.

Ein kleines Stück von der Küste entfernt war der dunkle Umriss einer kleinen Felseninsel auszumachen. Dort wurde das Mondlicht zwischen Tümpeln von Eisenketten und weißen menschlichen Knochen zurückgeworfen, deren Fleisch von Krabben und Fischen abgenagt worden war.

Als sich Thorfinn dem größten Bootsschuppen näherte, entdeckte er die beiden Gestalten, die auf ihn warteten. Der Jarl runzelte die Stirn. Er hatte nur mit einem gerechnet.

Dann erkannte er die hochgewachsene, breitschultrige Gestalt seines Hauptmanns Gizur.

»Du wolltest mich unter vier Augen sprechen«, sagte Gizur mit gedämpfter Stimme. Die Zähne des großen Mannes klapperten, da er nur ein verschwenderisch besticktes Hemd und Hosen trug, seine beste Kleidung, die er für das Fest des Königs angelegt hatte.

»Du hast keinen Umhang mitgenommen?« Thorfinn klang ungläubig.

»Du hast gesagt, dass uns niemand sehen darf«, erwiderte Gizur. »Ich habe gesagt, dass ich zur Latrine gehe, als ich das Fest verlassen habe.«

»Wer ist das?« Thorfinn deutete mit dem Kopf auf den Mann an Gizurs Seite. Er hatte die Gestalt eines Kriegers, sah aber aus, als hätte er schon bessere Tage gesehen. Ein Auge war schwarz verfärbt und beinahe völlig zugeschwollen. Die rechte Wange war ebenfalls dick und verfärbt. Die Nase war gebrochen und schief, was erst kürzlich passiert sein musste, da dunkel geronnenes Blut noch immer die Nasenlöcher verklebte.

»Sein Name ist Bragi«, sagte der Hauptmann. »Ich dachte, er könnte uns helfen.«

»Wie?« Der Jarl musterte Bragi geringschätzig. »Er sieht aus, als könnte er gut Kämpfe verlieren.«

»Er ist einer von König Eriks besten Kriegern. Das hat ihm Ulrich heute früh angetan«, sagte Gizur. »Ich glaube, er sieht die Dinge auf unsere Weise, wenn du weißt, was ich meine.«

»Ah«, sagte Thorfinn, dem es dämmerte. »*Der* Bragi!«

»Ich will Rache«, murmelte Bragi durch die angeschwollenen, aufgeplatzten Lippen. »Ich werde Ulrich für das bezahlen lassen, was er mir angetan hat.«

»Warum forderst du ihn nicht zum *Holmgang* heraus?« Thorfinn vermochte nicht, eine Spur von Missbilligung aus seinem Tonfall herauszuhalten. »Klärst es von Mann zu Mann?«

Bragi schaute mit dem unverletzten Auge zu Boden. »Ulrich ist ein *úlfhéðinn*. Er ist von seinen Leuten umgeben. Ich will ihn töten, aber ich will auch nicht sterben. Gizur sagt, du kannst mir dabei helfen, mich zu rächen.«

Thorfinn nickte. »Du wirst deine Gelegenheit bekommen. Mach dich fertig und begleite mich nach Orkney, um dich meiner Kriegsmeute anzuschließen. Ich werde dem König sagen, dass du gebraucht wirst.«

In Bragis offenem Auge funkelte Begeisterung. Er grinste.

»Jetzt geh«, befahl der Jarl.

Bragi sah Gizur an, der ebenfalls nickte. Der verletzte Krieger eilte in die Richtung der Festhalle.

»Ich hoffe, wir können ihm vertrauen«, sagte Thorfinn und sah dem Mann hinterher. »Falls Erik auch nur den Hauch eines Verdachts hat, dass ich nicht vollständig mit Ulrich zusammenarbeite, sind wir beide tote Männer.«

»Ich glaube schon, dass wir das können«, meinte Gizur. »Er ist heute Nachmittag zu mir gekommen. Er will sich mehr als alles andere an Ulrich rächen.«

»Gut. Ich hoffe, das ändert sich nicht, wenn er erfährt, dass du seinen Platz bei Ulrichs Wolfsmänteln einnehmen wirst.«

Gizur sah ihn mit großen Augen an. »Das verstehe ich nicht. Ich bin *dein* Hauptmann.«

»Wer ist dann besser geeignet, um einen Platz in einer Mannschaft *úlfhéðnar* zu verdienen, Gizur? Ich habe eine besondere Aufgabe für dich. Sie verlangt nach einem Mann von großem Mut, Klugheit und Entschlossenheit. Ich will, dass du zusammen mit Ulrich als sein Mann nach Jorvik reist. Ich will, dass du meine Augen und Ohren bist. Ich bin sicher, dass Ulrich sich in Jorvik mit meinem Bastardsohn treffen will.«

Gizur öffnete den Mund, um etwas zu sagen, dann schloss er ihn wieder.

»Unternimm alles, was in deiner Macht steht, um ihnen dabei zu helfen, das Rabenbanner zu besorgen«, fuhr der Jarl fort. »Aber sobald ihr es habt, will ich Einar tot sehen, und es ist mir völlig egal, was du dafür tun musst oder wie du es bewerkstelligst. Besorg das Banner, und bring es mir. Tu das, und du wirst dich als würdiger Hauptmann erweisen. Kann ich mich darauf verlassen, dass du das schaffst, Gizur?«

Der rothaarige Mann holte tief Luft. »Ja.«

»Guter Mann.« Thorfinn legte ihm die fleischige Hand auf die Schulter. »Geh und mach dich fertig. Ulrich segelt am Morgen.«

Der Jarl sah zu, wie Gizur auf demselben Pfad verschwand, den schon Bragi genommen hatte. Er wartete noch ein paar Augenblicke und betrachtete das Mondlicht auf dem Meer. Er wollte nicht gesehen werden, wie er die Halle direkt hinter den beiden anderen betrat.

»Ist die Nacht nicht zu kalt für einen Spaziergang?«

Der Klang der Stimme ließ ihn herumfahren. Er hatte das Gefühl, das Herz würde ihm in den Hals springen. Hinter ihm stand eine Frau in einem schweren Pelzumhang, der die Kälte fernhalten sollte. Die Kapuze war über den Kopf gezogen, sodass ihr Gesicht im Schatten lag. Sie stand nur wenige Schritte hinter ihm. Wie hatte sie so nahe an ihn herankommen können, ohne dass er sie gehört hatte? Wie lange stand sie dort schon?

Thorfinn legte die Hand auf den Griff seines Sax. Im gleichen Augenblick schlug die Frau die Kapuze zurück.

Der Jarl stieß ein Keuchen aus.

Sie war niemand anders als Gunnhild, die Königin von Norwegen und Gemahlin von König Erik Blutaxt.

KAPITEL 12

Gunnhilds Haut schimmerte im Mondlicht so weiß wie Milch. Schwarzes Haar fiel auf ihre Schultern. Ihre Schönheit war so überwältigend, dass sich Thorfinns Hand auf dem Messergriff entspannte und er die Waffe nicht zog.

»Meine Königin!« Ehrerbietig neigte er den Kopf. »Ich könnte dir dieselbe Frage stellen.«

Er dachte rasend schnell nach. Falls sie alles mitgehört hatte und Erik berichtete, was er gerade zu Gizur und Bragi gesagt hatte, war er ein *draugr*, ein wandelnder Toter. Was konnte er tun? Gunnhild war die Königin. Konnte er sie umbringen? Und was würde dann geschehen? Der Aufschrei würde gewaltig sein. Erik würde jeden Stein umdrehen, bis er den Täter gefunden hatte. Thorfinn konnte die Flucht ergreifen, aber er würde eine Schiffsmannschaft brauchen. So spät in der Nacht würde das unmöglich sein, ohne jeden in Avaldsnes aufzuscheuchen.

Die Königin trat näher. Im Mondlicht erschienen ihre blauen Augen beinahe durchsichtig, und ihr Blick durchbohrte ihn. Thorfinns Herz schlug schneller. Seine Verwirrung wurde immer größer.

Er hatte die Geschichten gehört, dass die Königin eine Zauberin war. Weit im Norden, in der Finnmark, hatten zwei Schamanen der Sami sie in ihrer Gabe ausgebildet. König Erik war bei einem Raubzug dort auf sie gestoßen und hatte sich augenblicklich in sie verliebt. Er hatte die beiden Schamanen trotz ihrer

Kräfte getötet und Gunnhild zur Frau genommen. Hinter vorgehaltener Hand flüsterte man, sie habe Erik durch Zauberei dazu gebracht, sie zu lieben. Wirkte sie ihre Magie nun bei ihm?

»Das war eine interessante kleine Unterhaltung, die du da geführt hast«, sagte die Königin.

Thorfinns Herz sank. Sie hatte alles gehört. Er musste etwas tun. Aber was? Und was geschah nur mit ihm? Er war stets ein Mann der Tat gewesen, aber jetzt ließ ihn Verwirrung erstarren.

»Keine Sorge. Ich mag Ulrich auch nicht. Erik schätzt ihn über alles, aber ich halte ihn für einen unerfreulichen arroganten kleinen Mann mit Ideen, die ihm nicht zustehen. Man muss ihm eine Lektion erteilen. Aber deine albernen kleinen Streitereien interessieren mich nicht, ich muss nur sicher sein, dass sie den Plänen meines Mannes nicht in die Quere kommen.«

Thorfinn holte tief Luft. »Das werden sie nicht. Ich gebe dir mein Wort.«

»Gut«, sagte die Königin.

Thorfinn kratzte sich am Hinterkopf, wozu er unter den Umhang greifen musste.

»Wirst du, äh, dem König davon berichten?«

Gunnhild lächelte und entblößte gerade weiße Zähne. Ihre schwarzen Brauen hoben sich über den Augen, von denen sich der Jarl einfach nicht losreißen konnte. Sie trat noch näher. Er konnte ihren heißen Atem spüren und musste an seine eigene Frau in der Heimat denken, an ihr alterndes, vor Trauer verzerrtes Gesicht, als er ihr von Hrolfs Tod berichtet hatte, an ihre tief in den Höhlen liegenden Augen und das schlaffe Haar, und ihm wurde bewusst, dass eine so schöne junge Frau wie die Königin keine Magie brauchte, wenn es darum ging, einen doppelt so alten Mann wie Erik einzufangen. Oder ihn. Da gab es noch andere Geschichten über Gunnhild, die nur jene flüsterten, die es wagten. Dass jene Schamanen sie beide als Braut begehrt und nachts alle drei ein Bett geteilt hatten. Der *blámaðr* hatte mehrere unvorsichtige Leute zu Tode geprügelt, von denen dem König zu Ohren gekommen war, dass sie so etwas erzählten, aber Thorfinn fragte sich, ob es nicht doch der Wahrheit entsprach. Welche fremdartigen Liebeskünste hatte Gunnhild wohl von diesen Finnen gelernt? Trotz seiner Sorge ging sein Puls noch schneller.

»Ich glaube nicht, dass mein Gemahl davon erfahren muss«, sagte die Königin. »Das geht nur dich, Ulrich und deinen Bastard etwas an. Solange Erik das Rabenbanner erhält und Æthelstan und der junge Hakon aufgehalten werden, muss er sich nicht den Kopf darüber zerbrechen, wie dieses Ziel erreicht wird.«

»Vielen Dank.« Thorfinn stieß einen tiefen Seufzer aus. Ihm wurde bewusst, dass er die Luft angehalten hatte.

»Weißt du, was ich tun werde?«, fuhr die Königin fort. »Diese Berserker, die mein Gemahl Ulrich überlassen hat? Ich werde dafür sorgen, dass sie deinem Mann Gizur helfen. Was hältst du davon?«

Thorfinn runzelte die Stirn. »Würden sie das tun?«

»Ich bin ihre Königin. Sie werden tun, was ich ihnen sage. Allerdings könnte es ihnen schwerfallen, Ulrich loszuwerden. Diese armen Narren wollen so verzweifelt *úlfheðnar* werden, dass sie für alles andere blind sind. Bei euch Männern geht es doch nur um den Ruhm, nicht wahr? Sie dazu zu bringen, deinen Sohn Einar zu töten, ist allerdings eine andere Sache. So wie ich es verstanden habe, ist er für sie ein möglicher Rivale für einen der begehrten Plätze in Ulrichs Mannschaft. Ich verfüge über gewisse … Kräfte, die für den Erfolg sorgen werden.«

Thorfinn warf einen Blick zu dem kleinen Felsen nicht weit vom Ufer, auf dem das fahle Mondlicht die verstreuten Menschenknochen erhellte.

»Du sprichst vom *seiðr*?«, sagte er mit gedämpfter Stimme.

»Wir sollten unsere Worte mit Vorsicht wählen, wenn wir von Zauberei sprechen.«

Die Königin lachte leise. »Auf der Verräterinsel schickt mein Gemahl nur böse Zauberer in den Tod. Wenn ich Magie wirke, die ihm hilft, wie kann das böse sein?«

»Ich stehe tief in deiner Schuld.« Thorfinn lächelte und runzelte gleichzeitig die Stirn.

»Ja, das tust du. Wenn der Augenblick kommt, hoffe ich, dass du dich daran erinnern wirst.«

»Wenn der Augenblick kommt?«, wiederholte der Jarl.

Die Königin seufzte. »Jarl Thorfinn, es ist alles andere als ein Geheimnis, dass die Position meines Gemahls gefährdet ist. Seine Jarle in Norwegen stehen ihm in offener Rebellion gegenüber. Ihnen missfällt seine strenge Herrschaft.«

Thorfinn unterdrückte ein verächtliches Grunzen. Bis jetzt hatte Eriks »strenge Herrschaft« viel Töten, Folter, Geiselnahmen, Strafexpeditionen und ständig steigende Steuern mit sich gebracht.

»Sie glauben, indem sie diesen Welpen Hakon einladen, der ein weicher Christ ist, können sie ungestört wirken«, fuhr Gunnhild fort. »Es war keine Übertreibung, dass Erik Norwegen nicht verlassen kann, weil er befürchten muss, dass diese illoyalen Bastarde wie Jarl Sigurd von Hlader oder Olaf von Viken etwas gegen ihn unternehmen werden, während er nicht im Land ist.«

»In der Tat«, erwiderte der Jarl. »Ich verstehe sein Problem.«

»Wirklich? Ich fürchte, dieser Tag wird kommen, ob Erik nun im Land ist oder nicht. Die Rebellen werden jeden Tag stärker. Wenn sie sich vereinen, werden sie stärker als die Streitkräfte meines Gemahls sein.«

»König Erik wird sicher nicht zögern, ihnen in einer großen Schlacht entgegenzutreten.«

Die Königin schürzte die Lippen. »Ich glaube nicht an heroische letzte Gefechte, Jarl Thorfinn. Nicht, wenn sie sich vermeiden lassen. Erik kann sich ihnen stellen und sterben oder die Flucht ergreifen und Gelegenheit haben, sich neu zu formieren und sich eines Tages das Königreich zurückzuholen, das ihm rechtmäßig gehört.«

»Glaubst du, Erik Blutaxt würde vor einem Kampf davonlaufen?« Thorfinn hob eine Braue.

»Erik wird tun, was immer für seine Familie und das Königreich nötig ist. Und ich möchte dafür sorgen, dass er es auch tut. Er mag ja erzählen, dass er zwei seiner Brüder getötet hat, aber ich war diejenige, die das Gift in ihr Ale gemischt hat. Weißt du, was mit den Familien abgesetzter Könige geschieht, Thorfinn? Man schneidet allen die Kehle durch oder blendet sie, um sicherzugehen, dass sie für den neuen Herrscher keine Gefahr darstellen. Ich habe meine Kinder mit der Absicht in die Welt gesetzt, dass sie das Königreich beherrschen werden, das ihnen von Geburt wegen zusteht. Sollte das Schlimmste geschehen, werden Erik und ich einen Zufluchtsort brauchen. Einen Ort der Stärke, wo wir unsere Streitkräfte neu aufbauen können. Norwegen wird für uns nicht sicher sein. Hakon und Æthelstan werden uns nicht in Britannien haben wollen.«

»Aber der König hat einen treuen Jarl, dessen Reich außerhalb von Norwegen und nördlich von Britannien liegt.« Thorfinn grinste breit. »Mich.«

Die Königin erwiderte sein Lächeln. »Es freut mich, dass wir einander verstehen. Wir können also auf dich zählen?«

»Natürlich, meine Königin. Orkney wird dich mit offenen Armen willkommen heißen.«

»Gut«, sagte Gunnhild. »Hoffen wir, dass es niemals so weit kommt, aber ich danke dir für deine Treue. Lasst uns nicht länger darüber sprechen. Ich werde auf das Fest zurückkehren.«

Die Königin zog wieder die Kapuze über den Kopf und eilte zur Halle.

Thorfinn richtete den Blick selbstbewusst zurück aufs Meer, und er konnte ein Lächeln nicht unterdrücken. Wie sehr hatte sich doch sein Glück gewendet. Er war angereist, ohne zu wissen, ob Erik ihn hinrichten lassen würde oder nicht, und jetzt war er nicht nur am Leben, sondern stand bei König und Königin in allerhöchster Gunst. Sie brauchten ihn. Er war mächtiger als je zuvor.

Einar und Ulrich waren bereits so gut wie tot.

« KAPITEL 13 »

ENGLAND – KÖNIGREICH NORTHUMBRIEN

Sie reisten nach Süden und durchquerten in zwei Tagen ein Königreich.

Die meiste Zeit ritten sie durch eine graue, ausgebleichte Landschaft, die größtenteils aus Schlamm und leeren Feldern bestand. Für die Reise lösten Ricbehrts Männer Einars Fesseln, damit er reiten konnte, aber stets umgaben ihn vier Männer, die alle griffbereit ein langes Messer am Gürtel trugen.

Die Straße unter ihnen war ebenfalls von den Römern gebaut worden. Sie schnitt so gerade wie ein Speer und so flach wie ein Sumpftümpel im Sommer durch die Landschaft, und Einar fragte sich erneut, was für eine Magie diese Römer gewirkt hatten. Trotz Eyvinds Bemerkungen war er sich sicher, dass sie *jötnar* oder irgendwelche anderen Ungeheuer gewesen sein mussten. Aber ihre Magie schwand langsam. Die Straßenränder bröckelten in die Gräben, und die Oberflächen waren voller Löcher und Risse, die nur darauf warteten, unglückselige Pferde stolpern zu lassen.

Sie trieben die Tiere hart an. Bei Tag mussten sie in Bewegung bleiben, nicht nur, um das meiste aus den kurzen Stunden des Wintertages herauszuholen, sondern weil überall Gefahren lauerten. Sie reisten durch das kürzlich eroberte Königreich Northumbrien, das bis dahin noch den Namen *Fimm Borginn* oder die

Fünf Gemeinden der nordischen Siedler getragen hatte. Wie Jorvik waren die meisten davon in den vergangenen zwanzig Jahren von den Engländern zurückerobert worden. Es blieb ein unruhiges Territorium, das zum Ärger der dort lebenden Menschen von Kriegern besetzt war. Das Danelag verlor immer mehr an Einfluss, aber das Gesetz der Engländer hatte noch nicht richtig Fuß gefasst, was sich Gesetzlose und Schurken zunutze machten. Einem Nordmann wie Einar würde vermutlich nichts geschehen, Ricbehrt und seinen größtenteils englischen Leibwächtern schon.

Am Tag ritten sie. Nachts suchten sie Zuflucht in einer *burh.* König Alfred von Wessex hatte dieses Netzwerk aus Befestigungen gegründet, als das Große Heidnische Heer im Feld gestanden hatte. Sein Genie hatte in der Erkenntnis gelegen, dass man die plündernden Heere der Nordmänner nicht besiegen konnte, wenn man ihnen in der offenen Schlacht entgegentrat, sondern sich stattdessen in die Sicherheit befestigter Stellungen zurückziehen musste. Die Kriegshäuptlinge der Wikinger führten Gruppen aus heldenhaften Männern, die sich für Plünderungen und Kämpfe um sie geschart hatten. Sie saßen nicht herum und warteten darauf, dass sich eine *burh* ergab. Darüber hinaus ernährten sich die Wikingerheere vom Land. Sie mussten in Bewegung bleiben, da ihnen niemand mit Verpflegung folgte.

Nachdem sie eine Weile vor einer *burh* kampiert hatten, gaben sie auf und zogen weiter auf der Suche nach einer einfacheren Beute. Die Engländer erkannten bald, dass sie diese Befestigungen nahe genug beieinander errichten mussten, um Krieger losschicken zu können, die diejenigen unterstützten, die gerade angegriffen wurden. Schließlich wurde es den Nordmännern unmöglich gemacht, in Wessex Fortschritte zu erringen. Eroberten die Engländer heute Gebiete, errichteten sie zu allererst die Palisaden einer *burh.*

Diese *Festungen* wurden von den *fyrd* bemannt, lokalen Milizen aus den freien Männern der Bezirke. Jedes Bollwerk bestand aus einem Erdwall, aus dem eine Palisade in die Höhe ragte. Darin befanden sich Ställe, gefüllte Lager, Schlafstätten, eine Esshalle und ein Befehlsstand. In den Gebäuden hockten die unausweichlichen Kleriker und schrieben alles von der Zahl der Krieger auf den Wällen bis zu den Ale-Fässern im Lager in ihre Bücher. Wozu diese Aufstellungen gut sein sollten, begriff Einar noch immer nicht.

Ricbehrt schrieb auch. Jeden Abend lieh er sich ein Schreibpult der Kleriker aus und kritzelte Briefe. Dann bezahlte er sie oder andere Bewohner der Anlage mit Münzen, um sie zu seinen Geschäftspartnern zu bringen. Einar kannte die Einzelheiten seiner Übereinkunft mit Æthelstan nicht, aber sie hielt ihn ununterbrochen beschäftigt. Der Waffenhändler beriet sich leise mit Osric und mehreren anderen, und alle vergewisserten sich ständig, dass sich niemand in Hörweite befand. Bei diesen Gelegenheiten saß Einar wieder mit gefesselten Händen am Boden, für alle im Raum Anwesenden ein Gegenstand der Verachtung, ob nun für Ricbehrts Leute oder die Männer der *fyrd*, die ihn nur für einen weiteren dreckigen dänischen Gefangenen hielten, von denen sie einige zu Gesicht bekamen.

Am Morgen bezahlte Ricbehrt die Kleriker aus seinem schier unerschöpflichen Geldbeutel für das Pferdefutter und die Unterkunft, dann ging die Reise weiter.

Krieger waren in großer Zahl unterwegs. Jedes Bollwerk, in das sie einkehrten, schien vor Männern zu bersten; offensichtlich waren hier mehr als üblich versammelt, wenn man die Menge betrachtete, die auf dem Boden der Esshalle schlief. Tagsüber passierten sie eine Abteilung Krieger nach der anderen, die übellaunig in Reihen marschierten, die Speere auf den Schultern und die Helme auf die Schäfte gesteckt. Ricbehrts kleine

Gruppe reiste nach Süden, während die vielen Krieger in die entgegengesetzte Richtung unterwegs waren. Einar hatte nichts von einem Krieg oder einem Einfall gehört, aber etwas ging hier vor, so viel stand fest. Oder das war der Alltag in diesem unruhigen, kürzlich eroberten Grenzland.

Am dritten Tag kamen sie an einen mächtigen Fluss. Sie verließen die Römerstraße und ritten am Südufer entlang, während der Strom immer breiter wurde. Der Himmel spiegelte sich im grauen Wasser, das sich durch das schlammige Grün der flachen, regengetränkten Landschaft wand. Die Ufer waren mit hellgelbem Schilf überwuchert. Nach einiger Zeit lag Salzgeruch in der Luft, und Möwengeschrei verriet Einar, dass der Fluss sich an ihrer Seite dem Meer öffnete. Als sie es endlich erreicht hatten, stießen sie auf eine Siedlung.

Viele Schiffe lagen entweder an Land oder waren an Anlegestellen aus Holz vertäut oder ankerten ein Stück vom Ufer entfernt. Der Größe der Siedlung nach zu urteilen, befanden sich hier viel mehr Fahrzeuge als gewöhnlich. Kriegsschiffe, Handelsschiffe und schmale flache Fischerkähne drängten sich im und um den Hafen herum. Genau wie auf der Straße kamen ihnen auf dem Weg in die Siedlung Reihen marschierender Männer entgegen.

Einar sah bald, warum die Stadt keinen Verteidigungswall brauchte. Sie war von Wasser und Marschland umgeben. Wege aus Holzbohlen sorgten für Zugang in die Siedlung, aber die konnte man in Zeiten der Gefahr wegräumen oder verbrennen, was nur noch den Weg in einem Boot übrig ließ. Der Name der Stadt war Grims Boe – die Stadt von Grim. Grim war nicht nur ein nordischer Name, sondern auch einer der Namen Odins bei seinen Streifzügen in Verkleidung auf der Welt. Ricbehrt hatte zehn Leibwächter. Zusammen mit dem Waffenhändler und Einar bildeten sie eine Gruppe aus zwölf Männern. Drei mal drei plus drei, dachte Einar. Odins heilige Zahl. Bestimmt lachte der alte einäugige Gott herzlich über seine derzeitige Lage. War das alles nur ein Teil eines seiner seltsamen Spiele?

Grims Boe schien genau wie jede andere nordische Küstensiedlung zu sein: eine Kreuzung zwischen einem Fischerhafen und einer Handelsstätte. Man ließ die Pferde auf einem Hof zurück, fesselte Einar die Hände, dann führte Ricbehrt sie durch zwei oder drei dicht bevölkerte Straßen zum Hafen. Für einen so fetten Mann war der Waffenhändler erstaunlich beweglich. Seine beträchtliche Körperfülle schien ihn nicht zu behindern. Andererseits schien ihn der Mangel an Wein in den *burhs*, in denen sie die letzten Nächte verbracht hatten, sehr gestört zu haben. Er führte sie zu einem Anleger, an dem ein *knǫrr* vertäut lag.

»Gut«, sagte Ricbehrt. »Sie sind noch nicht in See gestochen.«

Er ließ Einar und seine Männer auf dem Anleger zurück und betrat das Schiff über die *gangr-Planke*. Einar sah zu, wie er sich kurz mit einem kahlköpfigen alten Mann mit wettergegerbter Haut und einem wild wuchernden Bart unterhielt, der Hosen und eine Kapuzentunika aus Robbenfell trug. Er war klein und dünn, und die Farbe seiner Haut ließ ihn wie einen knorrigen alten Baum aussehen. Der Mann runzelte die Stirn und schüttelte den Kopf, sagte etwas, das Ricbehrt veranlasste, wieder auf den Steg zu kommen. Er deutete auf Einar, und Osric versetzte dem jungen Mann einen Stoß in den Rücken, sodass er auf das Schiff zustolperte.

An Bord wurde Einar so lange vorwärts gestoßen, bis er vor dem von der Sonne verbrannten Mann stand.

»Das ist der Kapitän meines Schiffes«, sagte Ricbehrt. Wieder einmal staunte Einar über das Vermögen und die Besitztümer des Händlers. Er war so reich wie ein König. Offensichtlich war mit Waffenhandel viel Geld zu machen. »Sag ihm, wo wir hinmüssen!«

»Nein«, erwiderte Einar. »Wenn ich es dir sage, bringst du mich um.«

Osric rammte ihm die Faust in den Bauch. Einar schnappte nach Luft und krümmte sich zusammen, während ihn der Engländer anbrüllte: »Antworte, du dänisches Schwein.«

Einar richtete sich wieder auf und atmete tief ein. »Ich bin Isländer«, stieß er durch die zusammengebissenen Zähne hervor.

»Für mich seid ihr alle gleich«, sagte Osric. Er zog sein Sax mit der langen Klinge und hielt es so, dass Einar es sehen konnte. »Heiden. Fremde. Invasoren, die unser Land stehlen und unsere Religion vernichten wollen. Gott hasst euch alle, und ich tue das auch. Jetzt beantworte die Frage, bevor ich dir etwas abschneide.«

Der Kapitän hatte den Horizont mit angestrengter Konzentration betrachtet, als würde ihn dort etwas ungemein faszinieren. Nun richtete er die Aufmerksamkeit wieder auf Einar.

»Ich brauche eine ungefähre Vorstellung, wo es hingehen soll«, sagte er.

»Irland«, erwiderte Einar.

Der Kapitän zuckte mit den Schultern. »Irland ist eine große Insel. Geht es nach Norden, Süden oder Osten?«

»Nach Norden. So weit nach Norden, wie du kannst, in der Nähe des Ortes mit den seltsamen Felsen, die der Riese errichtet hat«, sagte Einar. »Mehr sage ich euch jetzt nicht. Ihr könnt mich umbringen, wenn ihr wollt, aber dann werdet ihr die Schwerter niemals finden. Das schwöre ich bei den Göttern. Sie sind zu gut versteckt.«

Der Kapitän betrachtete das Deck, sein Mund bewegte sich, als würde er etwas kauen. Dann wandte er sich Ricbehrt zu. »Die kürzeste Route ist um Schottland herum, aber das ist zu gefährlich. Das Wetter könnte sehr schlecht sein. Und das Meer ist mit Wikingern verseucht.«

Der Waffenhändler nickte. »Wir segeln nach Süden. Um die Königreiche der Engländer herum, dann nach Norden.«

»Bist du dir sicher?«, fragte der Kapitän. »Æthelstan zahlt gutes Geld, um seine Armee nach Norden zu schaffen. Davon könnten wir profitieren.«

»Dafür wird uns diese Reise ausreichend entschädigen«, sagte Ricbehrt. »Mach dich zum Auslaufen bereit.«

« KAPITEL 14 »

KÖNIGREICH NORTHUMBRIEN

Während man Einar nach Süden schaffte, wurde Affreca nach Norden gebracht. Zwei Tagesritte von Jorvik entfernt befand sich das Kloster, das ihr Gefängnis sein sollte. Sie reiste zusammen mit den anderen Nonnen in einem Wagen, während acht bewaffnete Krieger sie begleiteten, um mögliche Angreifer abzuschrecken und jeden im Wagen mit Fluchtplänen davon abzuhalten.

Insgesamt waren es zehn Frauen. Eine von ihnen, eine Sächsin namens Osgyth, hatte ein blaues Auge und einen Bluterguss auf der Wange. Das war Affrecas Werk. Als Einar sie abgewiesen hatte, war klar gewesen, dass sie das Rabenbanner allein besorgen musste. Am Morgen zuvor hatte sie die Nonnengruppe beobachtet, die durch Jorvik zum Königshof marschierte. Beim Anblick der langen Kapuzen, die sie selbst im Haus hochgeschlagen trugen, war ihr die Idee gekommen, wie sie in den Königshof gelangen könnte. Als die Prozession der Nonnen am nächsten Morgen durch die schmalen Straßen zog, mit gesenkten Köpfen, um die weltlichen Versuchungen um sie herum nicht sehen zu müssen, zerrte Affreca die letzte Frau in der Reihe in eine Gasse, schlug sie nieder und stahl ihre Kleidung. Das war Osgyth gewesen.

Sie hätte sich niemand Schlimmeren aussuchen können.

Wie sich herausstellte, war Osgyth eine Art Anführerin der Nonnen. Sie war ein paar Winter älter als die anderen, und die jungen Frauen fügten sich ihr. Nach der Schnelligkeit zu urteilen, mit der sie ihren gebellten Befehlen gehorchten, respektierten und fürchteten sie sie gleichermaßen. Während der Wagen nun über die alte Römerstraße rollte, ließen ihre gelegentlichen Blicke in Affrecas Richtung nicht den geringsten Zweifel offen, dass sie einen Groll pflegte so wie andere ihre Lieblingskatzen. Trotzdem fürchtete Affreca die Frau eigentlich nicht. Ob Prinzessin oder nicht, ihre Stiefmutter hatte sie oft geprügelt. Ihr eigener Vater hatte sie umbringen wollen. Sie hatte diese Frau bereits einmal bewusstlos geschlagen. Falls die Nonne es noch einmal versuchen wollte, war das ihre Entscheidung.

Affreca war übrigens nicht die einzige Gefangene.

Die andere war eine sehr kleine, dunkelhaarige Nonne, die einem anderen Orden angehörte. Sie hieß Eithne und kam aus dem Land der Schotten, wie sie erzählte. Aus den Gesprächen der Frauen erfuhr Affreca, dass es zwischen den Christen irgendeine Art Disput gab, wie man ihren Gott am besten anzubeten hatte. Eithne war von ihrem Kloster nach Süden geschickt worden, um in Erfahrung zu bringen, wie die sächsischen Christen ihre Rituale abhielten. Jetzt drohte Krieg zwischen den Engländern und den Schotten, und sie war genauso eine Geisel wie Affreca.

Da war noch eine junge Frau, die vielleicht siebzehn oder achtzehn Winter alt war. Sie hielt den Mund und mied die Blicke der anderen. Im Gegensatz zu Affrecas schmalen, beinahe ausgehungerten Zügen waren die Wangen der Frau ziemlich wohlgenährt, und sie hatte Augen wie ein Reh, die zusammen mit einem Blick in das tiefe Tal ihres Ausschnitts die Knie eines jeden Mannes in Wasser verwandeln konnten. Ihre Kleidung war schlicht, aber als Königstochter wusste Affreca nur zu genau, wie teuer der Stoff war. Diese Frau war nicht die Tochter eines armen Kuhhirten, die ins Kloster ging, um der Armut ihres Elternhauses zu entkommen. Ihr Kopf war genauso wenig rasiert wie Affrecas. Ihr langes Haar war nach hinten gebunden. Es war so schwarz, dass sie vermutlich Irin war.

»Wie heißt du?«, fragte Affreca in der Sprache der Gälen.

Der verwirrte Blick der Frau verriet ihr, dass sie sich mit ihrer Herkunft geirrt hatte.

»Hier wird nicht geredet!«, befahl Osgyth in der Sprache der Sachsen. »Vor allem ihr beide nicht.«

Affreca wechselte einen Blick mit der schwarzhaarigen Frau und zuckte mit den Schultern. Kurz dachte sie darüber nach, Osgyth zu schlagen, nur um ihre Reaktion zu sehen, aber das würde wenig bringen. Durch die bewaffneten Reiter, die den Wagen begleiteten, war jeder Fluchtversuch sowieso so gut wie aussichtslos. Sie würde abwarten müssen, bis sich eine bessere Gelegenheit bot.

Bei Einbruch der Nacht hielten sie in einer *burh* an. Die Krieger der Garnison musterten die jungen Frauen mit gierigen Blicken. Das änderte sich, als ihnen ihr Anführer den Befehl gab, ihre warmen Betten den Nonnen zu überlassen. Als sie nach draußen gingen und mürrisch Zelte aufbauten, warfen sie den Nonnen nur noch Blicke voller Groll zu.

Die Frauen verteilten sich auf die hölzernen, mit Stroh bedeckten Pritschen, auf denen sonst die Krieger schliefen. Das aufgeregte Entzücken auf ihren Gesichtern verriet Affreca, dass selbst diese primitiven Betten viel bequemer als die sonstigen waren.

»Schwestern!«, bellte Osgyth. »Entfernt die Hälfte des Strohs von euren Betten. Ich will nicht, dass eine von euch vom Luxus abgelenkt wird und unser Gelübde vergisst.«

Affreca setzte sich auf ihre Pritsche und sah zu, wie die Nonnen gehorsam anfingen, das bequeme, frische Stroh auf den Boden zu werfen.

»Hast du mich nicht verstanden, Dänin?« Osgyth trat zu Affreca und baute sich mit geballten Fäusten vor ihr auf. »Damit bist auch du gemeint. Vielleicht verstehst du ja keine zivilisierte Sprache?«

Affreca blickte zu ihr hoch.

»Ich verstehe deine Sprache sehr gut«, erwiderte sie. »Aber ich wüsste nicht, warum ich tun sollte, was du sagst. Ich bin keine deiner religiösen Fanatikerinnen. Ich bin Affreca Guthfrithsdottir, die Tochter des Königs von Dublin. Ich bin nicht so dumm, mein Bett vorsätzlich noch unbequemer zu machen, als es bereits ist.«

Osgyth starrte sie finster an, während sie die Fäuste öffnete und schloss. Ihre Wangen waren gerötet.

»Du wirst tun, was ich sage, Dänin«, sagte sie mit erstickter Stimme. »In Christis Namen, das *wirst* du.«

Damit drehte sie sich auf dem Absatz um und verließ die Unterkunft.

Affreca grinste spöttisch.

»Du bist zu weit gegangen«, sagte die schwarzhaarige junge Frau. Sie hatte das Lager neben Affreca gewählt und nahm wie die anderen das Stroh heraus. Sie sprach Sächsisch, hatte aber einen trällernden Akzent, als würde sie singen. »Die ist ein richtiges Miststück.«

»Mir egal«, sagte Affreca. »Was kann mir eine Nonne schon antun?«

»Du bist also Irin?«

»Nordirin«, erwiderte Affreca scharf. »Du bist auch keine Sächsin. Was machst du hier?«

»Mein Name ist Angharad *ferch* Hywel«, sagte die dunkelhaarige Frau. »In unserer Sprache bedeutet *ferch* Tochter von.«

Die Betonung verriet Affreca, dass der Name sie wohl beeindrucken sollte. Und tatsächlich gab es einen Hywel, von dem sie gehört hatte.

»Ist das Hywel ap Cadell, der König der Waliser?«

»Ja«, sagte Angharad. »Und er ist König der *Britonen.* Walisisch ist ein sächsisches Wort. Weißt du, was es bedeutet? Für die Engländer bedeutet es Fremder. Ist das zu glauben?«

»Also bist du auch eine Königstochter?«

»Das bin ich.« Angharads Stimme wurde bitter. »Du wirst wissen, dass das keine besondere Ehre ist. Was sind wir? Nicht mehr als die Spielsteine unserer Väter. Wir sind Teile von Allianzen. Kühe, die verheiratet werden, um einen Krieg mit einem anderen Königreich zu beenden und den Frieden zu besiegeln, danach nichts anderes als Zuchtvieh für die Söhne anderer Könige.«

Affreca lächelte. »Wäre mein Vater doch nur so nett gewesen. Hast du dich darum den Nonnen angeschlossen? Um einer Zwangsehe zu entgehen?«

»Nein! Glaubst du etwa, ich würde nicht über meinen eigenen Hof herrschen wollen? Æthelstan von Wessex nennt sich König aller Engländer, und er will der Imperator von ganz Britannien sein. Er bereitet sich darauf vor, ein Heer gegen die Schotten, die Pikten und alle anderen Königreiche des Nordens zu führen. Mein Vater hat geschworen, ihn zu unterstützen.«

Affreca runzelte die Stirn. »Hast du nicht eben gesagt, dein Vater wäre bereits der König von Britannien? Warum sollte er dann Æthelstan unterstützen?«

Angharad lächelte leicht überheblich, als würde sie einem Kind etwas erklären, was Affreca irritierte.

»Mein Vater ist der König der Britonen, ja. Des *Volkes,* das man Britonen nennt. Uns gehört noch immer das Gebiet, auf dem wir *Cymry* frei leben. Aber Æthelstan beherrscht den größten Teil des Landes, das man Britannien nennt. Er hat die Unterstützung der anderen mächtigen Könige gefordert. Er hat deutlich gemacht, dass jeder, der nicht für ihn ist, als Feind betrachtet wird. Sagen wir, mein Vater weiß, auf welcher Seite das Brot gebuttert ist. Er hat seine Unterstützung geschworen und wird mit seinen Kriegern als Teil von Æthelstans Heer nach Norden marschieren. Aber das Vertrauen des Königs der Engländer reicht nur bis zu einem gewissen Punkt. Er hat eine Geisel verlangt, um sich der Loyalität meines Vaters zu versichern. Darum bin ich hier.«

»Wenigstens ist dein Vater auf Æthelstans Seite«, mischte sich die Schottin Eithne ein. »Meiner wird mit Konstantin von Schottland kämpfen.«

»Wann fängt dieser Krieg an?«, wollte Affreca wissen.

»Vielleicht hat er das bereits.« Die Waliserin zuckte mit den Schultern. »Æthelstan hat sein Heer in der Nähe von Jorvik aufgestellt. Soweit ich weiß, ist mein Vater als Letzter eingetroffen. Er hat mich als Geisel abgeliefert, dann hat er sich zu seinen Männern und dem Rest des Heeres gesellt. Sie wollten sofort nach Norden marschieren.«

Affreca wollte etwas erwidern, als die Tür des Raumes aufschlug. Alle Frauen wandten die Köpfe. Zwei stämmige Krieger in Leder und Kettenhemden kamen herein. Osgyth stand mit funkelnden Augen hinter ihnen.

»Ergreift sie!«, kreischte sie und zeigte mit einem langen, knochigen Finger auf Affreca. Die sprang auf die Füße, aber die Krieger hatten sie schon erreicht. Einer schnappte sich ihr linkes Handgelenk. Sie wehrte sich, trat dem anderen Mann in den Schritt. Aber der Schrei, der ertönte, kam von ihr. Schmerz schoss durch ihre Zehen, als sie das mit Kettengliedern verstärkte Leder seiner Hose traf. Sie versuchte den Schmerz zu ignorieren und hieb nach dem Gesicht des Kriegers, der sie festhielt. Der Mann schrie vor Furcht wie vor Überraschung auf, als Affrecas Nägel über seine Wange fuhren und nach seinem Auge zielten.

Sein Kamerad riss ihre Hand weg und schlug ihr die Faust in den Bauch, worauf sie sich nach Luft schnappend krümmte. Sie sackte zwischen den beiden Kriegern zusammen, die ihre Arme nun im festen Griff hatten. Keuchend versuchte sie wieder zu Atem zu kommen.

»Hoch mit ihr«, befahl Osgyth.

Affreca wurde von den Männern, die sie an den Oberarmen hielten, nach oben gerissen. Sie hob den Kopf und erblickte die Nonne, die mit einem bösartigen Grinsen vor ihr stand. Es klatschte laut, als die Frau ihr mit dem Handrücken ins Gesicht schlug.

»Du *wirst* tun, was ich dir sage, Dänin. Das wirst du.«

Sie verpasste Affreca abwechselnd rechts und links Ohrfeigen, und Affreca schmeckte Blut. Dann beugte sich Osgyth vor und riss das Stroh aus Affrecas Bett.

»Schaff das weg«, befahl sie einer der anderen Nonnen, die zu ihr eilte, das Stroh einsammelte und aus der Tür warf. Dann versetzte Osgyth Affreca noch einen Schlag ins Gesicht, diesmal so hart, dass Sterne vor ihren Augen tanzten. Ihre Knie gaben nach, und hätten die Krieger sie nicht gehalten, wäre sie gestürzt.

Osgyth zog sich zur Tür zurück. Die beiden Männer warfen Affreca zu Boden. Einer versetzte ihr noch einen Tritt in den Bauch, dann stolzierten sie aus dem Raum.

»Ich verriegle die Tür«, sagte Osgyth. »Damit ihr vor den Männern draußen sicher seid. Und für den Fall, dass eine von euch glaubt, entkommen zu können.«

Die Tür fiel krachend zu, dann klirrte der Schlüssel im Schloss.

Affreca versuchte zu Atem zu kommen. Ihr Bauch schmerzte, sie hatte den Eindruck, dass jemand ihr in beide Ohren pfiff.

Dann zog sie sich zu dem Bett und brach auf dem harten, nun ungepolsterten Holz zusammen.

»Osgyth war einst eine bedeutsame Adlige«, flüsterte eine der anderen Nonnen von ihrem Bett. »Die Dänen haben ihren Mann getötet, und sie musste Nonne werden.«

Affreca antwortete nicht. Sie starrte zur Decke und dachte darüber nach, was zu tun war. Wenn Osgyth vom Hass angetrieben wurde, würde sie jeden Augenblick ihres Lebens zur Qual machen. Ulrich und die Wolfsmäntel würden nach Jorvik kommen, in der Erwartung, dass sie ihnen dort den Aufenthaltsort des Rabenbanners mitteilte. Einar war vermutlich irgendwo auf der Walstraße auf dem Weg nach Irland.

Sie musste hier weg.

« KAPITEL 15 »

Am nächsten Morgen weckte man sie vor Einbruch der Morgendämmerung und befahl ihnen, zum Gebet nach draußen zu gehen. Osgyth schickte vier Krieger, um dafür zu sorgen, dass Affreca sich ihnen anschloss. Mit bloßen Fäusten gegen Männer in Kettenhemden und Leder zu kämpfen war aussichtslos, also gehorchte sie, kniete zusammen mit den anderen auf der feuchten Erde, die monoton ihre magischen Sprüche aufsagten. Osgyth sagte etwas in einer fremden Sprache vor – nicht die der Engländer –, und die anderen sangen daraufhin etwas in derselben Sprache. Es klang beinahe so, als würden sie eine Unterhaltung führen, und Affreca fragte sich, wie ihre Götter oder ihr Gott wissen sollten, dass sich die Nonnen an sie wandten und nicht miteinander sprachen.

Nach einem kärglichen Frühstück aus Suppe ging die Reise weiter.

Der Stand der schwachen Sonne, die gelegentlich durch die Wolken schien, verriet Affreca, dass sie nach Norden und Westen fuhren. Die spätwinterliche Landschaft war karg und öde, der Frühling mit seinen kräftigen Farben schien noch in weiter Ferne. Irgendwann tauchte am Horizont ein grauer Strich auf, die Nordsee, und die traurigen Rufe von Seevögeln erfüllten die kalte, feuchte Luft.

An der Küste kamen sie zu einer mit Gras bewachsenen Halbinsel, die ins Meer ragte; in Affrecas nordischer Sprache bezeichnete man so etwas als *nes.* Auf der *nes* stand das Gotteshaus, das ihr Gefängnis sein sollte.

Sie fuhren durch ein Tor in einer niedrigen Steinmauer, die die Anlage umgab. Der Wagen hielt an, und die Nonnen stiegen aus. Affreca atmete die kalte, salzige Luft ein und schaute sich um. Es gab ein Gebäude aus Stein mit einem hohen Turm. Sie erkannte es als christliche *kirk,* das Gegenstück eines nordischen *hof,* das Gebäude, in dem die Götter lebten und religiöse Rituale abgehalten wurden. Darum standen verschiedene, aus Holz erbaute Gebäude mit Strohdächern, Unterkünfte, Ställe und weitere Bauten eines Bauernhofes. Überall wanderten Hühner und Ziegen herum, und es gab ein paar Felder, die jetzt mitten im Winter allerdings lediglich gepflügte Erde mit ein paar Flecken immergrüner Kräuter waren.

Es überraschte Affreca, dass es in der Anlage sowohl Männer wie Frauen gab. Sie hatte immer angenommen, die christlichen Zauberer müssten in getrennten Häusern für Männer und Frauen leben, aber das schien nicht der Fall zu sein. Sie sah Männer in den groben Tuniken aus ungefärbter Wolle, die die seltsame Frisur der christlichen Mönche trugen, bei denen die Oberseite des Kopfes kahl rasiert war. Eine Gruppe von ihnen reparierte gerade ein Stück der Steinmauer.

Die anderen Nonnen gingen auf ein Nebengebäude zu, während die Krieger Affreca und Angharad zur *kirk* brachten. Osgyth stieß die mit Eisen beschlagene Flügeltür des Gebäudes auf, und die Männer brachten ihre Gefangenen hinein. Als Affreca in die kühle Stille trat, wurde sie sich der seltsam unbeweglichen Luft bewusst. Misstrauisch blickte sie sich um, angespannt für den Fall, dass etwas in den Schatten an den Wänden lauerte. Das Gebäude war lang, mit einer schier unmöglich hohen Decke. Die Wände waren mit allen möglichen Bildern bedeckt, ein paar zeigten Krieger, andere seltsame Ungeheuer. An einer Wand war die Abbildung eines riesigen Drachens, der eine Horde elend aussehender Leute verschlang, die sich aus einem unerfindlichen Grund zu einer ordentlichen Reihe aufgestellt hatten, um in seinen Rachen zu marschieren. Am anderen Ende der *kirk* war ein Tisch aus Stein, auf dem ein großes goldenes Kreuz zusammen mit einem silbernen Kelch stand. Im Mittelgang standen viele Kerzenständer aus Silber, in denen hohe gelbe Kerzen brannten und die Luft mit Licht und dem Duft nach warmem Bienenwachs füllten.

Beim Anblick dessen, was sich hinter dem Tisch befand, riss Affreca die Augen auf. In der Mauer war ein Windauge, das allem Anschein nach mit Juwelen und Edelsteinen gefüllt war. Das hindurchströmende Sonnenlicht wurde in atemberaubende Farben verwandelt, die auf den Boden fielen. Aber noch viel erstaunlicher war die Tatsache, dass die Juwelen das Bildnis eines Mannes formten, der mit ausgebreiteten Armen dort stand. War das irgendeine Zauberei?

Vor dem Tisch kniete eine Nonne. Beim Geräusch der Tür stand sie auf und drehte sich um. Sie trug die gleiche einfache Kleidung der anderen Nonnen, strahlte aber eine gewisse Autorität aus. Ihr Gesicht war vom Alter gezeichnet, ein paar weiße Haare waren der Haube auf ihrem Kopf entschlüpft.

»Was ist, Mädchen?«, fragte die Frau auf Englisch, da sie Affrecas Erstaunen gesehen hatte. Sie folgte ihrem Blick und verstand. »Hast du noch nie Buntglas gesehen?«

Affreca schüttelte den Kopf und konnte nur mühsam den Blick von den erstaunlichen Farben wenden, die wie Edelsteine in dem Fenster funkelten.

»Ihr müsst die neuen Mädchen sein«, sagte die alte Nonne und musterte sie von Kopf bis Fuß.

»Kniet nieder vor der Äbtissin!«, befahl Osgyth mit schriller Stimme. Als keine der beiden jungen Frauen reagierte, zwangen die Krieger sie auf die Knie.

Die Äbtissin betrachtete sie lange. Schließlich ergriff sie das Wort.

»Mein Name ist Hathumod. Wie Osgyth euch bereits gesagt hat, bin ich hier die Äbtissin. Das bedeutet, dass ich hier das Sagen habe. Im Gegensatz zu den anderen Nonnen seid ihr beide nicht aus eigenem Antrieb hier. Trotzdem werdet ihr dieselben Regeln wie alle anderen befolgen. Ihr werdet euch anziehen wie sie und beten, wenn sie beten, also achtmal am Tag. Ihr werdet arbeiten, wenn sie arbeiten, essen, wenn sie essen und schlafen, wenn sie schlafen. Jede wache Stunde ist dem Dienst und der Lobpreisung Gottes gewidmet. Dieses Leben ist nicht für jeden geeignet, aber da ihr vermutlich eine sehr lange Zeit bei uns sein werdet, solltet ihr euch besser daran gewöhnen.«

Sie hielt inne und sah Affreca genauer an, bemerkte den Bluterguss an ihrer Wange und die geschwollene Unterlippe.

»Wie ich sehe, bist du gezüchtigt worden.«

»Das war Osgyth«, sagte Affreca und warf der Nonne einen finsteren Blick zu.

»Ich habe sie für ihren Ungehorsam bestraft, Herrin«, rechtfertigte sich Osgyth.

Die Äbtissin blieb ungerührt. »Du musst Schwester Osgyth verzeihen«, sagte sie. »Die Heiden haben ihr Schreckliches angetan, was manchmal dazu führt, dass sie in ihrem Glauben etwas übereifrig ist. Unser Herr lehrt uns, unseren Feinden zu verzeihen. Vielleicht kann das ja deine erste Lektion in unserem Glauben sein?«

Affreca sah sie an, als wäre sie nicht bei Verstand.

»Unser Herr lehrt uns auch, dass wir, wenn wir geschlagen werden, die andere Wange hinhalten sollen«, fuhr die Äbtissin fort. »Du hast offensichtlich viel zu lernen. Lass mich dir einen Rat geben, Mädchen. Dein Leben wird viel einfacher sein, wenn du dich den Abteiregeln unterwirfst. Wenn du kämpfst, widersetzt du dich nicht nur Schwester Osgyth. Du kämpfst gegen uns alle. Du kämpfst gegen *mich.* Du kämpfst gegen Gott wie der rebellische Engel Satan. Das werden wir nicht zulassen.«

Einen Augenblick lang maßen sich die beiden mit Blicken. Affreca sah die Unnachgiebigkeit einer Frau, die in einer von Männern beherrschten Welt über Macht verfügte. Die Äbtissin war offensichtlich nicht daran gewöhnt, sich irgendjemandem zu beugen.

»Ihr könnt jetzt zu König Æthelstan zurückkehren«, sagte die Äbtissin zu den beiden Kriegern. »Dies ist ein Haus des Friedens, nicht des Krieges.«

Affreca blickte wieder zu dem Goldkreuz und dem Silberbecher auf dem Tisch. Außer den beiden Männern hatte sie nirgendwo Krieger gesehen. Kein Wunder, dass solche Orte die bevorzugten Ziele der Wikinger waren.

»Falls du glauben solltest, dass es hier niemanden gibt, der dich unter Kontrolle bringt, irrst du dich«, sagte die Äbtissin, der ihr Blick auffiel. »Hier leben viele Mönche und Nonnen, die dafür sorgen werden, dass du dich anpasst. Falls du an Flucht denkst, solltest du wissen, dass es hier meilenweit nichts außer Moor oder Meer gibt, wie du auf dem Hinweg gesehen hast. Du kannst nirgendwo hin, und sämtliche Einheimischen, die dir begegnen werden, sind Sachsen, die die Dänen schon lange hassen. Schwester Osgyth wird am Morgen mit deiner Einführung beginnen. Bis dahin solltest du beten und über das Leben nachdenken, das auf dich wartet. Einen schönen Tag.«

« KAPITEL 16 »

Es wurde schnell klar, dass in der Abtei kein Mangel an Nahrung herrschte. Das Abendessen, das Affreca und die anderen erhielten, war schlicht, aber ausreichend, und keine der Nonnen oder Mönche wirkte unterernährt. Den Schätzen in der Kirche, den Schafherden, die auf den umliegenden Feldern umherstreiften, der Gerberei und der Fischerei, die beide der Abtei gehörten, nach zu urteilen, verfügten diese Klöster über einen beträchtlichen Reichtum.

Mit einer ordentlichen Portion Essen im Bauch fand es Affreca nicht mehr so anstrengend, noch mehr Gebete zu sprechen. Genauso wenig wie das Spinnen von Wolle, bis es zu dunkel zum Weitermachen war. Es folgten noch mehr Gebete, dann war Zeit zum Schlafengehen. Müde und gesättigt fiel es ihr nicht schwer, auf ihrer Pritsche in dem Nonnenschlafsaal einzuschlafen.

Bei Anbruch der Morgendämmerung wurden sie geweckt.

Affreca schaute im grauen Licht auf und entdeckte Osgyth, die über ihr aufragte. Irgendwo draußen läutete eine Glocke, und die anderen Nonnen mühten sich aus ihren warmen Betten.

Osgyth warf ihr ein Nonnengewand an den Kopf.

»Zieh das an, Dänin, dann komm zu mir ins Lavatorium«, sagte sie, drehte auf dem Absatz um und ging.

Affreca stand auf und betrachtete das Gewand. Sie wusste nur zu genau, wie unbequem das Kleidungsstück aus grober, ungefärbter Wolle war, nachdem sie Osgyths gestohlenes Gewand in Jorvik getragen hatte. Man hatte sie gezwungen, es wieder auszuziehen, und ihr ein einfaches Leinenkleid überlassen. Sie verspürte nicht den geringsten Wunsch, wieder ein Nonnengewand zu tragen. Sie rollte es zusammen und hockte sich über den Topf neben ihrem Bett, um zu pinkeln, während sie darüber nachdachte, was nun zu tun war.

Die Äbtissin hatte die Wahrheit gesagt, das war ihr klar. Falls sie Widerstand leistete, erwartete sie eine lange, schmerzvolle Zeit. Mit einem Seufzer kam sie zu dem Schluss, dass sie mitmachen musste, zumindest bis sie einen Fluchtweg gefunden hatte.

Sie stand auf und klemmte sich das Nonnengewand unter den Arm. Dann ergriff sie den Topf mit dem dampfenden Urin und verließ den Schlafsaal. Sie stieg die Holztreppe hinunter, die ins Erdgeschoss führte, und trat in die kalte Morgenluft. In der Nähe erhob sich ein hölzernes Gebäude, durch dessen Mitte ein Bach floss. Nonnen gingen in verschiedenen Stadien der Bekleidung hinein. Dieses Lavatorium, wie Osgyth es genannt hatte, war offensichtlich eine Art Waschhaus. Auf der anderen Seite, aus der das schmutzige Wasser floss, befand sich eine Rinne, in die die anderen Nonnen ihre Nachttöpfe leerten und sie ausspülten.

Affreca betrat das Waschhaus. Hier standen große Holzwannen zum Baden. Über einem rauchigen Feuer hing ein gewaltiger Kessel, in dem Wasser kochte. Es gab mehrere Becken und andere Waschutensilien. Ein paar Nonnen bedienten Blasebälge, die das Feuer unter dem Kessel anheizten.

Schwester Osgyth stand mit verschränkten Armen in der Mitte des Raumes, neben ihr ein Hocker mit drei Beinen, wie man ihn zum Kühemelken benutzte. Darauf lagen ein Messer und eine Schere. Osgyth wurde von zwei stämmigen Mönchen flankiert. Sie sahen aus, als würden sie mehr Zeit mit der Feldarbeit oder dem Bau von Steinmauern verbringen als beim Gebet.

»Du hast das Gewand nicht angezogen«, sagte Osgyth. »Wie erwartet. Bruder Edwin, Bruder Cuthbert. Wir müssen dieser rebellischen Seele Gehorsam beibringen.«

Die beiden Mönche und Osgyth traten vor. Affreca ließ das Gewand fallen und wich zurück. Die Mönche stürzten sich auf sie. Affreca wich den unbeholfenen Händen aus und ergriff die Flucht. Nach wenigen Schritten schlug etwas hart gegen ihre Schienbeine. Sie verlor den Halt und stürzte kopfüber zu Boden.

Schnell wälzte sie sich auf den Rücken. Osgyth stand mit einem langen Besen in den Händen über ihr, mit dem sie Affreca zu Fall gebracht hatte.

»Närrin.« Die Nonne schnalzte mit der Zunge. »Glaubst du, du bist hier die Erste, die nicht Nonne werden will? Bringt sie her!«

Die beiden Mönche packten Affreca bei den Armen und schleiften sie zurück zu dem Hocker, zwangen sie darauf und lehnten sich mit ihrem ganzen Gewicht auf sie. Affreca trat, biss und spuckte, aber es war vergeblich. Die Männer waren zu schwer und stark für sie.

»Jetzt wirst du wie der Rest von uns«, sagte Osgyth. Sie strahlte über das ganze Gesicht. »Du wirst dich wie wir kleiden, und du wirst diese eitlen Locken verlieren.«

»Nein!«, schrie Affreca. Sie sah zu den anderen Nonnen, aber die schauten weg und wuschen einfach weiter, als würde nichts Seltsames vorgehen.

Osgyth ließ den Besen fallen und nahm die Schere. Sie zwängte sie in den Halsausschnitt des Kleides und zertrennte den Stoff mit ihrer wütenden Kraft. Affreca spürte das kalte Eisen auf ihren Brüsten, und ihr wurde klar, dass Osgyth ihr Fleisch zusammen mit ihrem Kleid zerschneiden würde, wenn sie sich weiter so energisch zur Wehr setzte. In wenigen Augenblicken hatte die

Nonne das Kleid bis zum Nabel aufgeschnitten. Sie packte den Stoff an Affrecas Schulter und riss ihr das Kleidungsstück vom Leib. Affreca fühlte die hungrigen Blicke der Mönche, die ihren nackten Körper mit offenen Mündern anstarrten. Bruder Cuthbert sabberte. Sie fühlte seinen heißen Atem auf ihrem entblößten Fleisch.

»Wendet die Blicke ab, Brüder!«, kreischte Osgyth. »Lasst nicht die Lust in eure Herzen. Dieses Mädchen ist ein Kind des Satans. Eine heidnische Hure. Sie wird euch die Seelen stehlen, wenn ihr nicht aufpasst! Und jetzt haltet sie fest!«

Die Mönche verdoppelten ihre Anstrengungen. Affreca bäumte sich auf und wand sich, versuchte ihren Griff zu brechen. Vergeblich.

Osgyth packte den langen Zopf. Affreca stieß einen unartikulierten Wutschrei aus. Tränen des Zorns liefen ihr über die Wangen.

»Sitz still, du dänisches Miststück«, zischte ihr Bruder Edwin ins Ohr. »Sonst rutscht Osgyth noch ab, und du verlierst ein Ohr. Mir wäre das egal. Die Dänen haben meinen Cousin umgebracht und das Land meines Onkels geraubt.«

Die Schere schnappte zu. Osgyth warf den abgeschnittenen Zopf auf den Boden, wo Affreca ihn sehen konnte. Sie wehrte sich noch stärker, aber Cuthbert trat hinter sie und legte ihr den Arm um den Hals. Er schnürte ihr die Luft ab, sodass sie keinen Ton mehr hervorbrachte. Während der Mönch ihren Kopf stillhielt, machte sich Osgyth mit der Schere ans Werk und schnitt das kastanienbraune Haar bis auf die Kopfhaut ab. Affreca sah ihre Locken zu Boden regnen, während sie nach Luft rang. Schwarze Punkte wirbelten vor ihren Augen, sie verlor allmählich das Bewusstsein.

»Fertig! Lasst sie los.« Osgyth seufzte zufrieden und warf die Schere zu Boden. Bruder Cuthbert nahm den Arm weg, und

Bruder Edwin versetzte Affreca einen Stoß. Sie stürzte von dem Hocker und blieb nackt auf den Fetzen ihres Kleides und den abgeschnittenen Haaren liegen. Dort verharrte sie eine Weile, Tränen strömten ihr über die Wangen, während sie wieder zu Atem kam. Sie fuhr sich über den Kopf und ertastete die kurzen Stoppeln.

»Jetzt siehst du allmählich wie eine Nonne aus«, sagte Osgyth. Sie schleuderte ihrem Opfer das Gewand entgegen. »Zieh dich auch wie eine an. Die Arbeit wartet auf dich.«

Noch immer schluchzend, aber begierig, ihre Blöße zu bedecken, richtete sich Affreca auf die Knie auf und zog sich den groben Wollstoff über den Kopf. Sie stand auf und klopfte sich ab.

»Ich weiß nicht, was es da zu heulen gibt«, sagte Bruder Edwin. »Das ist zu deinem eigenen Besten.«

Affreca betrachtete sein hämisches Grinsen. Osgyth stand neben ihm, ein triumphierendes Lächeln auf dem Gesicht.

Mit einem Knurren warf sich Affreca auf die Schere am Boden. Edwin bewegte sich auf sie zu, aber er kam zu spät. Sie packte das Werkzeug mit beiden Händen und rammte es in den rechten Fuß des Mönchs. Edwin schrie auf, als die Klingen die Ledersandale und dann sein Fleisch durchbohrten. Die Spitze trennte die Knochen voneinander, durchdrang die Sohle und grub sich in die Erde.

Affreca rollte sich herum und kam auf die Füße. Bruder Cuthbert rannte auf sie zu. Ihr Blick fiel auf den Hocker. Sie packte ihn an einem Bein und schwang ihn mit ganzer Kraft. Der Hocker zersplitterte auf dem Kopf des Mönchs. Der Mann verdrehte die Augen, stolperte und brach zusammen.

Bruder Edwin, dessen Fuß noch immer an den Boden genagelt war, schrie alle möglichen Worte, die für einen Mönch sicher nicht angebracht waren. Schwester Osgyth kreischte vor Zorn und stürzte sich auf sie. Affrecas Faust traf ihr Kinn, und die Nonne stolperte mit einem überraschten Ausdruck auf dem Gesicht zur Seite. Affreca machte eine halbe Drehung und trat zu. Osgyth prallte gegen den großen Kessel. Dabei trat sie in die Flammen darunter und heulte auf, kippte nach hinten und stürzte mit dem Oberkörper in das kochende Wasser.

Affreca wusste, dass das ihre einzige Chance war. Ohne abzuwarten, rannte sie zur Tür, riss sie auf und stürmte ins Sonnenlicht hinaus.

Sofort wusste sie, dass etwas nicht stimmte.

Mönche und Nonnen rannten voller Panik umher. Im Kontrast zu den zuvor so gleichmäßigen Glockenschlägen läutete die Glocke Sturm. Das war ein Alarm. Mönche stolperten mit dem großen Goldkreuz in den Armen aus der *kirk* und ächzten unter dem Gewicht.

Jenseits der *kirk* und der niedrigen Mauer lag ein Schiff am Strand. Das rechteckige Segel war gerefft, der Bug steckte im Sand, und der geschnitzte Drache ragte wie eine sich aufbäumende Bestie aus dem Meer. Es war ein Langschiff, ein Kriegsschiff, und Männer mit Kettenhemden und Helmen, mit runden Schilden und scharfen, funkelnden Schwertern strömten über die Bordwand. Sie landeten auf dem Sand und rannten sofort zur Abtei.

»Wikinger! Wikinger! Rennt um euer Leben«, brüllte ein Mönch und rannte an Affreca vorbei. Er war so bleich wie der Tod, seine Stimme schrill und heiser.

In Affreca stieg ein Hochgefühl auf. Wenn das Wikinger waren, waren das ihre Leute.

Dann sah sie an sich und dem groben Nonnengewand herab. Sie fuhr sich mit der Hand über die Stoppeln auf ihrem Kopf, und plötzlich wurde ihr klar, dass sie sich mitten in einem Wikingerüberfall befand. Und sie sah aus wie alle anderen Nonnen in der Abtei.

KAPITEL 17

Der Winter war nicht die richtige Zeit für eine Seereise. Aus dem grauen Himmel stürzte Regen in das genauso graue Meer. Gewaltige Wellen hoben und senkten das Schiff ununterbrochen, und die Männer beugten sich über die Reling, wo sie ihren Mageninhalt ins Wasser spuckten. Mit gefesselten Händen war das für Einar riskant, und zweimal rutschte er auf den nassen Deckplanken aus und wäre beinahe ins Wasser und die kalten, nassen Arme des Todes gestürzt.

Eine Segeltuchplane war über das Deck gespannt, und jeder an Bord bekam einen Umhang aus Robbenfell. Trotzdem war man die ganze Zeit nass und fror. Einar litt noch mehr, weil das Salzwasser dort brannte, wo ihm die Fesseln die Haut abgeschürft hatten. Sie segelten die Küste entlang, was ihnen eine Atempause verschaffte. Nachts landeten sie und konnten sich an einem warmen Feuer trocknen, und ihre leeren Bäuche wurden mit Brot, Met und Bier gefüllt.

Die Tage wurden zu Wochen, und jeder Tag auf dem Meer führte sie ein Stück um Britannien herum. Je weiter sie kamen, umso nervöser wurde der Kapitän, immer öfter brüllte er Ricbehrts Leibwächter an, die als seine Mannschaft fungierten. Sie hatten den südwestlichsten Teil der Insel erreicht und näherten sich einer Stelle, an der sie eine gefährliche Landspitze umfahren mussten, um wieder nach Norden zu segeln.

Mit gefesselten Händen hatte Einar keine Chance zu überleben, sollten sie Schiffbruch erleiden. So sehr ihm das auch widerstrebte, schluckte er seinen Stolz hinunter und bat Osric, ihm die Fesseln abzunehmen. Osric lachte nur und sagte ihm, sollte das Schiff untergehen, wollte er sich verdammt sicher sein, dass Einar mit ihm in die Tiefe gerissen würde.

Am Ende war die Fahrt um die Landspitze nicht weiter bemerkenswert. Zur Abwechslung schob sich eine trübe Wintersonne hinter den Wolken hervor, und ein milder Wind und eine ruhige See machten die Fahrt beinahe angenehm.

Dann begann die Reise nach Norden. Der Kapitän hielt sich auch weiterhin dicht an der Küste von Britannien, statt nach Irland hinüberzukreuzen. Als Grund dafür gab er an, Waterford, Dublin und die Isle of Man seien alle voller Wikinger.

Einar hielt nach einer Fluchtgelegenheit Ausschau, aber Ricbehrts Männer waren zu gut. Im Lauf der Zeit konnte er dank ihrer Unterhaltungen ein paar Dinge aufschnappen. Einige von ihnen waren Franken wie Ricbehrt selbst, die anderen waren Sachsen oder Engländer, wie sie sich auch nannten. Zu ihnen gehörten auch Osric und ein weiterer blonder Hüne namens Oswald. Alle waren viel älter als Einar und hatten in ihren jüngeren Jahren bei den Kriegerhorden und Armeen von Königen und Adligen in allen Christenländern gedient. Damals hatten sie für Ruhm und Ehre gekämpft. Jetzt verkauften sie ihre mühsam erlernten Fähigkeiten an den Höchstbietenden, um dafür zu sorgen, dass sie im Alter genug Geld für ein bequemes Leben hatten. Sie wandten Einar ausreichend Aufmerksamkeit zu, dass er nicht entkommen konnte, ansonsten behandelten sie ihn mit lang erprobter Gleichgültigkeit.

Osric und Oswald waren da anders. Die beiden Engländer versäumten es niemals, ihm beim Vorbeigehen einen Tritt zu verpassen oder ihn anzuspucken. Osric setzte sich oft neben ihn, um ihm zu erzählen, wie sehr er die Dänen hasste. Wie sie zu

Lebzeiten seines Urgroßvaters in sein Land gekommen waren und ihnen ihren Grund und ihre Frauen geraubt hatten.

»Wie ihr euch jede Woche wascht«, sagte Osric. »Und euch jeden Tag kämmt. Das ist so unmännlich. Es ist Zeit, dass wir euch alle nach Hause schicken. Dorthin zurück, wo ihr hergekommen seid.«

Einars wiederholter Protest, er sei Isländer, stieß auf taube Ohren. Für Osric waren Isländer, Norweger, Orkneymänner, Nordmänner aus Irland und die aus Dänemark alle nur Dänen. Es erinnerte Einar daran, wie Affreca ihm einmal erzählt hatte, dass die irische Bezeichnung für die Nordmänner »Fremde« bedeutete, auch wenn sie seit mindestens zweihundert Jahren dort lebten. Osric sprach oft davon, dass er es gar nicht erwarten konnte, die Schwerter in die Hände zu bekommen, weil er Einar dann die Kehle durchschneiden konnte. Oswald redete nicht viel, aber sein Blick und die Schläge zeigten Einar, dass er Osrics Gefühle für die Dänen teilte.

Der Kapitän war Friese, abgesehen von Einar, der einzige Heide an Bord. Wenn die Mannschaft am *sunnudagr,* dem Tag der Sonne, an Land ging, um einen christlichen Tempel zu besuchen, ließ sie ihn zurück. Osric und Oswald schleppten Einar mit und zwangen ihn, während des langweiligen Rituals auf dem harten Steinboden zu knien.

Auf dem Weg nach Norden wurde die Küste zusehends menschenleerer und zerklüfteter, und die relativ komfortablen Nächte an Land immer seltener.

Je weiter sie nach Norden segelten, umso angespannter wurde die Atmosphäre an Bord. Männer suchten ständig den Horizont nach Segeln ab, die einen Angriff verkünden würden. Dann wurde das Wetter schlechter, es goss in Strömen, und das Schiff schwankte im schweren Seegang. Allerdings schien der Kapitän glücklicher zu sein.

»Keine Wikinger«, überbrüllte er den brausenden Wind und das Schlagen der Wellen gegen den Bug. »In solchem Wetter sind nur Narren unterwegs. Narren wie wir!«

Irgendwann hörte der Regen auf, und der Kapitän richtete den Bug aufs offene Meer. Das Wasser war dunkelgrün und mit weißen Spitzen gekrönt, es hob und senkte sich wie Felder voller Grabhügel, die in allen Richtungen aufragten. Sie überquerten die Stelle, an der die Küste Britanniens hinter ihnen verschwand und Irland noch hinter dem Horizont wartete. Um sie herum war nichts als wogendes Wasser. Selbst die Seevögel, deren ständige klagende Rufe ihre Reise seit dem Aufbruch in Grims Boe begleitet hatten, ließen das Schiff im Stich. Sie waren allein auf dem riesigen leeren Meer.

Der Kapitän war so unerschütterlich wie immer, aber Einar entging nicht, dass die hartgesottenen Krieger um ihn sehr still wurden. Oswald kaute die Nägel bis zum Nagelbett ab und hörte auch dann nicht auf. Die meisten hockten an Deck und murmelten Gebete an den Christengott. Aber Einar hörte auch die Namen der anderen Götter. Einer hieß Brendan, der andere Nikolaus.

Irgendwann rannten alle beim aufgeregten Ruf einer der Franken am Bug zu ihm. Als Einar dort eintraf, zeigten mehrere der Männer auf etwas im Meer. Er erhaschte gerade noch einen Blick auf grauschwarze Haut, die wieder im Wasser verschwand. Es war keine Robbe. Dazu war es zu groß, und sie waren viel zu weit vom Land entfernt.

»Was ist das?«, fragte Osric.

Der Kapitän zuckte mit den Schultern. »Ein Fisch? Wer weiß das schon? So was sieht man hier draußen ständig.«

»Ein Fisch?« Der Franke, der das Ding zuerst entdeckt hatte, konnte es nicht glauben. »Hast du nicht gesehen, wie groß es war?«

»Da draußen gibt es große Fische«, sagte der Kapitän. »Vielleicht war es ein Wal. Oder vielleicht ein Wasserdrache. Vielleicht ein *nicor.*«

Einar entging das vergnügte Funkeln in den Augen des alten Seemanns nicht, Ricbehrts Männern schon. Das Meerwesen, was auch immer es war, tauchte nicht wieder auf, trotzdem behielten einige Leibwächter das Wasser im Auge, die Speere so fest in den Händen, dass sich ihre Knöchel weiß verfärbten.

Einar kehrte an seinen einsamen Platz im hinteren Teil des Schiffes zurück, betrachtete das grüne undurchdringliche Wasser und fragte sich, was es dort unten alles geben mochte. Als Kind hatte ihm seine Amme von dem alten Riesen namens Ägir erzählt, der auf dem Grund des Meeres lebte. Wenn er sich einsam fühlte, bereitete er seine Halle für ein Fest vor. Er braute Ale, und der Schaum, der dabei entstand, tanzte über die Wellen. Seine Frau Rán stieg dann mit einem Netz vom Grund auf und fing Seeleute von den Schiffen an der Oberfläche, zerrte sie in die Tiefe, damit sie an dem Fest teilnehmen konnten. Natürlich war das ihr Ende, sobald sie dort unten angelangt waren. Einar betrachtete die weiße Gischt, die die kabbeligen Wellen krönte, und fragte sich, ob in diesen undurchdringlichen Tiefen ein freudloses Fest auf sie alle wartete.

Am späten Nachmittag erschienen in der Ferne, wo sich See und Horizont trafen, zwei dunkle Erhebungen. Als die Wogen das Schiff in die Höhe hoben, sah die Mannschaft, dass es sich um Berggipfel handelte. Es war ihr erster Blick auf Irland.

»Es ist zu weit weg.« Oswald sah den Kapitän mit großen Augen an. »Was ist, wenn wir es bis Einbruch der Dunkelheit nicht dorthin schaffen?«

»Dann segeln wir weiter«, sagte der Kapitän. »Sonst verirren wir uns hoffnungslos. Keine Sorge. Ich habe diese See schon oft überquert.«

Seine Worte konnten kaum jemanden an Bord beruhigen. Als die wolkenverhangene Sonne im Meer versank, konnte Einar das Gefühl der Panik nicht unterdrücken, das wie ein ganzer Eimer Aale in seinem Bauch rumorte.

Die Nacht war nicht so dunkel wie erwartet. Hinter den Wolken strahlte ein voller Mond und zeigte gelegentlich sein Antlitz, um helles Silberlicht auf die Wellen zu werfen. Um ihn herum glitzerten Sterne, und selbst wenn sich die Wolkendecke wieder schloss, war es hell genug, um das Meer vom Himmel zu unterscheiden. Während die Berge immer höher stiegen und das Land darunter den Horizont verdeckte, konnten sie allerdings nicht erkennen, ob die dunklen Erhebungen im Meer Wellen oder Felsen waren, die darauf warteten, den Rumpf aufzureißen und sie alle in den Tod zu schicken.

Allgemeines Seufzen ertönte, als der Kapitän endlich zu der Ansicht kam, dass sie nahe genug am Land waren, um den Ankerstein zu werfen. Selbst er hatte Angst, in der Dunkelheit in zu seichtes Wasser zu geraten.

Sie stellten eine Wache auf, dann krochen sie für den Rest der Nacht unter ihre Decken.

In der Morgendämmerung kehrte der Regen zurück, und die Reise wurde fortgesetzt. Im Tageslicht erkannte Einar die Küstenlinie und Berge von seiner früheren Reise nach Irland. Sie befanden sich südlich von Strangrfjordr, dem Meeresarm mit dem Dorf voller Nordmänner, in dem Grim, der ehemalige Wolfsmantel, ein Christenpriester gewesen war. Einar hegte die vage Hoffnung, dass ein Langschiff heraussegelte, um sie anzugreifen. Ricbehrts Männer würden getötet werden, aber ihn würden sie als einen der ihren erkennen. Dann dachte er an die armselige Ansammlung von Hütten, aus denen das Dorf bestand, und die traurige Schar aus Bauern und Fischern mit ihren uralten geerbten und verrosteten Waffen, denen er bei seinem Aufenthalt begegnet war. Sie waren keine Wikinger, die es mit einem Schiff voller Männer wie Ricbehrts Leibwächtern aufnehmen konnten, die vom Kämpfen lebten. Davon abgesehen, konnten die Iren die nordischen Bewohner von Strangrfjordr mittlerweile schon längst ins Meer gejagt haben.

Das war eine andere unerfreuliche Möglichkeit. Hier lebte auch der Iren-Clan, der ihn als Geisel gefangen genommen hatte. Vielleicht war es sogar der Clan seiner Mutter, trotzdem würden sie ihn, ohne auch nur einen Gedanken daran zu verschwenden, enthaupten und seinen Kopf über der Tür des Hauses ihres Häuptlings auf einem Speer aufspießen.

Am Ende passierten sie die turbulente schmale Mündung des Lough ohne Zwischenfall. Sein Furcht einflößender Ruf für unberechenbare Strömungen sorgte dafür, dass der Kapitän einen weiten Bogen darum machte.

Nördlich von Strangrfjordr fuhren sie an der breiten Mündung eines weiteren Meeresarms vorbei und passierten ein paar kleine Inseln, auf denen Hütten von Iren standen. Nach der Mündung wurde die Küste wild und zerklüftet, mit kleinen knorrigen Bäumen, die die rauen Elemente im Wachstum behindert hatten. Aus dem steinigen Ufer wurden schroffe Klippen, die zum Teil aus Sandstein bestanden oder schwarz waren. Darauf wuchsen grünes Gras und Bäume, hier und da wanden sich bewaldete Täler vom Meer landeinwärts. Zeichen von menschlicher Besiedlung gab es nur wenige.

»Wir finden einen Ankerplatz, dann ruhen wir uns über Nacht aus«, verkündete der Kapitän. »Morgen früh sollten wir unser Ziel erreichen.«

Eines war Einar nun klar. Wenn ihm kein Plan einfiel, wie er sich hier herauswinden konnte, wäre dies seine letzte Nacht auf Erden.

« KAPITEL 18 »

Am nächsten Morgen setzte das Schiff die Reise nach Norden fort. Später am Tag verkündete der Kapitän, dass sie die Nordküste von Irland erreicht hatten. Hier umrundeten sie eine lange Landspitze und segelten dann nach Westen. Das Meer blieb unruhig, während das Ufer entweder aus schwarzen Felsen bestand, die den Schiffsrumpf bedrohten, wenn sie zu nahe kamen, oder aus Strand mit so weißem Sand, dass er selbst in der matten Wintersonne in den Augen blendete. Weiter im Norden war nur Meer, aus dem sich in der Ferne gelegentlich dunkle Inseln erhoben. Jenseits des Horizonts erstreckte sich bis Island nichts als leeres Wasser. Der Gedanke an seine Heimat machte Einar traurig. Mit ordentlichem Wind war sie vielleicht vier Tage entfernt, aber sie hätte sich genauso gut auf der anderen Seite des Mondes befinden können.

Er hatte sein Zuhause in der Absicht verlassen, sich einen Namen zu machen, die Welt zu bereisen und eine Geschichte aus seinen Taten zu dichten, die Skalden noch nach vielen Jahren singen würden. Aber jetzt war er wieder zurück in Irland. Führte ihn das Schicksal immer wieder her? Würde er nie weiter kommen? Würde seine Geschichte in der kalten Irischen See enden?

Nicht, wenn er ein Wörtchen mitzureden hatte.

Seine Situation war schlimm, aber doch bestimmt nicht völlig hoffnungslos? Trotzdem war es nicht leicht, einen Ausweg zu finden. Einar knirschte mit den Zähnen. Wenn es das wirklich gewesen war und sie ihn töten wollten, würde er es ihnen so schwer wie möglich machen.

Die Männer stießen aufgeregte Rufe aus. Einar fragte sich, ob sie wieder ein seltsames Meeresgeschöpf gesehen hatten, und begab sich zu ihnen. Dann entdeckte er dicht nebeneinanderstehende Steinsäulen, die aus dem Meer emporragten. Jede Säule wies gleichmäßige Seiten auf, als wären sie wie die Pfosten in einem Königshof behauen. Das Ufer war mit zahllosen geformten Steinen bedeckt, die viele solcher flachen Seiten zu haben schienen.

»Die Iren nennen diesen Ort die Stufen des Riesen«, sagte der Kapitän. »Man erzählt sich, dass ein Riese einen Dammweg nach Britannien gebaut hat, damit er dort gegen einen anderen Riesen kämpfen kann.«

»An einem schwarzen Sandstrand daheim in Island gibt es im Süden die gleichen Klippen«, sagte Einar. »Dort erzählt man sich, dass zwei Trolle ins Sonnenlicht gerieten und in Felsnadeln verwandelt wurden. Vielleicht wurden beide von den Römern erbaut.«

Ricbehrt stieß ein lautes Lachen aus. »Die Römer waren großartige Baumeister, Isländer. Aber sie hatten auch genug Verstand, niemals nach Irland zu kommen. Oder Island.«

Dann verschwand die Belustigung, und die Stimme des Waffenhändlers nahm einen bedrohlichen Tonfall an.

»Wir sind dort angekommen, wo du uns gesagt hast«, sagte er. »Wo sind meine Schwerter?«

Aus dem Augenwinkel sah Einar, wie Osric die Hand auf den Messergriff legte.

»Ein Stück weiter die Küste hinauf sind ein paar Schären«, sagte er. »Wir sollten zu ihnen segeln. Ich sage dir mehr, wenn wir dort sind.«

Osric verzog hämisch die Lippen. »Warum sollen wir es herauszögern, Däne? Sag uns einfach, wo sie sind.«

Einar rührte sich nicht.

»Ich bringe ihn dazu, dass er es uns sagt, Herr«, sagte Osric. »Gib mir nur etwas Zeit mit ihm allein und meinem Messer. Sieh ihn dir an, wie er dasteht, so arrogant. Er macht uns alle zu Narren!«

»Wenn du mich auch nur anfasst, verrate ich dir nie, wo sie sind«, entgegnete Einar. Sein Tonfall war weder prahlerisch noch provozierend. Genauso gut hätte er über die Farbe des Himmels sprechen können.

Ricbehrt sah ihm in die Augen, musterte ihn lange, dann nickte er.

»Etwas sagt mir, dass dieser junge Mann ausgesprochen stur ist«, bemerkte der Waffenhändler. »Wenn sich so jemand erst einmal etwas in den Kopf gesetzt hat, führt er es auch durch, ganz egal, wie dumm es ist. Nun gut. Wir spielen sein Spiel. Aber wisse eines, Isländer: Wenn ich spiele, dann um zu gewinnen.«

Er drehte sich um und ging. Osric warf Einar noch einen langen Blick zu, dann stürmte auch er davon.

Das Schiff umrundete die nächste Landspitze, dann kam es zu einem langen Sandstrand. An seinem Ende umfuhren sie eine weitere Landspitze, an der das Meer sich schäumend an schwarzen Felsen brach. Oben auf den Klippen stand eine Festung, das von Palisaden umgebene Haus irgendeines irischen Häuptlings. Einar wusste, dass sie nun ganz nahe waren. Zur Überraschung aller passierten sie ein völlig weißes Stück der ansonsten gleichbleibend schwarzen Felsenküste. Sie machte den Weg für sandige Dünen frei, und ein weiterer Strand säumte eine lange, breite Bucht, die erneut an einer Landspitze endete, die sich einem langen schwarzen Finger gleich ins Meer erstreckte. Oben aus einer Siedlung stieg Rauch in die Höhe. In der Mitte der Bucht befand sich eine Reihe kleiner Inseln, ein Stück vom Ufer entfernt. Das war ihr Ziel.

Ricbehrt, Osric und Oswald kamen zu Einar, dann packten ihn die Leibwächter und stießen ihn zum Heck, wo der Kapitän am Ruder stand.

»Sag ihm, wo es jetzt hingeht«, befahl Ricbehrt.

»Halte auf die Meerseite der mittleren Insel zu«, sagte Einar.

Die Inseln waren schmal, aber lang, die kleineren kaum mehr als Felsen im Wasser, aber zwei oder drei der größeren Schären waren spärlich mit Torf und rauem Gras bewachsen. Alle erhoben sich in die Höhe, um an der höchsten Stelle steil ins Wasser abzufallen. Der Kapitän runzelte die Stirn, als sie näher kamen.

»Ich bezweifle, dass wir da an Land gehen können«, sagte er zu Ricbehrt. »Wenn wir zu nahe rankommen, wird es das Schiff zerstören. Wir laufen auf Grund oder werden von der Flut gegen die Felsen geschmettert.«

Osric hingegen war begeistert.

»Auf diesen Inseln gibt es nichts, Herr.« Er grinste über das ganze Gesicht. »Das sind nur karge Felsen. Wir können sie im Handumdrehen durchsuchen. Wir brauchen den Dänen nicht mehr.«

»Die Schwerter sind nicht auf den Inseln«, sagte Einar. »Ihr könnt dort so lange nach ihnen suchen, wie ihr wollt. Ihr werdet sie niemals finden.«

Ricbehrts Gesicht nahm die Farbe einer Brombeere an.

»Dieses Spiel ist beendet, Isländer«, stieß er durch die zusammengebissenen Zähne hervor. »Wenn sie nicht auf den Inseln sind, wo sind sie dann?«

»Wir sind in der Nähe, ich verspreche es«, sagte Einar in, wie er hoffte, beschwichtigendem Tonfall. »Fahrt so nahe an die Insel heran, wie ihr könnt, aber wir müssen nicht anlegen.«

In unbehaglichem Schweigen segelten sie an den Inseln vorbei. Als sie die längste der Schären ungefähr zur Hälfte abgefahren hatten, so nahe, wie der Kapitän es wagte, hob Einar die Hand.

»Hier ist es.«

»Werft den Ankerstein«, sagte der Kapitän zu Osric und Oswald. Die beiden Männer begaben sich zur Bordwand und stemmten den sperrigen Stein in die Höhe. Er fiel mit einem lauten Klatschen ins Wasser, verschwand in den graugrünen Tiefen und zog das Tau hinter sich her, bis es straff gespannt war.

Die Inselseite war wie eine kleine Klippe, die bis ungefähr zur Mastspitze steil aus den Fluten stieg.

»Die Felswand führt ins Meer hinunter«, sagte Einar.

Der Kapitän spähte an dem straff gespannten Ankertau entlang und schüttelte den Kopf.

»Hier ist es sehr tief«, knurrte er. »Ich kann nicht garantieren, dass wir an Ort und Stelle bleiben. Wir könnten etwas abtreiben.«

»Und die Schwerter?«, verlangte Ricbehrt zu wissen.

Einar zeigte in das dunkle Wasser. »Unter der Oberfläche, etwa eine Manneslänge. Dort ist eine Höhle in der Klippe. Die Schwerter liegen in einer Kiste.«

Ricbehrt, Osric und der Kapitän tauschten Blicke aus. Ricbehrt blähte die Wangen.

»Eines muss ich diesem Ulrich lassen«, sagte der Waffenhändler. »Es ist das perfekte Versteck.«

Alle blickten in das kalte, unruhige Wasser. Unter der Mannschaft ertönte Gemurmel. Ricbehrt sah seine Männer an, die plötzlich sehr am Himmel oder dem Deck interessiert waren, nur nicht am Blick ihres Herrn. Niemand machte Anstalten, sich freiwillig zu melden, um ins Wasser zu gehen.

Osric deutete mit dem Kopf auf Einar.

»Nehmen wir den Dänen«, sagte er. »Danach können wir ihn umbringen. Ich habe so lange gewartet. Was sind da ein paar Augenblicke mehr, wenn ich damit ein Bad vermeiden kann?«

»Nun, Isländer«, sagte Ricbehrt. »Meine Männer sind zu bequem, um von einem schönen Schiff ins eiskalte Meer zu springen. Du wirst an ihrer Stelle gehen müssen.«

KAPITEL 19

Einar stand am Schanzkleid des Schiffes, das sich in der Dünung hob und senkte und am Anker zerrte. Er schaute auf das tiefe Wasser in dem kleinen Stück zwischen Schiff und Klippe. Um seinen Knöchel war ein Seil geknotet.

»Ein ordentlicher Knoten«, hatte Ricbehrt dem Kapitän befohlen, der sich um das Seil gekümmert hatte. »Einer deiner Schiffsknoten. Ich will nicht, dass er herausschlüpft und wegschwimmt.«

Ein weiteres Seil lag über seiner Schulter und führte unter der anderen Achsel herum. In der Höhle sollte er es um die Schwerterkiste binden, und die Mannschaft an Deck würde sie nach oben hieven.

Zumindest waren seine Hände jetzt frei. Er war bis zur Taille nackt und barfuß. Jetzt wartete er, nahm lange, tiefe Atemzüge und versuchte sich gegen die jähe Kälte zu stählen, die ihn im Wasser erwartete.

Er hatte die vage Hoffnung gehabt, vielleicht fliehen zu können, während Ricbehrts Mannschaft damit beschäftigt war, die Truhe an Bord zu hieven, vielleicht ins Meer zu springen oder auf die Insel. Das Seil machte diese Hoffnung zunichte.

Er berührte seinen *Mjölnir*, Thors mächtigen Hammer, der an einem Lederriemen von seinem Hals baumelte. Er bat Thor nur selten um Hilfe, aber mittlerweile sah es so aus, als könnten ihm jetzt nur noch die Götter helfen.

Hinter ihm ertönte ein leises Kichern, dann stieß ihn eine Hand nach vorn. Mit rudernden Armen stürzte er ins Meer.

Er tauchte tief in das eiskalte Wasser und zog die Seile hinter sich her. Die plötzliche Kälte trieb ihm den Atem aus den Lungen und hüllte ihn in einen Schwall Luftblasen. In seinem Inneren erwachte der Instinkt, und er riss sich zusammen, zwang sich zur Ruhe und verjagte die Panik, die seinen Verstand wie das Wasser flutete, das ihm in Nase und Ohren drang. Er kämpfte gegen den Drang zu atmen, weil ihm einfiel, dass er so schnell zur Oberfläche zurück musste, wie er konnte.

Einar trat wild mit den Füßen und schoss wieder nach oben, zurück ans funkelnde Licht. Sein Kopf durchbrach die Oberfläche, sein langes Haar spritzte Wassertropfen in alle Richtungen, während er verzweifelt nach der willkommenen Luft schnappte.

»Ich habe gehört, dass unsere Frauen die Dänen lieben, weil sie sich so gern waschen«, ertönte Osrics spöttische Stimme von oben. Offenbar hatte er Einar ins Wasser gestoßen. »Der da scheint sich gar nicht darüber zu freuen, sich waschen zu können.«

Einar ignorierte das Gelächter an Deck und nahm ein paar konzentrierte Atemzüge, zwang die Luft in seine Brust und wieder hinaus. Das lag nicht nur an dem eisigen Wasser. Es würde ihm erlauben, länger zu tauchen.

Als ihm schwindelig wurde, holte er ein letztes Mal tief Luft, dann tauchte er wieder. Er krümmte sich zusammen und arbeitete sich in die Tiefe vor. Als er völlig unter Wasser war, bewegte er die Beine und schwamm tiefer. Aus dem grauen Tageslicht wurde ein undurchsichtiges Grün. Er streckte die rechte Hand aus und fühlte die glatte, kalte Felswand, die schräg in die schwarze Tiefe führte. Brauner und grüner Seetang wogte in langen Ranken in der Strömung. Einar bemühte sich, nicht direkt nach unten zu blicken, wo alles finster wurde und niemand sagen konnte, was in den unbekannten Tiefen lauerte. Vielleicht schaute in genau diesem Augenblick Rán, Ägirs Weib, von dort unten in die Höhe, das Netz in den kalten, feuchten Händen, um es nach oben zu schleudern und ihn einzufangen.

Seine Finger tasteten ins Leere. Er schob die Hand tiefer und fühlte, wo die Felswand zurückwich. Er hatte die Höhle gefunden.

Er sandte einen stummen Dank an Thor, dass er bei der richtigen Insel war, und schoss zurück an die Oberfläche. Er holte tief Luft und ignorierte das höhnische Johlen vom Schiff. Er hatte die Höhle gefunden, jetzt kam der schwierige Teil. Diesmal würde er viel länger unter Wasser bleiben müssen.

Einar nahm einen letzten Atemzug und tauchte unter. Mit energischen Zügen schwamm er zum Höhleneingang und kämpfte sich noch tiefer, passierte die Öffnung, bis er den unteren Rand erreicht hatte. In dieser Tiefe war das Licht nur schwach. Brauner Seetang wuchs aus dem Felsen und wogte um ihn herum. Er schaute nach oben. Über ihm funkelte die Oberfläche, an der sich das große dunkle Oval des Schiffsrumpfs abzeichnete. Er zwang sich zu treiben und spähte in die düstere Finsternis der Höhle. Wie weit im Inneren stand die Truhe? Atli, der Wolfsmantel, der sie dort verstaut hatte, wäre kein Risiko eingegangen, aber Einar hoffte, dass er sie nicht zu weit hineingeschoben hatte.

Er strampelte mit den Beinen und schwamm in die Höhle, tastete mit beiden Händen in der Dunkelheit nach den Ecken und eisernen Beschlägen der Truhe. Nach einigen Augenblicken war er noch immer nicht fündig geworden. Seine Lungen fingen an zu brennen, und er stieß sich wieder aus der Höhle, schwamm zurück an die Oberfläche, wo er auf den Wellen trieb, nach Luft rang und sich bemühte, seine nach Atem lechzenden Lungen wieder zu füllen.

»Scher dich wieder runter«, rief eine Stimme. »Wage dich nicht wieder rauf, bis du die Truhe festgebunden hast.«

Einar schaute auf und entdeckte Osric, der sich mit einem Speer in den Händen über Bord beugte und mit der Spitze in seine Richtung stach. Die Waffe war nicht lang genug, um ihn zu erreichen, aber falls der Engländer sie schleuderte, würde sie ihn mühelos durchbohren, bevor er ausweichen konnte.

Einar warf Osric einen finsteren Blick zu, während er noch ein paar Atemzüge nahm, dann tauchte er wieder.

Er schwamm zurück zum Höhleneingang. Diesmal schob er sich an der Decke in die Dunkelheit hinein. Dort suchte er angestrengt nach einem Hinweis auf die Truhe.

Dann entdeckte er es. Ein dumpfes metallisches Schimmern. Ein Strahl Sonnenlicht von der Oberfläche tanzte auf einem der Eisenbeschläge, die die Truhe zusammenhielten.

Einar schwamm näher heran. Im Zwielicht sah er die große Truhe auf dem Höhlenboden stehen, inmitten von wogendem Seetang. Sie war gerade weit genug hineingeschoben worden, um von außen nicht gesehen zu werden, aber nicht zu weit, um sie wieder herausholen zu können.

Er löste das Seil über seiner Schulter und fädelte es mit grimmiger Konzentration erst durch die Griffe an der rechten Truhenseite, dann der linken. Das Brennen in seinen Lungen verriet ihm, dass er noch einmal zur Oberfläche zurückkehren musste, bevor die Arbeit erledigt war.

Etwas schoss aus der Dunkelheit heran.

Es war sehr lang und dünn. Aus dem Augenwinkel konnte Einar noch Reihen scharfer Zähne erkennen, bevor es ihn traf.

KAPITEL 20

Einar schrie auf, Überraschung und Furcht trieben die Luft aus seinem Mund und hüllten ihn in Blasen. Das Wesen prallte gegen ihn, ein scharfer Schmerz durchzuckte seine linke Schulter, direkt am Halsansatz.

Er vergaß alles andere, stemmte die Füße gegen den Höhlenboden und stieß sich ab. Mit beiden Händen packte er das Ding aus der Dunkelheit und versuchte, es von sich zu zerren. Es fühlte sich kalt und schleimig an, aber unter der Haut spannten sich harte Muskeln. War es ein Fisch? Nein, dafür war es zu lang. Es war wie ein riesiger Wurm. Der dünne, sich windende Körper, der ungefähr den Umfang eines Männerbeins hatte, schlängelte sich in die Finsternis hinein.

Sterne zerplatzten vor Einars Augen. Er hatte sich den Kopf an der Höhlendecke gestoßen. Der Gedanke, hier gefangen zu sein, überschwemmte ihn mit Panik. Gleichzeitig löste der Ruck seines Zusammenstoßes die Kreatur von seiner Schulter.

Einar, der das Ding noch immer mit beiden Händen gepackt hielt, stieß es von sich. Das Wasser um ihn herum färbte sich rosa. Er sah den stumpfen Kopf der Kreatur, die großen starrenden fischähnlichen Augen und die Reihen scharfer weißer Zähne in einem Kiefer, der nach ihm ins Leere schnappte. Es war ein Ungeheuer aus einem Albtraum, eines von Lokis Kindern, das aus Hels Reich gekommen war, wie sie es am letzten Tag des Weltuntergangs tun würden.

Einar hieb mit der rechten Faust nach dem Auge und fuhr mit der linken Hand über das Ding. Die glitschige Haut strich über seine Knöchel. Hektisch tastete er über den Felsen und fand die Kante, die den Höhlenrand signalisierte. Er griff mit beiden Händen zu und zog sich nach draußen. Wild strampelte er mit den Beinen, brauchte verzweifelt Luft, eilte dem Licht entgegen.

Er schwamm durch das grüne Wasser in die Höhe, wagte nicht nach unten zu blicken, hielt nur Ausschau nach dem Licht. Sein Kopf durchbrach die Oberfläche, Wasser spritzte in alle Richtungen. Er schnappte gierig nach Luft, dann tauchte er mit dem Kopf wieder unter und sah nach links und nach rechts, in jede Richtung, in der die Kreatur unter ihm sein konnte.

Aber da war nur die steile Felswand, die im Zwielicht verschwand.

Einar hob den Kopf aus dem Wasser und nahm noch einen Atemzug, dann blickte er wieder nach unten, erwartete noch immer, dass die Kreatur aus der Tiefe auf ihn zuraste. Aber außer dem wogenden Seetang war da nichts.

Sie musste in der Höhle geblieben sein. Einar hob den Kopf. Keuchend trat er Wasser und versuchte zu Atem zu kommen. Wieder blickte er in die Tiefe. Doch es kam nichts auf ihn zu.

Sein Hals schmerzte, und er griff nach der Stelle, an der ihn das Vieh gebissen hatte. Blut klebte an seinen Fingern, aber es war nicht sehr viel. Der Biss konnte nicht so schlimm sein. Dann fiel ihm auf, dass sein Thorshammer verschwunden war. Die Zähne der Kreatur mussten den Lederriemen durchtrennt haben, der ihn vor einer schlimmeren Wunde bewahrt hatte.

»Was ist los?«, brüllte Ricbehrt. »Ist die Truhe festgebunden?«

Einar wollte von seinem Zusammenstoß mit der Kreatur berichten, aber etwas hielt ihn davon ab. Er trat Wasser und dachte angestrengt nach.

»Noch nicht«, sagte er nach einem Moment. »Sie hat sich im

Seetang verfangen. Ich brauche etwas, um ihn wegschneiden zu können. Werft mir ein Messer rüber.«

»Auf keinen Fall.« Osric schüttelte den Kopf. »Wenn er eine Klinge in die Finger bekommt, wird er das Seil durchtrennen, mit dem wir ihn festgebunden haben, damit er nicht flieht.«

Ricbehrt sah seinen Leibwächter an. »Du kannst doch schwimmen, oder?«

Osric seufzte und verdrehte die Augen.

»Spring rein und hilf ihm«, befahl der Waffenhändler. Dann beugte er sich zu Osric und fügte etwas so leise hinzu, dass Einar es im Wasser nicht hören konnte. Osric grinste jedenfalls breit, es musste ihm also gefallen haben. Er ließ den Speer fallen und zog das Lederwams aus, schnallte den Schwertgurt ab und zog auch noch Hemd und Stiefel aus. Er nahm seinen Sax und klemmte ihn sich zwischen die Zähne. Dann stieg er auf das Dollbord und sprang ins Wasser.

Als der Engländer wieder auftauchte, wartete Einar, bis er wieder zu Atem gekommen war. Osric tat sein Bestes zu verbergen, wie sehr ihm das eiskalte Wasser zugesetzt hatte, während beide Männer tief einatmeten. Dann tauchte Einar und führte den Weg zur Höhle an.

Dabei fühlte er jeden Pulsschlag, weil sein Herz so hämmerte. Jeden Augenblick rechnete er damit, dass die Kreatur mit aufgerissenem Maul aus der Dunkelheit emporschoss. Er setzte alles darauf, dass das Geschöpf die Höhle als sein Revier betrachtete. Es hatte angegriffen, weil er in sein Territorium eingedrungen war. Die Tatsache, dass es ihm nicht gefolgt war, deutete darauf hin.

Natürlich konnte er sich irren.

Sie kamen zum Höhleneingang und schlugen mit Armen und Beinen, um dem Auftrieb zu widerstehen. Einar zeigte auf die Truhe inmitten des Tangs.

Beide Männer schoben sich in die Höhle und schwammen zur Truhe. Einar packte das Seil und fädelte es durch den letzten Griff. Er musste es nur noch verknoten, aber seine Finger versagten bei der Aufgabe. Das war nur zum Teil Absicht. Jeden Moment erwartete er, dass der Wasserwurm aus der Dunkelheit der Höhle schoss. Als ihm der Knoten zum dritten Mal aus den Fingern glitt, stieß Osric ihn zur Seite. Einar ließ es geschehen und trieb rückwärts, während der Sachse die Knoten mit wütenden Bewegungen knüpfte.

Dann drehte Osric sich zu ihm um. In seinen Augen funkelten Bosheit und Freude, während er nach dem Messer zwischen den Zähnen griff. Jetzt war Einar klar, was Ricbehrt auf dem Schiff gesagt hatte.

Er sah, wie der lange, dünne Leib der Kreatur aus der Dunkelheit der Höhle schoss, das weit aufgerissene Maul zeigte zahllose scharfe Zähne. Er sah den entsetzten Ausdruck auf Osrics Gesicht, als sich die Kiefer in seinen Hals verbissen. Der Zusammenstoß schob ihn zurück. Aus seinem offenen Mund strömten Luftblasen. Sein Schrei war selbst unter Wasser zu hören. Das Messer fiel auf den Höhlenboden.

Einar wusste sofort, dass die Kreatur Osric stärker verletzt hatte als ihn bei dem vorherigen Angriff. Ihn hatte sie vermutlich nur vertreiben wollen, aber jetzt, wo er wieder zurück war, war sie rasend vor Wut. Eine hellrote Blutwolke hüllte Osrics Kopf ein; sie sprudelte aus der Stelle, an der sich die Zähne in seinen Hals gegraben hatten.

Einar schwamm unter Osrics wild strampelnde Beine und packte das Messer auf dem Höhlenboden. Dann stach er auf die Blutwolke um den Kopf des Sachsen ein. Die Klinge traf wieder und wieder, schnitt in Fleisch und schabte über Knochen. Dabei hatte er nicht die geringste Ahnung, ob er Osric oder das Geschöpf traf. Kurz hielt er inne, zielte genau und rammte dem

Mann das Messer in die Brust. Ein Blutstrom ergoss sich ins Wasser. Osric versteifte sich, bäumte sich auf, sein Kopf schob sich aus der Blutwolke. Seine Augen quollen hervor, sein Mund war weit aufgerissen. Unglaublicherweise versuchte er noch immer, das Ding, das sich eisern in seinen Kopf verbissen hatte, mit beiden Händen von sich zu reißen. Einar sah das große Auge der Kreatur und stach hinein. Nun war sie es, die wild im Wasser zuckte.

Etwas stieß gegen Einars Bein, und ein Blick verriet ihm, dass die Truhe in Bewegung geraten war. Vermutlich hatte das Blut die Oberfläche erreicht und Ricbehrt seinen Männern befohlen, an dem Seil zu ziehen.

Wenn er eine Chance zur Flucht hatte, dann jetzt. Er brauchte Luft. Er nahm das Messer zwischen die Zähne und schwamm in Richtung Oberfläche, ließ Osric und die Kreatur in der Höhle zurück, wo sie ihren Todestanz gemeinsam vollendeten.

Einar durchbrach die Oberfläche und schnappte nach Luft. Er sah sich um. Er war nur ein kurzes Stück von dem Schiff entfernt, was er schnell ändern musste.

»Hey!« Man hatte ihn gesehen. »Es ist der Isländer.«

»Haltet die Klappe und zieht«, brüllte Ricbehrt.

Einar schwamm vom Schiff weg. Hinter ihm krachte es laut, als die schwere Kiste aus dem Wasser schwang und gegen den Schiffsrumpf stieß.

»Da ist Osric!«, rief eine andere Stimme, und Einar begriff, dass der Engländer nun ebenfalls an der Oberfläche treiben musste.

»Wir haben die Truhe. Haltet den Isländer auf! Tötet ihn!«, brüllte Ricbehrt.

Einar drehte sich im Wasser und riskierte einen Blick zurück, um die Situation einzuschätzen. Zwei von Ricbehrts Männern rannten bereits zum Bug. Er war nicht weit davon entfernt, vielleicht zehn Schritte. Sie hielten Wurfspeere in den Händen, und er befand sich in ihrer Reichweite.

Er hatte nicht die geringste Chance.

« KAPITEL 21 »

Oswald erkannte Osric, als er mit ausgebreiteten Armen und von Blut umgeben an die Oberfläche stieg. Seine blicklosen Augen starrten in den Himmel. Aus den Stichwunden in Brust und Gesicht sickerte noch immer Blut in das grüne Wasser. Dann trieb unter der Leiche noch etwas anderes nach oben, eine sehr lange schlangenähnliche Kreatur mit dem Kopf eines Ungeheuers. Auch sie war tot, aus vielen Schnitten und Stichen sickerte Blut, ein Auge fehlte.

Es war keine Zeit, sie staunend anzustarren. Der Isländer entfernte sich vom Schiff. Während Ricbehrts Männer an dem Seil zerrten und die von grünem Schleim und Seetang bedeckte Schwertertruhe aus dem Wasser stieg, befahl der Waffenhändler brüllend, Einar aufzuhalten.

Oswald packte seinen Speer und rannte zum Bug. Der Isländer war direkt vor dem Schiff im Wasser. Er schwamm, so schnell er konnte, war aber noch immer in Reichweite. Einer der Franken hatte ihn ebenfalls entdeckt und war dicht hinter Oswald.

Oswald lächelte. Einar musste Osric getötet haben, aber jetzt konnte der Isländer unmöglich entkommen. Osric hatten sie verloren, aber alles hatte seinen Preis. Oswald hob den Speer. Die Spitze zeigte in einer perfekten Linie zur Rückenmitte des wild schwimmenden Isländers.

Als Oswald gerade die Waffe schleudern wollte, fiel ein Schatten auf ihn, als hätte eine dunkle Wolke die Sonne verdeckt.

Dann schien eine gewaltige Gestalt vor ihm aus dem Nichts auftzutauchen. Ein riesiger Mann landete wie vom Himmel gefallen an Deck. Die Planken unter Oswalds Füßen erbebten. Der Mann trug ein Kettenhemd. Um seine Schultern lag ein Umhang aus Wolfsfell, der sich weiter über den Helm mit dem Visier zog. Die Ohren der Bestie zeigten spitz in die Höhe, als wäre sie noch lebendig, und die Schnauze ragte über seine Stirn. Er hatte beide Arme über den Kopf erhoben. In den Händen hielt er eine langschäftige Axt.

Der Mann stieß einen unmenschlichen Schrei aus und schlug mit der Axt zu. Oswald blieb nur noch genug Zeit, sich in die Hosen zu pissen.

Der Franke, der ihm folgte, kam schlitternd zum Stehen und versuchte blinzelnd zu begreifen, was er da sah. Der große Mann schien mit erhobener Axt aus dem Nichts aufgetaucht zu sein. Gerade noch stand Oswald vor ihm, im nächsten Augenblick sauste die Axt nach unten. Dann lag nur noch eine unkenntliche Masse an Deck, die Blut in alle Richtungen verspritzte. Als hätte der große Mann Oswald wie einen Holzpflock in das Deck gehämmert, nur dass der Pflock dabei zerplatzt war. Dann blickte der Franke in die weit aufgerissenen Augen des großen Mannes, in denen Zorn und noch etwas anderes loderten. War es vielleicht Wahnsinn?

Unwillkürlich stieß er mit dem Speer zu. Der Mann mit dem Wolfspelzumhang riss die Axt aus Oswalds zerschmetterter Leiche in die Höhe. Sie traf den Speerschaft in der Mitte, und obwohl es nur das stumpfe Ende des Axtkopfes war, hielt der Franke seine Waffe so fest, dass das Gewicht das Holz zerschmetterte. Jetzt hielt er nur noch einen Stock in den Händen, dann sauste die Axt wieder nach unten, und er gesellte sich im Tod zu Oswald.

Nur wenige Herzschläge waren vergangen. Ricbehrt verfolgte

das Geschehen mit offen stehendem Mund und versuchte zu begreifen, was er da sah. War dieser Ort voller Magie?

Dann bemerkte er weitere Schatten, und als er den Kopf hob, sah er noch mehr Gestalten. Er begriff, dass der Mann, der nun auf seinem Schiff stand, von der Klippe gesprungen war, die den Mast nur wenig überragte. Normalerweise wäre die Entfernung zur Schäreninsel zu groß für einen Sprung gewesen, aber die Höhe hatte es möglich gemacht. Da sprang bereits ein weiterer großer Krieger, der ebenfalls in ein Wolfsfell gehüllt war, aber ein langes Schwert hielt, mit einem wilden Schrei an Deck.

Sie wurden angegriffen.

»An die Waffen! An die Waffen!«, brüllte Ricbehrt seine Männer an, doch die hatten die Truhe bereits im Stich gelassen und eilten zu ihren Schwertern, Speeren und Helmen.

In unmittelbarer Nähe vernahm der Waffenhändler einen feuchten, dumpfen Laut. Eine warme Flüssigkeit spritzte auf seine rechte Wange. Einer der Männer, der neben ihm gestanden hatte, brach gerade zusammen. Ein Pfeil hatte seinen Hals glatt durchschlagen, und das Blut spritzte aus beiden Wunden. Der Krieger stieß ein ersticktes Gurgeln aus, dann landete er tot an Deck.

Ricbehrt riss den Kopf herum und entdeckte oben auf der Insel einen Jungen mit einem Bogen in den Händen, der schon den nächsten Pfeil einspannte.

»Sie haben einen Bogenschützen!«, rief er. »Schilde hoch! Schilde hoch! Zu mir!«

KAPITEL 22

Im Wasser fragte sich Einar allmählich, warum er noch nicht tot war. Er wälzte sich auf den Rücken und entdeckte, dass auf dem Schiff hinter ihm das Chaos ausgebrochen war. Kurz überlegte er, was zu tun war. Er hatte nicht die geringste Ahnung, wer die Angreifer waren, aber das war seine beste Chance, um zu entkommen. Einen Augenblick lang trat er Wasser, und sein Blick fiel auf den großen Mann mit der Axt. Obwohl der ihm den Rücken zuwandte, erkannte er ihn sofort. Das konnte nur Skarphedin Harsson sein.

Der zweite Mann im Wolfspelz an Deck sah aus wie Bödvar Björnsson. Aus irgendeinem unerfindlichen Grund waren Ulrichs *úlfhéðnar* hier. Ein dritter Mann sprang von der Felsenklippe und landete auf dem Schiff. Er trug einen Helm mit Visier, und auf seinem Rücken hing ein großer runder Kriegsschild. Sein Kettenhemd war verrostet und wies einige Löcher auf; in den Händen hielt er einen Speer. Er trug keinen Wolfsmantel. Schwerfällig landete er auf den Decksplanken und stürzte mit einem Schrei, aber er kam schnell wieder auf die Füße, um sich Ricbehrts Männern zu stellen.

Einar ging das Herz auf, als er Sigurd, Atli, Kari, Starkad und schließlich Ulrich selbst von dem Felsen auf das Schiff springen sah. Alle überlebenden Mitglieder der Mannschaft waren da. Drei weitere Krieger folgten ihnen. Zwei von ihnen trugen Fellumhänge, und im ersten Augenblick fragte sich Einar, wer die neuen Wolfsmäntel wohl waren, aber dann wurde ihm klar, dass die Felle die braune Farbe eines Bären aufwiesen und nicht das Grau eines Wolfes. Das bedeutete, dass es Berserker waren. Auf der Insel ließ ein Junge mit geschorenem Schädel Pfeile auf Ricbehrts Männer regnen. Einar hatte fast schon Mitleid mit ihnen.

Eine weitere Gestalt sprang. Dieser Mann trug ebenfalls keinen Wolfspelz. Er hatte Schild und Helm, aber seinem Sprung mangelte es an Kraft. Schon als seine Füße sich vom Felsen lösten, wusste Einar, dass er es niemals schaffen würde. Der Mann fiel mit rudernden Armen und landete mehrere Schritte vom Schiff entfernt mit einem lauten Platschen im Meer.

Einar schwamm zu ihm. Augenblicke später durchbrach der Mann die Oberfläche und schnappte nach Luft. Seinen Helm hatte er verloren, aber Einar erkannte das rote Gesicht und die vom Wein aufgedunsene Nase trotz der weit aufgerissenen Augen und dem klatschnassen Haar.

»Eyvind?« Er nahm das Messer aus dem Mund und konnte kaum glauben, dass der Skalde neben ihm im Wasser schwamm.

»Junge, hilf mir!«, rief Eyvind. »Ich ertrinke.«

Einar klemmte das Messer wieder zwischen die Zähne und legte einen Arm um die Brust seines Lehrers. Er rollte auf den Rücken und schlug kräftig mit den Beinen, zerrte Eyvind rückwärts zum Ankertau des Schiffes. Das war ein hartes Stück Arbeit. Eyvind war schwer, und seine Kleider hatten tief vom Meer getrunken, das ihn unbedingt in seine Tiefen zerren wollte. Darüber hinaus schien der Skalde auch Einar den größten Teil der Arbeit zu überlassen. Endlich hatten sie es geschafft.

»Bei Thors Eiern, Junge«, keuchte Eyvind. »Das war's für mich. Ich weiß nicht, was ich mir dabei gedacht habe, mit auf dieses Abenteuer zu kommen.«

Einar hatte tausend Fragen, aber das war nicht der Augenblick, sie zu stellen. An Deck tobte ein Kampf. Er ließ Eyvind beim Ankertau zurück, wo sich der Mann festklammern konnte, zog sich in die Höhe und fiel über das Schanzkleid an Deck, wo er ungefähr in der Mitte zwischen Skarphedin und Bödvar landete.

»Skarphedin!«, rief er. Er freute sich wirklich, den großen Mann zu sehen.

Skarphedin schaute auf ihn hinunter, und Einar bemerkte die Leere in seinen Augen, die zusammengekniffenen, blutbespritzten Brauen und die zu einem Knurren verzerrten Lippen. Angst durchfuhr ihn. Skar war in dem von Odin gesandten Zorn versunken, und einen Augenblick lang fürchtete Einar, dass der große Mann seine schreckliche Axt auf ihn niedersausen lassen würde.

Dann blinzelte Skar, und seine Miene klärte sich, als hätten sich die Wolken von der Sonne verzogen.

»Einar!«, rief er. »Schön, dich zu sehen, Junge. Jetzt lass uns den Rest dieser Bastarde erledigen.«

Ihm schien die Tatsache völlig egal zu sein, dass Ricbehrts Männer noch immer geordnete Gegenwehr boten. Sie drängten sich im Heck des Schiffes um den Waffenhändler. Die vier Krieger auf der landwärtigen Seite hielten die Schilde in die Höhe und sorgten für Deckung vor dem Bogenschützen auf der Klippe. Seine Augen waren mit schwarzer Farbe bemalt, sodass die weißen Augäpfel selbst auf diese Entfernung zornig leuchteten.

Der Mann mit dem abgenutzten Kettenhemd stieß einen Schrei aus und schleuderte den Speer über das Deck. Ricbehrt riss entsetzt die Augen auf, als die Spitze direkt auf sein Gesicht zuflog. Im letztmöglichen Augenblick riss einer seiner Männer den Schild hoch und beraubte sich selbst damit jeglicher Deckung, aber den Speer wehrte er ab. Ein lautes Klirren ertönte, die Waffe fuhr abgelenkt in die Höhe und bohrte sich in die

Heckplanken. Der Leibwächter konnte seinen Schild gerade noch rechtzeitig wieder nach unten reißen, um den Pfeil abzuwehren, der direkt auf seinen Leib zuraste.

»Bei Freyas Titten!«, fluchte der Krieger, der den Speer geschleudert hatte. Obwohl er Nordisch sprach, erkannte Einar den seltsamen, zur Hälfte englischen Akzent aus Jorvik.

»Gorm? Bist du das?« Einar konnte das alles kaum glauben.

Der Wirt, der nun wie ein Krieger gekleidet war, wandte den Kopf und blinzelte ihm zu, während er das Schwert zog. Genau wie sein Kettenhemd zeigten die Kerben in der Klinge und die Rostflecke, dass sie bessere Tage gesehen hatte.

Am anderen Ende des Schiffes ertönten Rufe. Ricbehrts Männer wirbelten herum, um sich zu verteilen und einen Schildwall zu bilden. Es war ein eindrucksvolles Schauspiel. Keiner bewegte sich, bis der Schild des Nebenmannes krachend auf den eigenen Schildrand schlug und sie sich überlappten, sodass jeder vor den Pfeilen geschützt blieb, die nach einer Lücke in der Deckung suchten. Sie bewegten sich wie die Glieder einer Kette, bis sechs Männer mit aneinandergelegten Schilden in Richtung Bug, Skarphedin und den Wolfsmänteln blickten, während der letzte Mann der Insel zugewandt blieb und für Deckung vor dem Pfeilhagel sorgte.

»Sie wissen, was sie tun«, meinte Einar.

»Das sehe ich«, erwiderte Skar. Sie sprachen leise, damit die Mannschaft am anderen Ende des Decks sie nicht verstehen konnte. »Hör zu, Junge, du bist halb nackt und nur mit einem Messer bewaffnet. Bleib hinter uns aus dem Weg.«

Einars Wangen röteten sich, aber Skar hatte nicht unrecht. Sorge stieg in ihm auf, als das lodernde Feuer in Skars Augen zu verlöschen schien, während beide Seiten innehielten, Atem schöpften und einander anstarrten. Es war schwer abzuschätzen, was sie als Nächstes tun würden.

Das blieb Ricbehrt nicht verborgen.

»Lass uns reden«, rief der Händler hinter dem Schildwall. »Es muss keiner mehr sterben. Ulrich! Wir sind alte Freunde! Was willst du?«

»Ihn!«, sagte Ulrich. Er stand geduckt hinter seinem runden Schild, nickte aber in Einars Richtung. Einar war überrascht. Er hatte erwartet, dass Ulrich die Schwerter wählen würde.

»Ihr habt ihn«, verkündete Ricbehrt. Sein Grinsen war so ölig, dass man damit eine Lampe hätte entzünden können. »Und ich habe meine Schwerter zurück. Warum lassen wir es dabei nicht bewenden und segeln alle unserer Wege?«

Ulrich erwiderte Ricbehrts Grinsen, aber seines zeigte nur eine Drohung. »Oder wir bringen euch alle um und nehmen uns auch die Schwerter.«

»Was würde uns das allen bringen?« Ricbehrt sah aus, als wäre er gerade von seinem besten Freund auf der Welt verraten worden. »Ihr seid großartige Krieger, das bestreitet niemand. Aber auch meine Männer sind erfahrene Kämpfer. Ihr könnt uns alle umbringen, keine Frage, aber sie werden mit Sicherheit auch ein paar von euch töten.«

»Wir fürchten den Tod nicht«, erwiderte Ulrich. »In der Ruhmeshalle des Allvaters erwartet uns Ehre.«

Einar sah, wie Ricbehrts Selbstvertrauen wuchs. Schließlich war Feilschen sein Leben.

»Diese Schwerter sind König Æthelstan versprochen«, rief der Waffenhändler. »Willst du dir den mächtigsten König in Britannien zum Feind machen? Æthelstan stellt bei Jorvik ein Heer auf. Er zieht nach Norden gegen die Schotten. Ich habe mich dort mit ihm getroffen, weil er Waffen für seine Armee braucht und ich sie ihm verschaffen kann. Diese Ulfberht-Schwerter sind Teil des Handels.«

»Hilfe!«, ertönte Eyvinds Stimme aus dem Wasser. Der Skalde

klammerte sich immer noch verzweifelt an dem Ankertau fest. Ihm fehlte die Kraft, sich an Bord zu ziehen.

Ulrich verdrehte die Augen. Das ließ sie nicht unbedingt bedrohlich erscheinen.

»Aber genau diese Schwerter hast du bereits König Erik von Norwegen verkauft«, sagte er.

Ricbehrt wurde ernst. »Dann müssen wir kämpfen.«

Ulrich sah Skar an.

»Der Lahme kann ein Pferd reiten, der ohne Hand das Vieh treiben, der Taube kann kämpfen. Selbst die Blinden sind mehr von Nutzen als eine Leiche«, verkündete Skar. »So sagt Odin. Wir haben keinen Streit mit diesen Männern. Manchmal ist es besser, einem Kampf den Rücken zuzuwenden.«

»Also gut, Ricbehrt«, sagte Ulrich. »Wir lassen euch gehen.«

Die Erleichterung der Krieger am anderen Ende des Schiffes war deutlich sichtbar. Ihre Schilde senkten sich ein Stück, als sie die Schultern entspannten. Einar hörte ihr Aufatmen.

»Lasst eure Waffen fallen und geht«, fuhr Ulrich fort.

»Gehen?«, wiederholte Ricbehrt.

Ulrich zeigte mit dem Schwert auf ihn. »Ich lasse dir Zeit, bis ich bis zwanzig gezählt habe. Wenn du bis dahin nicht gegangen bist, seid ihr alle tot.«

Auf dem Gesicht des Waffenhändlers zeichnete sich Verwirrung ab. »Wovon redest du? Was ist mit meinen Schwertern?«

»Du meinst König Eriks Schwerter?«

»In dem Fall lautet meine Antwort Nein.« Ricbehrt duckte sich wieder hinter die Schilde seiner Krieger. »Wir haben keine Abmachung.«

Aber seine Männer senkten bereits die Schilde und ließen die Waffen fallen. Zwei warfen ihre Helme aufs Deck und sprangen vom Schiff. Ricbehrts Gesicht zeigte die ersten Anzeichen von Furcht.

»Da gehen deine klügsten Leute.« Ulrich zeigte mit dem Schwert auf die Männer im Wasser. Er richtete seine Worte an die verbliebenen Krieger, die sich um den Waffenhändler geschart hatten. »Ricbehrt bezahlt euch dafür, für ihn zu kämpfen, aber ihr habt ihm keine Gefolgschaft geschworen. Bezahlt er euch genug, um für ihn zu sterben?«

Die Mienen der Männer zeigten deutlich, dass er das ihrer Meinung nach nicht tat. Sie warfen die Waffen von sich, gefolgt von den Kettenhemden und Helmen, und sprangen ins Wasser.

»Vergesst die Schären, Jungs«, rief Skar ihnen nach. »Hört nicht auf zu schwimmen, bis ihr am Strand seid.«

Nur Ricbehrt und der Kapitän, der noch immer das Steuerruder umklammert hielt, standen noch im Heck des Schiffes.

»Söldner kämpfen selten bis zum Tod, solange sie eine andere Wahl haben«, sagte Ulrich.

»Du verfluchter Bastard, Ulrich«, rief Ricbehrt. »Das zahle ich dir heim. Ich kriege euch alle.«

Ulrich grunzte. »Tatsächlich?«

Es dröhnte dumpf. Ein Pfeil bohrte sich genau zwischen Ricbehrts Füße ins Deck. Der Händler sprang entsetzt zurück und hob dabei seine beträchtliche Masse ein eindrucksvolles Stück von den Planken. Als er wieder sicher stand, riss er den Kopf herum. Der Bogenschütze auf dem Felsen hatte bereits den nächsten Pfeil auf die Sehne gelegt und zielte auf ihn.

»Solltest du dich nicht zu deinen Männern gesellen?«, fragte Ulrich.

Der Waffenhändler warf jedem an Deck einen mörderischen Blick zu und begab sich dann zur Bordwand. Er hatte ziemliche Mühe, sich darüberzuhieven, aber dann kippte er auf der anderen Seite mit einem gewaltigen Klatschen ins Meer. Wasser spritzte an Deck. Nachdem Ricbehrt wieder aufgetaucht war, schwamm er lautstark seinen Männern hinterher, die sich dem gelben Sandstrand bereits ein ordentliches Stück genähert hatten.

»Glaubst du, er schafft das?«, fragte Einar. Der Strand schien ziemlich weit entfernt zu sein.

Skar zuckte mit den Schultern. »Wale schwimmen große Strecken. Er hat ungefähr die gleiche Größe.«

»Du gehst nicht?« Ulrich richtete die Aufmerksamkeit auf den alten Kapitän, der noch immer das Steuerruder umklammert hielt.

»Das ist mein Schiff.« Der Kapitän hob das Kinn. »Außerdem kann ich nicht schwimmen. Also müsst ihr mich umbringen.«

Einen Augenblick lang herrschte Schweigen. Einar fand, dass der Anblick des wehrlosen und unbewaffneten alten Mannes und seines stolzen Trotzes etwas Bewundernswertes und zugleich Erbärmliches hatte. Der Alte hatte nicht die geringste Chance, aber er verzog keine Miene.

»Du bist ein tapferer Mann«, meinte Ulrich schließlich.

»Er teilt unseren Glauben«, sagte Einar.

»Tut er das?«, fragte Ulrich. »Wie heißt du, alter Mann?«

»Roan«, antwortete der Kapitän. »Das heißt ›Rabe‹ auf Friesisch.«

»Ach ja?« Ulrich hob eine Braue. »Der Rabe ist Odins Vogel. Vielleicht ist das ein Zeichen. Sag mir, Roan, würdest du gern für mich arbeiten? Vermutlich kann ich dir nicht so viel bezahlen wie Ricbehrt, aber es kommt darauf an, wie viel dir dein Leben wert ist.«

Roan runzelte kurz die Stirn, dann sagte er: »Ich bin einverstanden.«

»Gute Entscheidung.« Ulrich grinste wölfisch. »Hättest du abgelehnt, hätten wir dich über Bord geworfen.«

KAPITEL 23

Affreca?«, fragte Einar ungläubig.

Als er neben dem »jungen Bogenschützen« oben auf der Schäre stand, wurde ihm klar, dass es tatsächlich die Tochter des verstorbenen Königs von Dublin war. Ihre schönen langen Haare waren beinahe vollständig abrasiert, und sie trug ein Lederwams, Robbenfellhosen und ein Kettenhemd. Sie hatte die Augen schwarz umrandet, aber abgesehen von ihrem schönen Gesicht, war das einer der wenigen weiblichen Aspekte an ihr.

»Was starrst du so?«

»Ich habe dich nicht erkannt. Was ist passiert?«, fragte Einar.

»Also, ich finde, sie sieht mit kurzen Haaren besser aus«, sagte Skar und stieß die Kreatur aus der Höhle mit dem Messer an. Sie hatten das Ding ausgenommen und brieten es an einem Spieß über einem Lagerfeuer. Der Kopf des Untiers schwamm in einem Topf mit kochendem Meereswasser auf demselben Feuer.

Sie lagerten auf der kleinen Insel. Die *úlfhéðnar* und die anderen hatten es sich um das Feuer bequem gemacht und reichten Weinschläuche und einen Krug Met herum. Einar entging nicht, dass Skar und Bödvar die seltsame Lethargie überkommen hatte, die sie nach Kämpfen überfiel, in denen Odins Zorn entfesselt worden war. Als hätte er sämtliche Kraft in ihnen verbraucht und sie so schwach wie Kinder zurückgelassen. Roans Schiff lag an der Inselseite vor Anker, während Ulrichs *snekkja* auf dem kleinen Strand an der dem Land zugewandten Seite lag. Mast und Segel hatten sie abgenommen, als Ricbehrt und Einar vom Meer zu den Schären gesegelt waren.

Die Wolfsmäntel hatten oben auf der Klippe auf Ricbehrts Ankunft gewartet.

»Æthelstan hat dich nach Withern in die Abtei geschickt«, sagte Einar zu Affreca. »Wie bist du dort entkommen?«

»Sie war in einem Kloster. Wir sind Wikinger.« Ulrich zuckte mit den Schultern, als würde das als Erklärung reichen.

Affreca schauderte sichtlich. »Ich verstehe jetzt, warum Mönche und Nonnen die Wikinger so fürchten.«

Skar schürzte abfällig die Lippen. »Wir haben nicht alle umgebracht. Deine walisische Freundin haben wir gerettet.«

»Weil ich euch angefleht habe«, sagte Affreca.

Skar ignorierte sie. Stattdessen stieß er das Messer in die gebratene Meereskreatur, drehte es und schnitt ein Stück heraus.

»Scheint durch zu sein«, meinte er.

Einar betrachtete den großen hässlichen Kopf im Topf.

»Was ist das für ein Ding?«

»Eine Art Aal«, sagte Ulrich. »Sie leben an diesen Küsten in Unterwasserhöhlen und Riffen. In Schottland auch. Du hast deinen Kopf in sein Zuhause gesteckt. Wofür hast du es denn gehalten?«

Einar antwortete nicht. Ägir und sein Weib waren nicht die einzigen Schrecken, die laut der Überlieferungen in den Tiefen des Meeres lauerten. Irgendwo dort unten wartete eines von Lokis Riesenkindern, das man *Miðgardsormr* nannte, die Weltenschlange. Es war eine riesige, widerliche Schlange, böse und grausam, die Odin in die feuchte Dunkelheit der kalten Meerestiefen verbannt hatte. Einar hatte geglaubt, dass es sich bei dem Ding in der Höhle möglicherweise um sie handelte, oder vielleicht auch um eines ihrer Kinder. Aber er wagte es nicht, das zu sagen. Er konnte sich vorstellen, wie laut die Wolfsmäntel darüber lachen würden.

»Das sind üble Mistviecher«, meinte Skar. »Ganz schön groß geworden, seit ich es das letzte Mal gesehen habe.«

»Du hast gewusst, dass es dort lebt?« In Einar stieg Empörung auf.

»Was glaubst du, warum wir unsere Beute so gern dort versteckt haben?«, fragte Ulrich. »Die Höhle war nicht nur unter den Wellen verborgen, sie hatte sogar ihren eigenen Unterwasser-Wachhund.«

»Die Truhe dort reinzubekommen, ohne gebissen zu werden, war schwer«, meinte Atli.

»Nun ja, jetzt ist das Vieh unser Abendessen.« Skar grinste und fing an, den Kadaver zu zerteilen. Die anderen versammelten sich zum Essen. »Jetzt beißen wir.«

»Du bist also nicht wütend darüber, dass du deinen Wachhund verloren hast?«, wollte Affreca wissen.

Ulrich zuckte mit den Schultern. »Das Versteck taugt sowieso nichts mehr. Ricbehrt kennt es ja jetzt.«

Er warf den vier Kriegern mit Umhängen aus Bärenfell und Gizur, Thorfinns Hauptmann, einen verstohlenen Blick zu. Skar hatte Einar zuvor erklärt, dass die Männer mit den Bärenfellen König Eriks Berserker waren: Björn, Narfi, Ori und Bjarki. Sie waren der Ersatz für die Wolfsmäntel, die bei ihren vorherigen Abenteuern in Irland und Island getötet worden waren.

»Und jetzt gibt es noch mehr, die sie kennen und keine *úlfhéðnar* sind«, fügte Ulrich leise hinzu.

Narfi beugte sich herüber und schlug ihm auf die Schulter.

»Du meinst doch nicht uns, Ulrich?« Er grinste breit. »Wir werden bald zu deiner Mannschaft gehören.«

Einar entging die Wut nicht, die kurz über Ulrichs Gesicht flackerte, bevor er gezwungen lächelte.

»Um ein Wolfsmantel zu werden, muss man das Initiationsritual bestehen«, sagte er. »Es zu überleben beweist, dass Odin damit einverstanden ist, dass ihr einer von uns werdet.«

Die Wolfsmäntel und die anderen hatten mehrere Tage auf der Schäreninsel auf sie gewartet. Die verbliebenen *úlfhéðnar* – Ulrich, Skar, Bödvar, Sigurd, Atli, Kari und Starkad – waren zusammen mit den Berserkern in Ulrichs *snekkja* von Norwegen nach Jorvik gesegelt. Als sie Affreca dort nicht wie abgesprochen getroffen hatten, hatten sie sich in der Annahme, dass sie zu ihm Kontakt aufgenommen hatte, auf die Suche nach Einar gemacht. Nach ein paar Erkundigungen hatten sie erfahren, dass ein talentierter junger Skalde in Gorms Schenke am Micklegate gegen Bezahlung sang.

»Da hast du die ganze Zeit für mich gearbeitet, Junge«, sagte Gorm, »und ich hatte nicht die geringste Ahnung, dass du so hochgestellte Leute kennst. Eine irische Prinzessin, und jetzt auch noch *úlfhéðnar*? Hätte ich das gewusst, hätte ich dir mehr gezahlt. Natürlich habe ich Ulrich erzählt, was sich mit Æthelstan im Königshof zugetragen hat.«

»Aber woher wusstest du davon?«, fragte Einar.

»Ich habe es ihm erzählt«, meldete sich Eyvind zu Wort. »Mich plagte das schlechte Gewissen wegen dem, was passiert ist, Junge. Obwohl du mich geschlagen hast. Hakon hat mich behalten, aber er zahlt nicht gut. Er ist der Ansicht, dass die Ehre, ihm dienen zu dürfen, ausreicht. Aber mit Ehre kann man keinen Wein bezahlen, das kann ich dir sagen. Als du weg warst, habe ich damit auch meine andere Einnahmequelle verloren. Zum Ausgleich habe ich ein paar Abende deinen Platz in der Schenke übernommen.«

»Der Mistkerl hat fast meinen ganzen Wein getrunken«, sagte Gorm. Eyvind schürzte die Lippen und versuchte beleidigt auszusehen.

»Also habt ihr beiden euch der Mannschaft angeschlossen?«, fragte Einar. »Was ist für euch drin?«

»Abenteuer«, antwortete Gorm, ohne zu zögern. »Ich habe dir doch erzählt, dass ich einst Krieger war. Um ehrlich zu sein, das Wirtshaus hat mich gelangweilt. Ich habe viele Abende am Feuer gehockt und mich gefragt, ob mein Leben vorbei ist, ob ich für den Rest meiner Tage Besoffenen Bier und billigen Eintopf servieren muss. Aber die Nornen spinnen noch immer meinen Lebensfaden. Ulrich und Skar kamen durch meine Tür. Ich stand vor der Wahl, mit meinem langweiligen Leben in meiner sicheren kleinen Schenke zu bleiben oder es ein letztes Mal mit Ruhm und Ehre zu versuchen.«

»Und der Laden war nicht länger profitabel, oder?«, fragte Einar.

»Das auch.« Gorm schaute auf sein Essen. »Vielleicht erbeute ich unterwegs ja auch etwas Gold.«

»Ich habe auch nachgedacht, genau wie Gorm«, ergriff Eyvind das Wort. »Eyvind, habe ich mir gesagt, du hast dein Leben damit verbracht, heldenhafte Verse von den Taten anderer zu singen, aber was hast du jemals erlebt? Du bist gereist, ja, aber welche Feinde hast du besiegt? Welchen Gefahren dich gestellt? Du solltest hinaus in die Welt gehen und das Leben erfahren, bevor du zu alt dafür bist. Selbst erleben, was so toll daran sein soll. Am eigenen Leib erfahren, was die Helden durchmachen, statt nur davon zu singen.«

Mit Gorm und Eyvind an Bord waren die Wolfsmäntel zu der Abtei gesegelt, in der man Affreca festhielt, um sie zu retten. Dann waren sie mit der *snekkja* um Britanniens Nordküste nach Irland gefahren, durch die Walstraße, die Ricbehrt wegen der Wikingergefahr für zu gefährlich erklärt hatte. Ulrich sorgte sich deswegen nicht. Die meisten dieser Wikinger waren Jarl Thorfinns Lehnsmänner, außerdem hatte er Gizur, den Hauptmann des Jarls, an Bord. Das war der fünfte Fremde in der Mannschaft, ein breitschultriger junger Mann mit ordentlich gekämmtem rotem Haar und Bart. Einar hatte einen misstrauischen Blick in Gizurs Richtung geworfen, aber der Mann hatte ihn ignoriert.

Mit dem leichteren, schnelleren Schiff und dem kürzeren Weg war Ulrich mehrere Tage vor Ricbehrt angekommen. Sie hatten nur den Mast abnehmen und sich auf der Insel verbergen müssen, während sie auf Einar und den Waffenhändler warteten.

»Und jetzt?«, fragte Einar.

»Wir segeln nach Britannien. Wir müssen noch immer das Rabenbanner holen«, sagte Ulrich.

»Zurück nach Jorvik? Es ist also tatsächlich dort?«

Eyvind nickte. »Das Banner wird nach Norden für den Krieg gegen die Schotten reisen. Ich habe gehört, wie man im Königshof darüber gesprochen hat.«

»Aber Æthelstans Armee ist nach Norden aufgebrochen«, meinte Affreca. »Sie wird Jorvik bereits verlassen haben.«

»Æthelstan wird das Banner nicht mitführen. Er misstraut allem Heidnischen.« Ein Funkeln trat in Eyvinds Augen. »Aber Hakon ist noch immer genug Nordmann, um den Wert seiner Magie zu erkennen. Æthelstan hat ihm befohlen, eine Flotte anzuführen, die nach Norden segeln und die Armee begleiten wird. Sie wird immer auf Höhe der Krieger sein, sie mit Ausrüstung versorgen und an der Küste vorausfahren, um dort Überfälle durchzuführen. Er wird das Banner mitnehmen.«

»Wir schließen uns dieser Flotte an«, sagte Ulrich, als wäre das völlig selbstverständlich. »Bei der ersten Gelegenheit stehlen wir das Banner.«

»Warum sollten sie zulassen, dass wir uns ihnen anschließen?«, wollte Einar wissen. »Wir sind Fremde. Nordmänner.«

»Æthelstan hat überall die Nachricht verbreiten lassen, dass er Krieger in Diensten nimmt«, sagte Ulrich. »Er hat die Sachsenmilizen, aber um es mit den Schotten aufzunehmen, braucht er mehr Männer. Aus allen Ländern eilen Krieger zu seiner Fahne. Natürlich hauptsächlich um Geld zu verdienen.«

»Aber ihr seid doch *úlfhéðnar*, die sich seinem Bruder Erik von Norwegen verschworen haben«, erwiderte Einar. »Es ist allgemein bekannt, dass Erik seine Thronrivalen töten will. Zwei Brüder hat er bereits ermordet.«

»Das ist nie bewiesen worden.« Ulrich kniff die Augen zusammen.

»Aber du glaubst, dass Hakon dir genug vertrauen wird, um dich mitsegeln zu lassen?«

»Wir werden ihm nicht auf die Nase binden, wer wir sind.« Ulrichs Miene schien andeuten zu wollen, dass Einar möglicherweise einen schweren Schlag auf den Schädel davongetragen hatte. »Außerdem …«

Seine Lippen verzogen sich zu einem Grinsen.

»Wenn man schon auf Beutefahrt geht, wer wäre dann ein besserer Begleiter als Wikinger? Und wenn man nach Wikingern sucht, wer könnte da besser sein als wir?«

Einar betrachtete die zusammengewürfelte Mannschaft aus hartgesottenen Totschlägern, religiösen Fanatikern, Trunkenbolden und Verrückten. Er verstummte. Allmählich wurde ihm etwas klar. In Island hatte man ihn dazu erzogen, dass Wikinger keine Männer waren, die Bewunderung verdienten. Junge Kerle mochten ja im Sommer auf Beutefahrt gehen, manchmal auch erwachsene Männer. Möglicherweise gab es sogar eine verstohlene Bewunderung für Wikinger, aber allgemein sah man es nicht als ehrenhafte Lebensweise. Jeder, der nach seiner wilden Jugend weiterhin so lebte, wurde als Landplage betrachtet. Wikinger raubten und mordeten. Respektable Männer ließen sich auf einem ordentlichen Bauernhof nieder. Sie segelten nicht über die Meere und lebten abseits aller Gesetze. Einar hatte sich selbst stets als Dichter betrachtet, als Skalde, der eines Tages vor

Königen in ihren großen Festhallen auftreten würde. Aber nun wurde ihm klar, dass er für den Rest der Welt und in den Augen aller, mit denen er zusammen aufgewachsen war, nur ein weiterer seefahrender Mörder war. Sollte das tatsächlich sein Schicksal sein?

»Also ich bin wirklich dankbar, dass ihr gekommen seid, um mich zu retten«, sagte er. »Aber ich bin Skalde. Ein Sänger. Diesen Weg habe ich gewählt. Darum bin ich überhaupt erst nach Jorvik gereist.«

Ulrich schnalzte mit der Zunge und schaute weg.

»Sei nicht albern, Junge«, sagte Skar. »Ulrich will es nicht zugeben, aber er glaubt, dass es Odins Wille ist, dass du dich uns anschließt. Ich habe ihm einmal gesagt, dass mir viele Männer begegnet sind, denen Odin die Gabe des heiligen Zorns verliehen hat, andere können Ale wie die Midgardschlange trinken, oder er hat ihnen die Gabe der Dichtkunst geschenkt. Bevor ich dir begegnet bin, ist mir keiner mit allen drei Gaben untergekommen. Das ist ein Zeichen, dass du zu uns gehören solltest.«

Eyvind nahm einen großen Schluck aus seinem Weinschlauch, dann beugte er sich zu Einar und fixierte ihn mit trübem Blick.

»Einar, Junge, diese letzte Eskapade hat mich wieder auf den Boden der Vernunft gebracht«, sagte er. »Ich kann trinken, dichten und singen, aber ich kann nicht kämpfen. Es ist nun offensichtlich, dass ich dafür nicht geschaffen bin. Kämpfen und Heldentaten vollbringen, das ist nichts für mich. Ich bin da eher der Liebhaber. Stellt mich vor eine vollbusige Frau, und ich bin furchtlos. Aber als ich vorhin ins Wasser gestürzt bin, habe ich mich doch tatsächlich vollgepinkelt.«

»Du willst also nach Hause zurück?«, fragte Einar. Angewidert erinnerte er sich, dass sich das Wasser um den Skalden tatsächlich irgendwie wärmer angefühlt hatte.

»O nein!« Eyvind schüttelte den Kopf. »Ich bleibe. Aber ich

werde der Skalde dieser Mannschaft sein. Ich singe von Helden, denen ich nie begegnet bin, bei deren Taten ich niemals Zeuge war. Das ist meine Gelegenheit, in der ersten Linie dabei zu sein. Du wirst große Taten vollbringen, und ich werde Verse darüber schmieden, die dir ewigen Ruhm bringen werden. Das ist das einzige Leben nach dem Tod, dessen jeder von uns sich sicher sein kann. Ich bin der Dichter der Mannschaft. Für dich spinnen die alten Weiber eine andere Rolle. Das ist dein Schicksal.«

Einen Augenblick lang bewegten sich Einars Lippen lautlos, während er nach einem anderen Argument suchte.

»Aber Hakon ist Christ«, sagte er schließlich, obwohl seiner Stimme jede Überzeugung fehlte. »Genau wie Æthelstan. Sie werden keine heidnischen Wikinger in ihrer Armee haben wollen.«

Skar lachte und hieb ihm auf die Schulter. Dann drückte er Einar den Weinschlauch in die Hand.

»Nimm einen Schluck, Junge. Sie bezahlen eine Menge heidnischer Wikinger dafür, für sie zu kämpfen. Es bedarf nur einer kleinen Waschung.«

Als Einar den Wein zum Mund führte, zeigte Skar nacheinander auf seine Kameraden.

»*Wir* sind die Wikinger, Junge. Wir sind die gefährlichsten, skrupellosesten, verrücktesten Bastarde, die zurzeit über die Meere segeln. Die Frage ist, bist du einer von uns?«

KAPITEL 24

WESTNESS, ORKNEY

Die Axt ließ das Wiehern des Hengstes verstummen.

Als die schwere Schneide seinen Hals durchschlug und Rückgrat und Fleisch voneinander trennte, verwandelte sie es in ein ersticktes Grunzen. Das Tier stürzte zu Boden, als hätte ihm der Hieb sämtliche Knochen im muskulösen Körper zerschlagen. Heißes Blut sprudelte aus der Wunde in ein silbernes Becken, das unter dem Opferstein stand. Scharlachrote Spritzer landeten auf dem Boden.

Jarl Thorfinn von Orkney senkte die Axt und trat zurück, bewunderte sein Werk, während das Pferd vor ihm den letzten Atemzug nahm. Die versammelte Menge murmelte voller Bewunderung. Es war ein beeindruckender Hieb gewesen, erst recht, wenn man bedachte, wie viel Ale der Jarl getrunken hatte.

Vakir, der *galdr maðr,* trat vor, eine knorrige Hand zum Segen des Blutkessels erhoben. Mit lauter, monotoner Stimme sprach er das Gebet, das die *dísir* beschwor, die hellen Elfen und die dunklen Elfen und dann die Götter selbst, die das Opfer segnen sollten. Er rief Hel an, damit sie über dieses Begräbnis wachte und dafür sorgte, dass die Geister der Toten auch dorthin gingen, wo sie hingehen mussten, und nicht hier in Midgard verweilten, um ihre überlebenden Verwandten heimzusuchen. Bei der Erwähnung des Namens der verwesenden Königin der Toten flüsterte die Menge andächtig Zauberformeln, um mögliches Unheil abzuwehren. Die meisten schlossen die Augen und stimmten in den *galdr* ein. Die einsamen Schreie der Seevögel sorgten für einen passenden Hintergrund für die Gebete.

Thorfinn stimmte nicht ein. Der kalte Wind riss an seinem offenen Haar, und leicht schwankend blickte er sich um. Die Menge stand auf dem felsigen, mit Seetang übersäten Ufer der Bucht von Swandro, einer kleinen Insel direkt gegenüber der größten Orkneyinsel Meginland, nur eine kurze Bootsfahrt über den Eyinhelgasund entfernt. Das karge Land erhob sich von der sandigen Bucht bis zu einem Hügel, dazwischen befand sich das Gräberfeld. Hier bestatteten die Leute ihre Toten, seit der erste Siedler seinen Fuß auf die Inseln gesetzt hatte, lange vor der Ankunft der Nordmänner, was nun hundert Winter zurücklag. Auf einer kleinen Erhebung stand die Ruine einer runden Festung, die ein uraltes, lange in Vergessenheit geratenes Volk erbaut hatte. Die Grabhügel dieses Volkes erhoben sich überall in der Bucht, genau wie die Grabsteine der Orkies, den kleinen dunkelhaarigen Menschen, denen Thorfinns Großvater diese Inseln weggenommen hatte. Diese Steine waren mit Wirbelmustern und Tieren versehen, Ebern und seltsamen Symbolen, die an Blitze erinnerten. Und mit christlichen Kreuzen. Dazwischen erhoben sich nun die Gräber der Nordmänner, auf denen Steine die Umrisse von Schiffen bildeten.

Alle anderen Gräber waren mit grasbewachsenen Hügeln bedeckt, nur das Grab, vor dem Thorfinn stand, war noch offen. Die Erde innerhalb des Umrisses war ausgehoben worden, und es sah aus, als wäre ein Schiff im Boden versunken. Im Grab lag die bleiche, nackte Leiche eines Sklavenmädchens, hineingeworfen wie ein Lumpen. Ihre Kehle wies einen klaffenden Schnitt auf, und ihr Blut mischte sich mit dem des Pferdes in dem Kessel. Die wichtigsten Männer der Siedlung, Thorfinns Hauswache, hatten sie zuvor vergewaltigt, während die anderen ihre Schreie übertönt hatten, indem sie die Speerenden und Schwertknäufe gegen die Schilde hämmerten. Der Missklang war lauter als Thors Donner gewesen.

Thorfinn war als Letzter an der Reihe gewesen, dann hatte die *seiðkona*, die alte Zauberin, die mit Vakir zusammenarbeitete, dem Mädchen die Kehle durchgeschnitten.

Als die Klinge das Fleisch geteilt hatte, waren die Schreie der Sklavin zu einem erstickten Gurgeln verklungen. Eine willkommene Erleichterung in Thorfinns Ohren. Der ganze Lärm hatte es ihm schwer gemacht, sich auf seine Gebete zu konzentrieren.

Die Vergewaltigung war kein Übergriff aus Lust oder Wildheit gewesen. Sie war ein heiliger Begräbnisritus, der den gebührenden Ernst einer religiösen Pflicht verlangte. Die Sklavin würde die Lebensessenz der besten Männer in der Gemeinschaft nehmen, um Hrolf im Leben nach dem Tod zu nähren und zu dienen. Alles musste so durchgeführt werden, wie es der Brauch verlangte, sonst würde Hrolfs Geist den Übergang nicht schaffen, und er würde von den Toten zurückkehren, ein schrecklicher *aptrgangr*, ein Wiedergänger, der seine Familie und Freunde heimsuchen würde.

Absurd war dabei nur gewesen, dass sich das Mädchen für seine Rolle bei dem Begräbnis freiwillig gemeldet hatte. Hatte sie nicht gewusst, was auf sie zukam? Oder war das Leben einer Sklavin so schrecklich, dass ein derartiges Ende allen anderen vorzuziehen war?

Man hatte sie mit starkem Ale abgefüllt. Es machte sie betrunken und gefügiger. Bevor klar geworden war, wie ihr Ende aussehen würde, hatte es sogar den Anschein gehabt, als würde sie die Feier genießen. Sie hatte mit dem Rest der Bestattungsgesellschaft die Lieder mitgesungen. Natürlich hatten alle getrunken. Und das seit dem frühen Morgen. Es half, die Trauer zu betäuben und sich für das spätere Blutvergießen des Opfers zu stählen. Später würde man noch mehr trinken, Ale in gewaltigen Mengen herunterkippen. Thorfinn stand bereits unsicher auf den Beinen, aber wenn es einen Anlass gab, in dem er sich einen Rausch antrinken durfte, dann doch wohl beim Begräbnis seines eigenen Sohnes.

Die anderen Grabbeigaben für die nächste Welt lagen um das tote Mädchen verteilt. Waffen, Kleidung, ein Fass Ale, eine Eberkeule, Käseräder und getrockneter Hering waren ordentlich Seite an Seite aufgestapelt, ebenso wie ein geopferter Hahn und eine Henne.

Alles lag dort, was man für ein Grab erwarten durfte. Nur nicht die Leiche des Mannes, für den das Grabmal bestimmt war.

Während Thorfinns Aufenthalt in Norwegen war ein zweiter Händler aus Island eingetroffen. Er hatte die gleiche Geschichte wie sein Vorgänger erzählt, und Thorfinn hatte gewusst, dass er seinem Jarltum gegenüber zugeben musste, dass Hrolf tot war. Aber er konnte sich nicht dazu überwinden, öffentlich zu verkünden, dass Hrolf bei der Mission ums Leben gekommen war, Thorfinns einstige Bettsklavin und Mutter seines Bastardsohns Einar umzubringen. Stattdessen hatte er die Geschichte verbreiten lassen, dass Hrolf auf See gestorben war, zusammen mit den restlichen Männern, die er mit ihm nach Island geschickt hatte.

Also hatte man eine Beerdigung abhalten müssen; um die Toten zu ehren, ihre Gräber zu kennzeichnen und dafür zu sorgen, dass ihre Geister in die nächste Welt übersetzen konnten.

Der Jarl schaute nach unten auf die Grabbeigaben und knirschte vor brodelndem Zorn mit den Zähnen. Das Schwert war nicht einmal Hrolfs Schwert, das zusammen mit ihm verschwunden war. Die Kleidung war Hrolfs beste Ersatzkleidung, die er bei seiner Reise nach Island zurückgelassen hatte. Aus demselben Grund war es auch nur sein zweitbestes Kettenhemd. Nicht einmal die Männer, die die Sklavin vergewaltigt hatten, waren Thorfinns beste Männer. Die waren zusammen mit Hrolf nach Island gesegelt, um dort zu sterben. Seine zweitbesten Männer bildeten nun seine Hauswache.

Einar und Ulrichs Wolfsmäntel hatten den Jarl herabgesetzt. Sie hatten ihn klein gemacht. Es war eine Beleidigung. Eine Herausforderung. Eine Bedrohung. Das durfte man nicht hinnehmen.

Er sah zu der Menge weinender Frauen, den Witwen und Müttern und Schwestern, die einen großen Verlust erlitten hatten und die ein Stück abseits standen. Unter ihnen befand sich auch seine Frau Gruaid. Ihre Augen waren so gerötet wie die der anderen. Ihr Gesicht war feucht vor Tränen. Sie zeigte denselben leeren Blick. Er fragte sich, warum er nicht die gleichen ungezügelten Gefühle verspürte.

Gruaid war von vier Frauen umgeben, die alle in Schwarz gekleidet waren. Ihre Trauer war beeindruckend. Thorfinn runzelte die Stirn, als sie kreischten, jammerten, an ihren Haaren zerrten und die Hände in die Luft warfen, als wollten sie gegen die Grausamkeit des Himmels über ihnen protestieren. Es handelte sich um gewerbsmäßige Trauernde, die der Jarl dafür bezahlt hatte, Hrolfs Tod zu beklagen. Irgendeine Tradition der Schotten, auf der seine Gemahlin bestanden hatte.

Thorfinn legte den Kopf in den Nacken und starrte zu den grauen Wolken, fühlte den kalten Regen, der aus dem trostlosen Himmel tröpfelte. Abgesehen von seinem Zorn, war da eine seltsame Leere in seiner Brust. Konnte es sein, dass er seinen arroganten, eitlen und nutzlosen Sohn tatsächlich vermisste? Er schüttelte den Kopf und versuchte das Gefühl zu verdrängen.

Er durfte nicht zulassen, dass sich sein Verstand von Sentimentalität trüben ließ. Hrolf hatte sich besiegen lassen. Das machte ihn unwürdig für den Respekt seines Vaters. Bedeutete es vielleicht sogar, dass er nur sein zweitbester Sohn war?

Vakir beendete seinen Singsang, und die Menge ging langsam zurück zu den Booten, die aufgereiht am Ufer lagen und auf die kurze Fahrt zurück nach Meginland warteten, wo das Begräbnisfest abgehalten und man seine Gefühle in Ale ertränken würde.

Thorfinn blieb an der Grabstelle stehen. Vakir schlug die Kapuze seines weißen Gewandes hoch und trat zum Jarl.

»Von jetzt an soll diese Insel Hrolfsey heißen, Hrolfs Insel«, sagte Thorfinn zu dem Zauberer. Vakir schien das nicht im Geringsten zu interessieren.

»Also, mein *galdr maðr*«, fuhr Thorfinn fort. »Du bist auch mein *seiðmaðr.* Sag mir, was siehst du? Ist mein Sohn auf dem Weg zu Odins Ruhmeshalle?«

»Ich kann nicht über den Tod hinaus sehen«, erhielt er zur Antwort. »Darum müssen wir alle einfach glauben, dass uns jenseits des Grabes ein glorreiches Schicksal erwartet. Aber eines kann ich dir sagen, das dir vielleicht etwas Trost geben wird.«

»Nur zu.« Der Jarl verschränkte die Arme.

»Es gibt ein Sprichwort, dass nur ein Sohn den Platz eines Sohnes für seinen Vater füllen kann«, sagte der Zauberer. »Und ich habe Neuigkeiten zu deinem anderen Sohn.«

Vakir streckt die knochige Hand aus, in der er ein Stück Holz hielt. Runen waren hineingeschnitzt.

Thorfinn betrachtete sie, wollte das Holz aber nicht anfassen.

»Keine Angst.« Vakirs Mund verzog sich zu einem unerfreulichen Lächeln. »Es ist kein Zauber. Es ist eine Botschaft. Gizur hat sie aus Jorvik geschickt. Er übergab sie dem Händler, der gekommen ist.«

Thorfinn nahm das Stück Holz und fuhr mit den Fingern über die Symbole, während er sie zugleich las. Als er am Ende angekommen war, las er sie erneut. Dann sah er seinen Zauberer an.

»Hier steht, dass Ulrichs Mannschaft nach Irland gesegelt ist, um Einar dort zu holen. Danach wollen sie zurück nach Britannien. Gizur sagt, dass er dafür sorgen wird, dass man ihnen im Königreich der Schotten auflauert.« Der Jarl runzelte die Stirn. »Was hat dieser zu klein geratene Scheißkerl Ulrich nur vor? Er soll Hakon in Jorvik das Rabenbanner abnehmen.«

Vakirs schmale, blutleere Lippen verzogen sich zu etwas, das man vielleicht als Lächeln hätte bezeichnen können. »Anscheinend schätzt Ulrich Einars Anwesenheit mehr als die Aufgabe, die ihm Erik gestellt hat. Herr, ich könnte mir vorstellen, dass der König sehr verärgert wäre, wenn er herausfindet, dass Ulrich wieder seine eigenen Abenteuer bestreitet?«

Thorfinn musste ebenfalls lächeln, als er die Absichten seines *galdr maðr* begriff. Aus dem Augenwinkel sah er, dass Gruaid ihn finster anstarrte und sich offensichtlich fragte, was ihm ausgerechnet an diesem Tag solches Vergnügen bereiten konnte.

»Odin lächelt uns zu. Wir werden diese Gelegenheit nicht verstreichen lassen, Vakir«, sagte er. »Bereite meine Schiffe vor. König Erik muss das erfahren.«

⋞ KAPITEL 25 ⋟

AN DEN SCHÄREN DER NORDIRISCHEN KÜSTE

Die *snekkja* der Wolfsmäntel schaukelte an der Seite von Roans *knǫrr* auf den Wellen. Das schlanke Kriegsschiff war mit dem breiten Handelskahn vertäut wie eine Schlange an einer fetten Ente. Die Mannschaft wurde auf beide Schiffe verteilt. Ulrich befahl König Eriks vier Berserkern, dem Kapitän Roan sowie Gorm und Eyvind auf dem größeren Handelsschiff Gesellschaft zu leisten.

»Warum sollen wir von den restlichen *úlfhéðnar* getrennt werden?«, fragte Narfi, der Berserker. Seine Stirn lag in Falten, sein Blick kündete von Streit.

»Was meinst du mit ›dem Rest‹? Ihr seid noch keine *úlfhéðnar.*« Ulrich erwiderte Narfis finsteren Blick, ohne mit der Wimper zu zucken. »Nicht, bevor ihr den Initiationsritus bestanden habt. Wenn ihr ihn besteht.«

Ulrich befahl Einar, Affreca und Gizur, sich zu den übrig gebliebenen Wolfsmänteln – Skar, Bödvar, Sigurd, Atli, Starkad und Kari – auf der *snekkja* zu gesellen. Einar entgingen die wütenden Blicke der Berserker in seine Richtung nicht.

»Was ist mit ihm?« Narfi richtete den Zeigefinger auf Einar. »Er ist auch noch kein Wolfsmantel.«

»Ich habe an seiner Seite gekämpft, Narfi.« Ulrich zuckte

gleichgültig mit den Schultern. »Ich habe ihn lieber auf meinem Schiff.«

»Wie soll das funktionieren, Ulrich?«, verlangte Bjarki, ein anderer Berserker, zu wissen. »Eine Mannschaft *úlfheðnar* muss aus zwölf Wolfsmänteln bestehen. Dir fehlen fünf Männer. Wir sind zu siebt. Wie wirst du entscheiden, wer die Aufnahme wert ist?«

Einar wollte sagen, dass er sich noch immer nicht sicher war, ob er wirklich ein Wolfsmantel sein wollte, aber Ulrich kam ihm zuvor.

»Dafür ist die Initiation da.« Er tippte sich an den Nasenflügel. »Und du irrst dich. Hier sind acht mögliche Wolfsmäntel. Nicht sieben.«

Bjarki und Narfi blickten sich um. Mit verkniffenen Gesichtern zählten sie erneut. Die vier Berserker, Gizur, Einar und Gorm.

»Wen denn noch?« Narfi verzog höhnisch die Lippen, als er Eyvind ansah. »Der betrunkene Skalde?«

Ulrich lachte herzlich. Eyvind sah ärgerlich und zugleich beleidigt aus.

»Bestimmt nicht«, sagte Ulrich. »Glaubt es mir. Es sind acht Leute in diesem Rennen, nicht sieben. Aber du hast recht, was die freien Plätze in der Mannschaft angeht. Es sind nur fünf.«

Die Berserker warfen den anderen finstere Blicke zu. Die Herausforderung in ihren Augen war unmissverständlich. Einar hatte keinen Zweifel, dass gerade ein tödliches Spiel begonnen hatte.

»Genug davon«, sagte Ulrich. »Wir müssen aufbrechen.«

Als die anderen an Bord des *knǫrr* stiegen, zog Einar Ulrich am Ärmel und sprach leise zu ihm.

»Was ist mit ihm?« Er sah in Gizurs Richtung. »Er ist der Hauptmann meines Vaters.«

»Es gefällt mir nicht, dass er hier ist«, antwortete Ulrich. »Aber Thorfinn wäre ein sehr dummer Mann, wenn er versuchte, sich gegen König Eriks Pläne zu stellen. Dann steht er bald im Kampfkreis dem *blámaðr* des Königs gegenüber. Dein Vater ist mit Sicherheit vieles, Einar, aber bestimmt nicht so dumm.«

»Wird mein Schiff auf der nördlichen Walstraße sicher sein?«, rief Roan vom anderen Deck. »Dort wimmelt es vor Wikingern.«

»Dein Schiff ist voller Wikinger«, rief Ulrich zurück. »Du brauchst dir keine Sorgen machen. Jetzt löse die Taue. Ich will vor Einbruch der Dunkelheit los.«

Roan zeigte auf den dunkler werdenden Himmel. »Es zieht auch ein Sturm auf.«

»Noch ein Grund, um hier wegzukommen«, sagte Ulrich. »Wir können vor dem Sturm segeln. Der Wind wird uns antreiben.«

Und so begann die Reise nach Norden.

Einar war froh, an Bord der *snekkja* zu sein, da sie so gut ausgerüstet war. In den Kisten unter den Plankengängen fand er Kleidung, darunter ein Wams aus Robbenfell mit einer Kapuze, das ihn auf der Reise leidlich trocken halten würde.

Als das Tageslicht schwand, frischte der Wind auf. Bald ächzte der Mast hinter dem geblähten Segel, als das Schiff sich durch den stärker werdenden Seegang des dunkelgrünen Meeres kämpfte. Am nördlichen Horizont stiegen dunkle Umrisse aus dem Wasser. Die Mannschaft der *snekkja* baute ein Lederdach auf, das das halbe Deck überspannte und ihnen bei dem zu erwartenden schlechten Wetter Schutz bieten würde.

»Segeln wir die Nacht durch?« Einar verspürte die übliche Anspannung, die ihn stets bei Seereisen überkam und in seinen Eingeweiden rumorte.

Ulrich nickte. »Wir müssen vorankommen. Ich will Hakons Flotte nicht verpassen. Mach dir keine Sorgen, Junge. Wir werden nie weit vom Ufer entfernt sein. Das Land der Schotten ist nicht weit weg, und es gibt überall Inseln. Falls das Wetter zu schlecht wird, suchen wir dort Schutz. Wir müssen nur aufpassen, wo wir anlegen.«

»Mir reicht es schon, wenn es trockenes Land ist«, meinte Einar.

Ulrich hob die Brauen. »Wenn dir ein Schotte die Kehle durchschneidet, wirst du das anders sehen.«

Er zeigte auf die dunklen Hügel am Horizont im Osten.

»Das Land der Schotten.« Er schwenkte den Arm zu den verschiedenen Erhebungen am westlichen Horizont. »Die südlichen Inseln. Von den Nordmännern beherrscht.«

»Die Schotten nennen sie *Innse Gall*«, sagte Affreca. »Die Inseln der Fremden.«

Einar musste an den höhnisch grinsenden irischen Häuptling denken, der ihm seine ganze Verachtung gezeigt hatte. »*Gall* haben mich die Iren genannt, als ich ihre Geisel war.«

»Die Iren im Norden und die Schotten sind eigentlich dasselbe Volk«, meinte Affreca. »Sie sprechen dieselbe Sprache. Sie haben dieselben Sitten. Die meisten von ihnen sind miteinander verwandt. In Dublin bezeichnen sie uns auch als *Gall.* Es bedeutet Ausländer. Wir leben dort seit zweihundert Wintern, und sie nennen uns noch immer so. Das Festland von Schottland dort drüben nennen sie *Earra Ghàidheal,* die Küste der Gälen. So bezeichnen sie sich selbst. Der Hass zwischen den beiden Küsten sitzt tief und ist bitter. Ein Nordmann, der sich an der gälischen Küste erwischen lässt, darf keine Gnade erwarten. Aber das gilt auch für jeden Gälen auf den Inseln.«

»Ich hatte ganz vergessen, dass du die Sprache der Gälen sprichst«, sagte Ulrich. »Hoffen wir, dass wir sie auf dieser Reise nicht brauchen.«

Wie erwartet verschlechterte sich das Wetter. Bei Einbruch der

Nacht prasselte Regen vom Himmel. Das Schiff rollte auf den großen Wellen, und der Wind zerrte an dem Lederdach und dem wollenen Segel. Skar entzündete ein Feuer auf dem großen Kochstein und wärmte die Brühe auf, die sie aus dem Kopf der Aalkreatur gekocht hatten. Die Mannschaft drängte sich unter das Dach, um zu essen, während Ulrich allein am Steuer stand.

»Das ist ein wunderschönes Schiff«, meinte Gizur. »Zweifellos das schnellste, auf dem ich je war. Ich würde es zu gern einmal steuern.«

»Pass auf, was du dir wünschst«, grunzte Skar. »Ulrich kann nicht die ganze Nacht dort stehen. Wir kommen alle dran. Wollen wir doch mal sehen, wie begeistert du noch sein wirst, wenn du in der Dunkelheit allein in Wind und Regen dort stehst, während der Rest von uns hier schnarcht.«

»Ich hoffe, dass keiner von den Neuen schnarcht«, sagte Bödvar. »Wenn ich nachts jemanden neben mir liegen haben will, der wie ein Schwein grunzt und schnarcht, heirate ich.«

»Kann auch nicht schlimmer als dein Gefurze sein«, meinte Sigurd.

Draußen heulte der Wind und zerrte an dem Lederdach. Das Schiff rollte noch stärker. Einar schluckte schwer, sein Appetit verwandelte sich in Übelkeit. Er legte den Holzlöffel zurück in seine Schale und stellte die Brühe vor sich hin.

»Was stimmt mit deinem Essen nicht?«, wollte Skar wissen. »Das ist ein guter Fischeintopf. Wenn du ihn nicht haben willst, gib ihn mir.«

Am Eingang des Lederzeltes erschien Ulrichs regennasses Gesicht. »Es ist Zeit, dass einer von euch faulen Hunden mal das Steuerruder übernimmt. Sigurd. Du siehst aus, als wärst du mit dem Essen fertig. Raus mit dir.«

Sigurd, ein Wolfsmantel, zog seufzend die Kapuze seines Robbenfellwamses nach oben. Er stand auf und ging in die Nacht hinaus. Ulrich nahm sich eine Schüssel und suchte sich einen Platz in der Nähe des Feuers auf dem Kochstein. Plötzlich wurde sich Einar erschrocken bewusst, dass das Schiff im Augenblick ohne Steuermann war.

»Und wenn wir in der Dunkelheit einen Felsen rammen?«, platzte er heraus. Und wurde sofort knallrot im Gesicht, weil er die Furcht in seinem Inneren enthüllt hatte, bevor er es hatte verhindern können. Alle um ihn herum verdrehten die Augen, was ihm keineswegs entging. Ulrich sah ihn an, als wäre er ein lästiger Köter.

»Solange wir uns vom Land fernhalten, passiert uns schon nichts«, sagte er. »Keine Sorge, du musst in absehbarer Zeit nicht schwimmen gehen.«

Einar versuchte sich etwas anderes einfallen zu lassen, um seiner wachsenden Panik Herr zu werden.

»Dieses Rabenbanner«, sagte er. »Falls Odin es erschaffen hat, dann ist seine Magie heidnisch. Hakon ist Christ. Warum sollte er glauben, dass es irgendeine Art von Macht besitzt?«

»Magie ist Magie«, antwortete Ulrich. Er starrte in die dampfende Schüssel, als könnte er darin die Zukunft sehen. »Die Christen glauben, dass unsere Götter existieren, aber sie halten sie für böse. Sie bezeichnen sie als Teufel, glauben aber, dass sie trotzdem noch immer über Macht verfügen. Magie funktioniert auf vielfältige Weise. Eines weiß ich: Manchmal wirkt sie ihre Macht über den Verstand. Wenn Krieger glauben, dass ihnen dieses Banner den Sieg bringt, dann ist manchmal gar nicht mehr nötig. Sie werden furchtlos kämpfen und mit verhärteten Herzen siegen. Manchmal braucht man nicht mehr zum Sieg.«

Einar sah Ulrich lange an. Zum ersten Mal wurde ihm klar, dass sich hinter der unausstehlichen Persönlichkeit des Mannes und den eiskalten Augen eines Mörders ein Verstand verbarg, der ausgiebig und tiefschürfend über die Dinge nachdachte.

Der Sturm dauerte die ganze Nacht. Die Mannschaft verkroch sich unter jede erdenkliche Art von Schutz, um so viel Schlaf wie möglich zu bekommen. Einar übernahm irgendwann das Steuerruder. Über die Pinne gebeugt, stemmte er sich Wind und Regen entgegen und starrte angestrengt in die Nacht hinaus. Ulrich hatte ihn angewiesen, das Schiff einfach nur gerade zu halten, was in der Dunkelheit schon schwierig genug war, denn die Wellen um ihn herum wuchsen zu Bergen heran. Ulrich hatte ihm auch befohlen, auf das Ufer zuzuhalten, wenn das Wetter zu gefährlich werden sollte – aber er sollte in jedem Fall auf die Inseln zuhalten und nicht auf das Festland.

Es überraschte Einar, wie viel in der Dunkelheit zu sehen war, nachdem sich seine Augen daran gewöhnt hatten. Er war sich der weißen Gischt auf den Wellen bewusst, dass der Himmel eine andere schwarze Schattierung aufwies als das Meer, und dass er die dunklen Umrisse der Gälenküste ausmachen konnte. Sie lag rechts zum Schiff und war weit weg. Ulrichs Worte waren ihm stets bewusst, und er achtete angestrengt darauf, sich ihr nicht zu nähern.

Atli löste ihn schließlich ab, und er kehrte in den relativen Schutz des Zeltes zurück. Er rollte sich zusammen und glaubte, niemals schlafen zu können. Doch die Ereignisse der letzten Tage forderten ihren Tribut, und er fiel in einen unruhigen Schlaf.

Viel später, als das graue Licht der Dämmerung langsam den Himmel eroberte, wusste Gizur, dass er sich dem Ende seiner Schicht am Steuerruder näherte. Er würde schnell handeln müssen, wenn er sein Werk vollenden wollte, bevor die anderen aufwachten. Seit er das Steuer übernommen hatte, hatte er mit einer Speerspitze im Schanzkleid gebohrt, wo es auf das Deck traf. Er zwang die Klinge in das Loch und drehte sie, zersplitterte das Holz und grub sich tiefer in die Schiffswand hinein. Die ganze

Zeit hielt er das Steuer nach rechts und lenkte das Schiff näher zur Küste. Mittlerweile konnte er das Tosen der Brecher hören, die nicht weit entfernt gegen die Felsen schlugen.

Zuvor hatte er zwei große Wasserschläuche aus Leder entleert. Jetzt blies er Luft hinein, was harte Arbeit war. Gelegentlich flimmerte es vor seinen Augen, aber schließlich hatte er sie beide gefüllt, verschnürt und an seinen Körper gebunden.

Wenn er über Bord ging, würden sie ihn über Wasser halten. Der Gedanke, in das kalte dunkle Meer zu springen, war alles andere als erfreulich, aber diese Gelegenheit war zu gut, um sie verstreichen zu lassen. Mit einem Streich konnte er fast die gesamte Mannschaft der noch verbliebenen Wolfsmäntel loswerden. Thorfinn hatte ihm nur befohlen, Einar und Ulrich zu töten, aber er verspürte nicht den geringsten Wunsch, den Rest der *úlfhéðnar* am Leben zu lassen, damit sie Vergeltung üben konnten.

Er sah sich noch einmal um und schätzte seine Situation ein. Sie näherten sich der Küste. Er konnte die Brandung hören. Die Ebbe hatte sie erfasst, und der Wind trieb das Schiff auf das Land zu. Vermutlich hätte er es jetzt nicht mehr wenden können, selbst wenn er es versucht hätte. Das Schiff würde zerschellen. Und die schlafenden Wolfsmäntel würden sofort mit ihm untergehen. Und selbst wenn es einige von ihnen ans Ufer schaffen sollten, würden die Schotten sie erschlagen. Denn wenn Schotten etwas hassten, dann Wikinger. Er würde das gleiche Problem haben, aber auch einen Vorsprung. Allein in der Dunkelheit würde er eine bessere Chance haben, sich verbergen zu können.

Seine Augen leuchteten, als die Speerspitze einen langen Splitter löste und Wasser durch das Loch strömte. Zeit zu gehen.

Gizur ließ das Ruder los. Er warf den Speer über Bord und rannte nach vorn, zog dabei das Messer aus dem Gürtel. Auf halbem Weg kappte er die Taue, die das Segel mit Mühe im Wind hielten. Dann stieg er auf das Dollbord. Er holte ein paarmal tief Luft und bereitete sich auf das eiskalte Wasser vor.

Dann sprang er in das wogende Meer.

KAPITEL 26

Einar erwachte aus unruhigen Träumen und fand sich in seinem schlimmsten Albtraum wieder.

Affreca stand mit angespannter Miene über ihn gebeugt.

»Das Segel ist unten«, schrie sie über den heulenden Wind und die tosende See hinweg. »Wir müssen alle an die Riemen.«

Affreca war bereits davongeeilt, als Einar die Kapuze seines Wamses hochschlug und mühsam auf die Füße kam, um den Schutz des Zeltes zu verlassen. Die anderen waren alle schon weg. Das Deck rollte hin und her, als das Schiff eine gewaltige Woge erklomm. Er stolperte ein paar Schritte zurück, dann wieder vorwärts. Selbst bei dem schweren Seegang spürte er, dass etwas nicht stimmte. Das Schiff lag auf einer Seite zu tief.

Er schlug die Lederplane zur Seite. Die Morgendämmerung war aufgezogen. Der Himmel war hell, und das Meer, das nur unruhig gewesen war, als er sich schlafen gelegt hatte, brodelte nun. Hagel prasselte aus wolfsgrauen Wolken, der Sturm schrie wie die Walküren auf dem Weg zu den Toten. Das Schiff rollte in alarmierender Schräglage.

Die Situation war schlimmer als gedacht. In dem schweren Wollsegel klaffte ein großer Riss, es flatterte wild im Sturm, die zerrissenen Taue peitschten umher. Es war nur eine Frage der Zeit, bis es der Wind vom Mast riss.

»Rudert, ihr faulen Hunde, oder wir sinken!«, brüllte Ulrich vom Heck. Der kleine Wikinger klammerte sich mit aller Kraft an den Ruderstock, während die nächste gewaltige Welle eiskaltes Wasser über Bord spülte.

Das Schiff erklomm die nächste Woge. Einar kämpfte sich über das rutschige Deck zu den Ruderbänken. Der Rest der Mannschaft – Skarphedin, Affreca, Sigurd, Atli, Kari, Bödvar und Starkad – saß bereits an den Riemen und stemmte sich dagegen. Einar erkannte, dass es sinnlos war. Die Wolfsmäntel gehörten zu den stärksten und gesündesten Männern, die ihm jemals begegnet waren, aber sie waren einfach nicht genug, um den Kurs des Schiffes gegen die tobende See und den heulenden Wind kontrollieren zu können. Entsetzt wurde ihm klar, dass die *snekkja* den Elementen hilflos ausgeliefert war, Elemente, die nichts für Männer übrig hatten, die so verrückt waren zu glauben, dass sie ihre Macht ignorieren konnten.

»Wo ist Gizur?«, brüllte Einar, als er neben Skar auf die Ruderbank sprang und bemerkte, dass ein Mann der Mannschaft fehlte.

»Weg«, brüllte Skar zurück. »Ich wollte ihn ablösen, aber er war verschwunden. Das Schiff hatte Schlagseite, das Segel flatterte, und es gab ein Leck. Es muss gegen einen Felsen geprallt sein. Vermutlich hat ihn eine Welle über Bord gespült. Armer Bastard. Rán wird ihn nun zu sich geholt haben. Ich weiß nicht, wie lange wir getrieben sind, aber wir sind viel zu nahe an der Küste.«

Einar vernahm ein ungewöhnliches Geräusch. Ein seltsames rhythmisches Donnern folgte einer Art Zischen und gesellte sich zu dem heulenden Wind, dem prasselnden Hagel und dem Tosen der See.

Vor ihnen schimmerten dunkle Umrisse durch den Sturm. Einar wurde klar, dass er die Wellen hörte, die sich an der Küste brachen.

»Wir sind fast da, Jungs«, rief Skar. »Wenn wir es ans Ufer schaffen, ohne gegen einen Felsen zu krachen, sind wir in Sicherheit. Legt euch ins Zeug.«

Einar zog am Riemen und warf einen Blick über die Schulter. Jenseits der aufgewühlten See befanden sich ein Schieferstrand und schwarze Felsen. Dahinter lag dunkelgrünes Land. Zu seiner Erleichterung schienen sie wirklich nicht zu weit entfernt zu sein. Er verdoppelte seine Anstrengungen, war sich aber bewusst, wie sinnlos alles im Vergleich mit der Macht des Meeres war. Dennoch war er fest entschlossen, die winzige Chance, ihr Schicksal zu beeinflussen, nicht zu verschwenden.

Ulrich kämpfte mit aller Kraft, um das Schiff zu steuern, aber es war klar, dass die Realität anders aussah. Sie würden in die Richtung fahren, die die Wellen bestimmten. Einar sandte ein stummes Gebet an Thor, dass sie es an Land schaffen würden. Auch die Lippen der anderen bewegten sich unablässig im stummen Gebet. Skar war weniger still.

»Odin, du einäugiger alter Bastard«, schleuderte der große Bugmann Wind und Regen entgegen. Seine Worte trugen die ehrfurchtslose Vertraulichkeit eines langjährigen Dieners. »All die Jahre haben wir dir die Treue gehalten. Wende dich jetzt nicht von uns ab.«

Das Schiff kämpfte sich das nächste Wellental empor, um auf der anderen Seite in die Tiefe zu stürzen.

Und kam mit einem Ruck zum Stillstand. Auf einen schrecklichen dumpfen Schlag folgte das Krachen splitternden Holzes. Die Männer an den Riemen wurden in alle Richtungen geschleudert. Vor Einars entsetzten Augen brach ein gewaltiger schwarzer Fels zwischen ihm und dem Mast durch die Decksplanken.

Die Welle hatte das Schiff auf einen verborgenen Felsen geschleudert. Sie waren verloren.

⟪ KAPITEL 27 ⟫

Bevor jemand reagieren konnte, traf sie die nächste Sturzwelle. Das aufgespießte Gefährt konnte dem Seegang nicht folgen. Die Fluten stürzten auf das Schiff nieder wie Mjölnir, Thors zerstörerischer Hammer. Getroffen von der grenzenlosen Macht des Meeres brach die bereits schwer mitgenommene *snekkja* auseinander und zersplitterte.

Einar stürzte kopfüber ins Wasser. Die Eiseskälte packte ihn mit einem Bärengriff, die entfesselte See wirbelte ihn umher, bis er nicht mehr wusste, wo oben oder unten war. In seinem Kopf herrschte nur noch Panik. Jeden Augenblick würde er auf den Felsen aufschlagen, und seine Knochen würden zerschmettern wie das Schiff. Um ihn herum gab es nur Dunkelheit und eiskaltes Wasser.

Sein Kopf durchbrach die Oberfläche, und er schnappte nach Luft. Im nächsten Moment sank er wieder. Wild strampelte er mit den Beinen und kämpfte, aber er sank weiter. Verzweifelt glaubte er, Rán hätte ihn gepackt und würde ihn in die Tiefe ziehen. Dann fiel ihm wieder ein, dass ein voll bekleideter Mann im Wasser so schnell wie ein Stein versank. Hastig zerrte er sich das Robbenfellwams vom Leib, aber er sank noch weiter. Seine Lungen brannten, und er kämpfte sich aus einem Stiefel und trat ihn von sich, überließ ihn der unermesslichen Tiefe.

Endlich stieg er wieder nach oben, während seine Lungen

qualvoll nach Luft verlangten. Wieder durchstieß sein Kopf die Oberfläche, und er schnappte verzweifelt nach Luft.

Die Kälte schnürte ihm die Brust ein. Sein Atem ging in hektischen Zügen. Er ließ sich von den Wellen rückwärtstragen, während er darum kämpfte, wieder normal zu atmen. In seinen Ohren pochte es wild; das war der Schlag seines Herzens.

Einar trat Wasser und befreite sich von seinem zweiten Stiefel. Nun fiel es leichter, an der Oberfläche zu bleiben. Während sich seine Atmung beruhigte, machte er sich mit seiner Situation vertraut. Um ihn herum war niemand vom Schiff zu sehen. Zahllose Schiffstrümmer trieben in den beeindruckenden Wogen. Der Felsen, an dem sie havariert waren, war verschwunden. Oder vielmehr war es unmöglich zu sagen, in welche Richtung ihn die Strömung getrieben hatte.

Die nächste Welle trug ihn nach oben, und er versuchte sich zu orientieren, als er ihren Kamm erreichte. Weit links entdeckte er das Wrack hinter einer anderen Woge. Die traurigen Reste des Masts ragten noch schief in die Höhe. Weiße Gischt hüllte ihn ein, als sich die nächste Sturzwelle am Felsen brach.

Er war noch immer in tiefem Wasser, also musste das Schiff mit einem vorgelagertem Riff zusammengestoßen sein. Er wartete auf die nächste Welle, damit er sehen konnte, wo die Küste lag. Während er an der tiefsten Stelle des Wellentals trieb, nur vom grünen Meer umgeben, hörte er über Wind und Regen das Donnern der sich am Strand brechenden Wogen.

Wieder trug ihn das Wasser in die Höhe. Der Strand war nirgends zu sehen. Als er wieder nach unten sank, packte ihn die nackte Angst bei dem Gedanken, dass der Felsen, der ihren Untergang verursacht hatte, allein weit draußen in der See stand. Vielleicht gab es kein Ufer, und der Brandungslärm kam nur von irgendwelchen kleinen Inseln. Er war allein, ohne jede Hoffnung auf Rettung. Nur der Tod wartete.

Nein. Er hatte das Ufer mit eigenen Augen gesehen, bevor die *snekkja* auf den Felsen geprallt war. Wütend über sich selbst schob er diese Gedanken beiseite, während ihn die nächste Welle erfasste. Er drehte sich so gut wie möglich. Das Land musste irgendwo sein, das wusste er genau.

Dann sah er es. Nur ein flüchtiger Blick, aber es war da. Dunkle Berge und ein schwarzer Strich, das konnte nur die Küste sein. Sie lag vor ihm, in der Richtung, in der sich die Wellen bewegten.

Wassertretend überlegte Einar, dass er eine bessere Chance hatte, wenn Flut herrschte, als wenn er gegen die Ebbe ankämpfen musste. In jedem Fall verschwendete er aber seine Kräfte, wenn er an Ort und Stelle blieb.

Da er jetzt ein Ziel hatte, schwamm er los. Dabei hob ihn jede Welle hoch, ihre Macht trug ihn mit sich gen Land. Mit neuem Antrieb trat er energischer aus. Das Wasser war eiskalt, aber der Wind auf seinem nassen Gesicht war noch beißender, weshalb er den Kopf beim Schwimmen immer wieder untertauchte. Es war seltsam, dass das Wasser wärmer als die Luft erschien, doch dann wurde ihm klar, dass seine Haut im Meer gefühllos wurde.

Er schwamm weiter, ohne einschätzen zu können, wie nahe er am Ufer war. Um ihn herum tobte der Sturm, ohne die geringsten Anzeichen abzuflauen. Die Anstrengung raubte ihm die Kräfte, Arme und Beine wurden schwer. Eine seltsame Schläfrigkeit überkam ihn, fing in Fingern und Zehen an. Seine Bewegungen wurden immer langsamer, bis er sich zwischendurch ausruhte und mit dem Gesicht nach unten trieb. Sollten ihn doch die Gezeiten tragen. Eine kleine Pause konnte nicht schaden. Er würde seine Anstrengungen später mit neuen Kräften verdoppeln.

Dann fiel ihm seine Amme ein. Seine Mutter hatte die alte Frau dafür bezahlt, auf ihn aufzupassen, als er noch klein gewesen und sie mit dem Hof beschäftigt gewesen war. Einar fragte sich, warum er ausgerechnet jetzt an sie denken musste. Die alte Frau lag schon lange in ihrem Grab.

Hustend riss er den Kopf aus dem Wasser, der scharfe Wind war ihm nun egal. Die Amme hatte ihm die Geschichten von den Seeriesen Ägir und Rán erzählt. Jetzt musste ihr Geist ihn von jenseits des Grabes rufen und warnen, dass Rán ihm eine Ruhepause einflüsterte.

Jetzt aufzuhören hieß zu sterben. Aber er hatte nicht vor zu sterben, nicht wenn die sichere Küste so nah war. Er verdrängte die Erschöpfung in seinen Gliedern und schwamm weiter.

Wieder trug ihn eine Welle empor, und er erblickte die Küste. Schwarze Felsen ragten aus dem Meer und führten rechts und links von ihm bis ans Land. Dazwischen lag ein kleiner halbmondförmiger Schieferstrand.

Einar verdoppelte seine verzweifelten Anstrengungen, die schweren Arme und Beine protestierten bei jeder Bewegung.

Die nächste Woge ergriff ihn, und er schoss vorwärts, aber diesmal verwandelte sie sich in einen Brecher. Als er nach unten fiel, berührte sein rechter Fuß etwas Weiches. Erleichterung stieg in ihm auf, als er begriff, dass er das Land erreicht hatte. Bevor er reagieren konnte, packte ihn schon die nächste Welle. Machtlos trieb er durch die Brandung. Plötzlich fand er sich auf Händen und Knien wieder, noch immer im Wasser, aber auf dem Strand.

Während er versuchte, zu Atem zu kommen, brach sich die nächste Welle auf dem Schiefer und zog sich wieder vom Strand zurück. Ihre gewaltige, alles mit sich reißende Kraft zerrte ihn zurück ins Meer.

Ein verzweifeltes Wimmern drang aus seinem Mund, während er vergeblich versuchte, auf dem Untergrund Halt zu finden. Der Sand löste sich einfach auf und rann ihm durch die Finger.

Die nächste Woge trieb ihn wieder auf den Strand. Dieses ganze Hin und Her im niedrigen Wasser konnte trotz allem noch sein Tod sein. Wenn er dem nicht entkam, würde ihn die Erschöpfung übermannen. Er würde ertrinken, die Füße an Land, aber die Lungen mit Salzwasser gefüllt, weil ihm die Kraft fehlte, sich dagegen zu wehren.

Einar biss die Zähne zusammen. Heute würde er nicht in Ägirs Festhalle sitzen.

Er kämpfte sich auf die Knie, dann auf die Füße, halb stolperte und halb taumelte er durch die Brandung, fühlte schon wieder die kräftige Strömung an seinen Beinen zerren.

Von der nächsten Woge umspült, stürzte er, aber diesmal stieß ihn das Wasser weiter den Strand hinauf. Er durfte nicht stehen bleiben. Wieder kam er auf die Beine, watete weiter, bis ihn die nächste Welle traf. Sie trug ihn weiter den Strand hinauf, bis sich ihre Kraft erschöpfte und sie sich vom Land zurückzog.

Einar schaffte es weiterzukriechen, bis das Wasser um ihn herum nur noch wenige Zoll tief war. Mit einem gewaltigen Seufzen brach er zusammen und wälzte sich auf den Rücken.

Lange lag er einfach nur da und starrte in den stürmischen Himmel hinauf; seine Brust hob und senkte sich. Noch immer prasselten Hagel und Regen auf das Land, aber er hatte es geschafft. Er war in Sicherheit.

Dann schob sich das Gesicht eines Mannes zwischen ihn und die Wolken. Die Augen über dem wilden, ungekämmten Bart starrten ihn finster an. Das lange Haar war zu Zöpfen geflochten, die Haut um die Augen war mit einer seltsamen dunklen Farbe bemalt. Sein Speer zielte genau auf Einars Gesicht.

Er brüllte etwas in einer Sprache, die Einar, abgesehen von einem Wort, nicht verstand, und er knurrte es mit dem gleichen Hass, den Einar schon in Irland gehört hatte.

»*Gall!*«

KAPITEL 28

Die Sprache des Mannes hatte einen singenden Tonfall und ähnelte der, die Einar in Irland gehört hatte.

Was Einars drängendste Frage beantwortete, nämlich, wo genau sie Schiffbruch erlitten hatten. Es konnte nur die Gälenküste sein, von der Affreca gesprochen hatte. Die Feindseligkeit, mit der ihn der Speerträger anstarrte, war Bestätigung genug.

Der Mann hatte den längsten Bart, den Einar je gesehen hatte. Er trug einen kurzen Kapuzenumhang über etwas, das wie ein Kleid aussah und die unteren Beine frei ließ. Neue Panik ergriff Einar, als er sich fragte, welche seltsamen Bräuche die wilden Bewohner dieser Region wohl hatten. Was würde man ihm antun?

Instinktiv griff er nach seiner Taille, wo der Schwertgürtel hing. Erst jetzt kam ihm der Gedanke, dass er sich im Meer als Erstes hätte von der Waffe in ihrer Scheide trennen sollen. Kein Wunder, dass der Weg ans Ufer so mühsam gewesen war.

Aber bevor seine Finger auch nur in die Nähe des Schwertgriffes kamen, hatte der Mann die Bewegung gesehen. Er versetzte Einars Kinn einen schmerzhaften Stoß mit der Speerspitze.

»Ah, ah!« Er schüttelte den Kopf. Einar verstand die Bedeutung sofort. Dann rief der Mann über die Schulter: »Donal!«

Ein zweiter Mann, der glücklicherweise Hosen trug, dessen Bart aber genauso lang war, lief herbei. Er bückte sich und nestelte kurz an Einars Schwertgürtel herum, dann nahm er sich

Waffe samt Scheide. Er richtete sich auf und zog das Schwert ein Stück heraus, enthüllte die auf der Klinge eingravierten Buchstaben, die den Namen +ULFBERHT+ bildeten. Bei dem Anblick schossen Donals Augenbrauen in die Höhe. Er wechselte einen Blick mit seinem Freund mit dem Speer. Dann schob er die Klinge zurück in die Scheide.

Der Speermann brüllte Einar etwas zu. Ruckartig wies er mit dem Kopf landeinwärts, und Einar nahm an, dass er sich in diese Richtung bewegen sollte.

Es kostete ihn eine gewaltige Anstrengung, sich auf die Knie zu kämpfen. Seine Arme und Beine fühlten sich so schwer wie Steine an. Er hatte die Schultern gesenkt, die nasse Kleidung fühlte sich schwerer als eine Kuh an. Das nasse Haar klebte ihm an Hals und Gesicht.

»Wo gehen wir hin?«, fragte er.

Der Speermann antwortete nicht.

»Ist es weit? Ich habe keine Schuhe.«

Der Speermann sah ihn ausdruckslos an.

»Schuhe«, wiederholte er lauter und zeigte auf seine nassen Füße.

Der Speermann sah ihn an wie einen Verrückten, und ihm fiel zum ersten Mal auf, dass der Mann barfuß ging. Seine nackten Schienbeine und Füße waren von der Kälte gerötet.

Einar fror und war benommen vor Erschöpfung und Müdigkeit, trotzdem begriff er, dass er gehorchen musste, wenn er nicht den Speer in den Hals bekommen wollte. Mit einem tiefen Seufzen stand er mühsam auf. Der Speermann gestikulierte mit seiner Waffe, und er stolperte den Strand hinauf.

Sie waren noch nicht weit gekommen, als Schreie ertönten und sie die Köpfe wandten. Skar stand bis zu den Oberschenkeln in der Brandung. Er hielt einen Mann in einem Rock am Hals gepackt und hatte ihm den Speer abgenommen. Andere Männer rannten auf ihn zu. Alle waren bewaffnet. Zwei hielten Bögen mit eingehakten Pfeilen. Wenige Augenblicke später war Skar von einem Ring aus Speeren umgeben, die Bogenschützen hatten auf ihn angelegt.

Der große Wikinger sah sich wild um, und einen Augenblick lang hatte es den Anschein, als würde er trotzdem angreifen.

»Nicht«, hauchte Einar und hoffte inständig, dass der Bugmann seinen Zorn unter Kontrolle halten konnte.

Selbst Skar konnte sehen, dass seine Situation hoffnungslos war. Mit einem wütenden Blick ließ er die Kehle des Mannes los und warf den erbeuteten Speer zu Boden. Die Wellen brachen sich an ihm, er hob ergeben die Arme.

Die Männer stürzten sich auf Skar und nahmen ihm Schwertgürtel, Messer und andere Waffen ab, und Einar entging keineswegs die misstrauische Routine, mit der sie vorgingen. Es war offensichtlich, dass es sich bei diesen wild aussehenden Männern nicht um einen Haufen Wilde handelte. Das waren keine Bauern oder Fischer, die zufällig auf ein Schiffswrack gestoßen waren. Das war eine disziplinierte Kriegergruppe. Hatten sie die Wolfsmäntel erwartet? Als der Wind die langen Bärte erfasste, sah Einar die Kreuze um ihre Hälse. Sie waren Christen.

Man stieß Skar und Einar den Strand entlang, bis sie zu Bödvar, Kari und Starkad kamen, die ebenfalls von Kriegern bewacht wurden.

»Was glaubst du, wo wir sind?«, fragte Einar. »Was sind das für Leute?«

»Gälen, Schotten«, sagte Skar.

Einer ihrer Wärter brüllte sie an. Er legte den Finger an die Lippen, um seine Botschaft zu übermitteln. *Haltet den Mund.*

Ein paar weitere Speerträger stießen Sigurd und Atli vor sich her. Die nassen Wolfsmäntel blickten finster um sich. In einem Kampf würden sie diese Fremden niedermachen, aber sie waren deutlich in der Unterzahl, unbewaffnet und ohne jedes Rüstzeug oder sonstigen Körperschutz. Genau wie Einar hatten alle ihre Stiefel verloren. Nur Skar hatte es irgendwie geschafft, mit ihnen an Land zu schwimmen. Die anderen waren Hosen, Schwertgürtel und Wämser losgeworden, alles, was sie in die Tiefe hätte ziehen können. Allerdings hatte es jeder zu Einars Erstaunen geschafft, das gleiche Kleidungsstück zu retten.

»Ihr habt eure Wolfsmäntel behalten?«, fragte er.

»Natürlich«, sagte Skar. Sein Ton machte deutlich, dass er Einars Frage für merkwürdig hielt. »Meine Wolfshaut ist mir kostbarer als mein Leben. Sie *ist* mein Leben.«

Die anderen nickten.

Der Mann, der ihnen befohlen hatte zu schweigen, brüllte erneut. Diesmal stach er Einar mit der Speerspitze. Er rief seinen Kameraden etwas zu, das wie ein Befehl klang.

Ein paar Krieger traten vor, achteten dabei auf plötzliche Bewegungen der Wolfsmäntel. Mit Lederbändern fesselten sie Einar und den anderen die Hände.

Der Mann im Rock, der Einar ursprünglich gefangen genommen hatte, brüllte seinen Gefährten wieder etwas zu. So wie ihn die anderen anblickten, musste er der Anführer sein. Es war auch klar, dass er den Aufbruch befohlen hatte.

Einar und Skar wechselten einen Blick. Ulrich und Affreca waren nirgendwo zu sehen.

Der Strand war nun leer. Wo die Wellen gegen die Felsen schlugen, die das Wasser zu schäumender Gischt aufwühlten, die hoch in die Luft spritzte, war das Meer eine brodelnde Masse. Hier und da trieben Holzsplitter an der Oberfläche, die letzten Reste ihres Schiffes. Einar fragte sich, ob einer der beiden überlebt hatte. Er hatte großes Glück gehabt. Die Nornen knüpften ein anderes Schicksal für ihn. Aber wie lange sie ihn verschont hatten, war eine andere Frage.

KAPITEL 29

Auf einem kleinen, mit Heidekraut und grünem Ginster bewachsenen Pfad stolperten sie landeinwärts. Das Ufer stieg schnell zu einem steilen, kargen Hügel an. Sie stapften über einen winzigen Trampelpfad, der von Schafen oder Ziegen genutzt wurde, folgten der Hügelseite und mussten dann eine kurze, aber mühsame Kletterpartie zum Kamm absolvieren. Unter normalen Umständen wäre das nicht besonders schwer gewesen, aber Einar war zutiefst erschöpft, und manchmal fragte er sich, ob er noch lange durchhalten würde.

Ein schneller Blick in die grimmigen Mienen ihrer Wächter verriet ihm ohne jeden Zweifel, dass sie keineswegs auf ihn warten würden, wenn er stehen blieb. Ein schneller Stich oder ein Schnitt durch die Kehle würde sein Ende sein.

Dass er bis auf die Haut durchnässt war, verstärkte sein Elend noch. Nur mit Hemd und Hosen bekleidet, hatte er keinen Schutz vor dem beißenden Wind und dem eiskalten Regen, oder vor den gelegentlichen Hagelschauern, die der graue Himmel ausspie. Die Landschaft erinnerte Einar an Orkney: karg, mit sumpfigem Boden, der mit Ginster und Heidekraut bewachsen war. Die dunkle Erde fühlte sich weich unter seinen nackten Füßen an, aber die harten Gewächse stachen in seine Haut, was die barfüßigen Krieger nicht zu bemerken schienen. Hier und da standen Ansammlungen von verkrüppelten Vogelbeerbäumen und Kiefern, die alle durch den gnadenlosen Wind in eine

Richtung gebogen waren. Gelegentlich kamen sie an niedrigen rechteckigen Häusern aus Torf und Stein vorbei. Die Bewohner, die wie arme Bauern oder Schäfer aussahen, huschten hinein, wenn sie die sich nähernden bewaffneten Männer erblickten.

Auf der Hügelkuppe blieben sie einen Moment lang stehen. Um sie herum waren dunkle Berge und tiefe Täler, und das Meer schien überall dazwischen einzudringen, sodass schwer zu erkennen war, was davon Flussarme oder die See waren. Der Hügel führte in die Tiefe, bis er zu einem breiten, flachen Tal wurde, das auf Berge zulief. Ein langer Fluss schlängelte sich ins Landesinnere. Der Talboden war dunkelgrün und fruchtbar. Wäre Einar nicht so kalt gewesen, hätte er den Anblick vermutlich umwerfend gefunden.

Ein kleines Stück von der Hügelkuppe entfernt ragte ein runder Steinturm ohne Fenster und mit nur einem Eingang in die Höhe. Er sah aus, als würde er schon seit Tausenden von Jahren dort stehen, aber nun war er verlassen und verfiel. Er war aus den gleichen flachen, grauen Steinen erbaut, die hier und da durch die dünne Erde brachen, als würden sie den Blick auf die Knochen des Landes preisgeben. Oben spitzte er sich zu, was ihm das Aussehen eines riesigen Weinkruges verlieh.

In der Ferne erhob sich ein einsamer, zerklüfteter Hügel aus dem Talboden, von dessen Spitze Rauch aufstieg. Einar konnte die Farben von wehenden Bannern sehen. Es musste sich um eine Art Siedlung oder Festung handeln, und sie war alles andere als klein.

Man stieß die Wolfsmäntel zum Steinturm. Der Eingang war schmal, der Stein an den Rändern bröckelte. Ein kurzer Korridor führte durch die beeindruckend dicke Mauer in einen runden Raum, der zum Himmel offen war und den Eindruck bekräftigte, dass dieses Bollwerk nicht länger benutzt wurde.

Der Speerträger an der Spitze zeigte auf den Eingang und bedeutete ihnen hineinzugehen.

»Mein Freund, können wir reden?«, sagte Skar. »Ich glaube, ihr irrt euch. Wie heißt du?«

Der Mann kniff die Augen zusammen und hob das Kinn.

»Wir mögen hier keine Wikingerbastarde«, sagte er dann. Der Mann sprach ein gestelztes Nordisch, mit dem singenden Akzent der Gälen.

»Also sprichst du unsere Sprache?«, fragte Skar.

Der Speermann schüttelte nur den Kopf, stieß Skars Bauch mit dem Speer an und zeigte zum Eingang.

»Wir sind nass und frieren«, sagte Einar. Seine Zähne klapperten unkontrolliert. »Wenn ihr uns keine trockene Kleidung oder Decken gebt, sind wir morgen tot.«

Der Mann lachte lauthals. Die anderen Krieger stimmten ein. Selbst wenn sie die nordische Sprache nicht sprachen, hatten sie Einars Gesten und seinen Gesichtsausdruck offensichtlich verstanden. Grinsend stießen sie die Wolfsmäntel in das alte Bollwerk. Zwei Krieger hielten zu beiden Seiten des Durchgangs Wache, die Speere bereit, jeden zu durchbohren, der zu entkommen versuchte.

Der aufgegebene Turm war in der Tat leer. Der größte Teil des Bodens war mit Steinplatten bedeckt, und auch wenn es kein Dach gab, boten die dicken Wände einen willkommenen Schutz vor dem kalten Wind. Stille senkte sich auf ihr Gefängnis.

»Versammelt euch«, sagte Skar. Der große Mann stand mit ausgebreiteten Armen da. Er war wie ein großer Baum. Die anderen Wolfsmäntel drängten sich zu einer großen Gruppenumarmung um ihn. Einar blieb an der Seite stehen, verstand nicht, was da geschah.

»Komm schon, Junge«, sagte Skar. »Wir müssen unsere Wärme teilen, sonst sterben wir.«

Einar zögerte, dann nickte er und gesellte sich zu der Gruppe. Durch die Körperwärme der anderen fühlte er sich sofort besser.

»Was ist los?« Starkad grinste ihn an. »Hast du geglaubt, wir wollten dich reiten?«

Einar blickte zu Boden. »Keine Ahnung. All diese Männer mit ihren Röcken. Was ist hier eigentlich los?«

»So kleiden sich die Schotten nun mal«, sagte Skar. »Und mach dir keine Sorgen, Junge. Du bist nicht mein Typ.«

»Sie sprechen unsere Sprache?«, wunderte sich Einar laut.

»Ein paar von ihnen«, sagte Skar. »Die Nordmänner auf den Inseln sprechen auch ihre Sprache. Wenn man Seite an Seite mit seinem Feind leben muss, ist das schon sinnvoll. Außerdem sind sie Christen.«

Einar musste an die Sprache denken, die die Leute in Jorvik benutzten, diese Mischung aus dem Nordischen und Englischen.

»Sie halten uns für Wikinger«, sagte er.

Skar gab ein sardonisches Grunzen von sich. »Wir *sind* Wikinger, Junge. Den ganzen Unsinn mit der Dichtkunst kannst du jetzt vergessen. Für sie bist du ein Seewolf wie wir alle.«

»Und wir haben Glück gehabt, dass wir nicht tot sind«, bemerkte Bödvar. Es erstaunte Einar, dass der Wolfsmantel trotz seiner klappernden Zähne noch lächeln konnte. »Ich frage mich, warum sie uns nicht gleich getötet haben.«

Die Wärme der anderen taute langsam auch die Kälte auf, die Einars Verstand im Griff gehabt hatte. Eine zweite Erkenntnis traf ihn wie ein Schlag in den Magen. Er ließ den Kopf hängen und hatte das Gefühl, eine schwere Last würde sein Herz nach unten ziehen.

»Affreca«, sagte er. »Sie hat es nicht geschafft! Ulrich auch nicht.«

KAPITEL 30

Affreca schlug die Augen auf. Über ihr war alles grün. Schwaches Sonnenlicht drang durch das Blattwerk. War das der Tod?

Sie erinnerte sich daran, wie das Schiff unter ihren Füßen auseinandergebrochen war, nachdem es den Felsen gerammt hatte. Gerade war es noch da gewesen, im nächsten Augenblick hatte es sich in seine Einzelteile aufgelöst, und sie war in das eiskalte Meer gestürzt. Das Wasser hatte ihr die Luft geraubt. Schmerz hatte ihren Kopf durchzuckt, das Atmen war unmöglich gewesen, was aber eigentlich eine gute Sache war, da sie sich unter der Oberfläche befand. Als sie schließlich wieder an die Luft gekommen war, hatte sie nur in kurzen, hektischen Zügen atmen können. Eine Welle hatte sie nach vorn getrieben, und sie hatte den Strand entdeckt. In dem Wissen, dass nur der Tod auf sie wartete, wenn sie in der brodelnden See mit ihren verborgenen Felsen blieb, war sie losgeschwommen. Die nächste Welle hatte sie erfasst, und sie schoss sogar noch schneller zum Land. Die Geschwindigkeit, mit der sie sich der Sicherheit näherte, war aufregend. Dann entdeckte sie den dunklen Felsen, der sich genau vor ihr aus dem Meer erhob. Kurz stieg Panik in ihr auf, als ihr klar wurde, dass die Welle sie direkt dagegenschleudern würde. Im letzten Augenblick glaubte sie zu sehen, dass sich jemand an dem Felsen festklammerte, dann schmetterte sie die Welle dagegen. Ein harter Schlag traf ihre Stirn, dann wurde alles schwarz um sie herum.

Jetzt lag sie unter diesem seltsamen Blätterhimmel. Viele Menschen sprachen davon, nach ihrem Tod in Odins prächtige Ruhmeshalle einzugehen. Aber man sagte, dass das nur die Hälfte der Toten betraf, die würdig genug waren. Die andere Hälfte kam nach *Fólkvangr*, der grünen Wiese, auf der *Sessrúmnir* stand, die Halle der Göttin Freya. War das Grün dieses Feld?

Dann wurde ihr bewusst, dass sie nicht allein war.

Neben ihr lag ein Mann. Er hatte Arme und Beine um sie geschlungen. Es war Ulrich, und er schien zu schlafen.

Wenn das wirklich der Himmel war, über den Freyja herrschte, würde den Anführer der Wolfsmäntel und ergebenen Anhänger von Odin eine böse Überraschung erwarten.

Ihre Bewegung weckte ihn. Er schlug die Augen auf und verzog sofort das Gesicht vor Schmerzen.

»Au! Pass auf, ja?«, stieß er hervor. »Ich glaube, ich habe mir den Fuß gebrochen.«

»Was machst du da?« Affreca befreite sich von seinen Armen und Beinen.

»Ich teile meine Körperwärme«, erwiderte Ulrich mürrisch. »Und halte uns beide am Leben.«

Mit einem Frösteln erkannte Affreca, dass ihre Kleidung – eine Hose aus Leder und ein Kapuzenwams aus Robbenfell – völlig durchnässt war. Das Wams sollte auf der Seereise Wasser fernhalten, aber im Meer vermochte es das auch nicht zu leisten. Sie berührte ihre Stirn und zuckte vor Schmerz zusammen.

»Ich bin also noch nicht tot«, sagte sie mit einem Seufzen.

»Was?«

»Ich habe die grüne Landschaft dort oben gesehen und glaubte, in *Fólkvangr* zu sein.«

Ulrich grunzte. »Es heißt, dass Odin nur Galgenhumor kennt, aber sollte ich, nachdem ich dem Allvater mein ganzes Leben lang gedient habe, nach dem Tod in Freyas Reich enden, wäre das schon sehr seltsam. Nein. Du bist nicht im Himmel. Du bist an der von allen Göttern verlassenen Küste der Gälen.«

»Was ist passiert? Ich wurde gegen einen Felsen geschleudert. Danach kann ich mich an nichts mehr erinnern.«

»Du kannst den Nornen danken, die dein Schicksal bestimmen, dass ich auf diesem Felsen hockte. Bei mir waren sie nicht so freundlich. Ich wurde vom Schiff ins Meer geschleudert und dann von einer Woge auf den Felsen getragen. Dabei habe ich mir den Fuß angeschlagen. Ich glaube, ich habe mir etwas gebrochen.«

Affreca setzte sich auf und stieß das Dach aus Ästen und Farnkraut fort, das über ihr aufgehäuft war. Sobald der Schutz verschwunden war, fuhr der bittere Wind durch ihre nasse Kleidung und biss in ihre Haut. Der Sturm war vorbei, wärmer war es jedoch nicht. Sie lagen am Rand des Strandes in einer Mulde im Ginster, auf einem Stück schwerem Tuch, das sie vor den harten Spitzen der Pflanzen beschützte. Es handelte sich um ein abgerissenes Stück Segel.

»Du bist recht heftig gegen den Felsen geschlagen«, sagte Ulrich. »Er ist ein kleines Stück vom Strand entfernt. Möglicherweise gehört er sogar zu dem Felsen, mit dem das Schiff zusammengestoßen ist. Ehrlich gesagt, überrascht es mich, dass du wieder bei Bewusstsein bist. Ich konnte die Kapuze deines Wamses packen, als du untergegangen bist, und dich auf den Felsen zerren.«

»Und die anderen?«

»Soweit ich es sehen konnte, haben sie es alle ans Ufer geschafft. Ich habe ihnen zugerufen, aber sie konnten mich im Sturm nicht hören. Was sich als Glücksfall erwies – *noch* ein Glücksfall –, weil einige Krieger am Strand auftauchten. Als hätten sie auf uns gewartet. Sie trieben die anderen zusammen, wussten aber nicht, dass wir uns auf den Felsen befinden.«

»Wo sind sie hin?«

Ulrich zuckte mit den Schultern. »Das Ufer hinauf und dann weiter über einen Hügel. Nach einer Weile hatte sich der Sturm etwas beruhigt, und ich konnte dich zum Strand bringen. Im Wasser konnte ich mich gut bewegen, aber sobald wir an Land waren, habe ich so gut wie nichts mehr zustande gebracht. Du bist viel schwerer, als du aussiehst.«

»Danke.«

»Den Strand konnte ich dich noch hinaufzerren, aber mehr auch nicht.« Ulrich warf einen Blick auf seinen verletzten Fuß. »Ich habe es nur noch geschafft, diesen Schutz aus Ginster zu errichten, damit wir nicht erfrieren. Wir sollten dankbar sein, dass wir noch am Leben und keine Gefangenen sind. Odin hat heute seine schützende Hand über uns gehalten.«

»Schade, dass er nicht etwas mehr tun und verhindern konnte, dass das Schiff mit dem Felsen zusammenstößt«, meinte Affreca. »Lass mich mal nach dem Fuß sehen.«

»Wir sollten dieses Unglück nicht dem Allvater zur Last legen.« Ulrich streckte das rechte Bein aus und zuckte zusammen, als Affreca den Lederstiefel abstreifte. »Daran sind die Elfen schuld oder die Nornen. Vielleicht haben unsere Feinde sogar Zauberkraft eingesetzt, um unser Schiff zu versenken. Aber als das Unglück kam, hat Odin uns geholfen.«

Affreca hatte nicht die geringste Lust, sich an einer der religiösen Debatten des Anführers der *úlfhéðnar* zu beteiligen. Stattdessen konzentrierte sie sich auf seinen Fuß und den Knöchel, der angeschwollen und mit einem dunklen Bluterguss überzogen war. »Es sieht wirklich danach aus, dass etwas gebrochen ist«, sagte sie. »Vielleicht der Knöchel. Warte hier.«

Affreca stand auf, legte die Arme gegen die Kälte fest um den Körper und suchte sich einen Weg hinunter zu dem kurzen, felsigen Strand, der mit Treibgut übersät war. Hier lagen Holzbretter, dort ein Segelfetzen. Das war alles, was von dem Schiff und seiner Ausrüstung übrig geblieben war. Alles, was an der Oberfläche treiben konnte. Die Waffen und Kettenhemden der Wolfsmäntel waren in der Bucht sicher schneller auf den Grund gesunken als ein Stein. Jetzt gehörte alles Ägir und seinem kalten Weib Rán, die sich bestimmt darüber freuten, dass ein solcher Schatz in ihrem Schoß gelandet war.

Affreca fand zwei zersplitterte Holzteile und ein Stück Seil, mit denen sie zu Ulrich zurückkehrte.

»Ich werde versuchen, den Fuß zu schienen«, sagte sie. »Das wird wehtun.«

»Ich denke, du bist die Tochter des Königs von Dublin?« Ulrich streckte den verletzten Fuß aus, konnte aber sein Unbehagen nicht überspielen. »Trotzdem kannst du wie ein Waldläufer mit dem Bogen umgehen, und jetzt behauptest du, Verletzungen versorgen zu können. Was für eine Prinzessin bist du überhaupt?«

»Ich war nicht die Lieblingstochter meines Vaters«, sagte Affreca und legte ein Stück Holz an jede Seite von Ulrichs Unterschenkel. »Erst recht nicht nach dem Tod meiner Mutter. Seine neue Frau hasst mich. Sie hasst alle Kinder meines Vaters aus seinen früheren Ehen. Sie betrachtet uns als Bedrohung für die Trolle, die sie selbst zur Welt gebracht hat.«

»Also die böse Stiefmutter? So böse kann sie nicht sein, sonst wärst du tot.«

»Oh, dafür hätte sie gesorgt, hätte sie die Gelegenheit gehabt.« Affreca band das Seil um das Holz, das nun Ulrichs verletztes Bein schiente. »Aber obwohl mein Vater mir keine große Liebe entgegenbrachte, wusste er, dass ich ihm eines Tages für eine Heirat zur Friedenssicherung nützlich sein würde. Er hätte nicht zugelassen, dass sie mir in aller Öffentlichkeit schadet. Dafür hat er schon selbst ausreichend gesorgt.« Ein nachdenklicher Ausdruck trat in ihre Augen. »Für gewöhnlich hat er bei dem kleinsten Ärger, den ich ihm bereitet habe, seine Fäuste eingesetzt.«

Ulrich runzelte die Stirn und wand sich etwas. »Ich habe dich nur gefragt, woher du diese Fertigkeiten hast, nicht wie glücklich deine Kindheit war.«

»Ich habe erklärt, dass ich ihnen aus dem Weg gehen musste«, sagte Affreca. »Also habe ich nicht viel Zeit im Königshof von Dublin verbracht. Mein Vater hatte einen Jäger, der mich unter seine Fittiche nahm.«

»Tatsächlich?« Ulrich hob eine Braue.

»So war das nicht.« Affrecas Stirn legte sich in Falten. Sie zog das Seil fest um die Schienen, und Ulrich sog scharf die Luft zwischen den Zähnen ein. Affreca schaute auf, überrascht, dass er nicht aufgeschrien hatte. Das Schienen seiner gebrochenen Knochen musste eine Qual gewesen sein. Sein Gesicht war zu einer Grimasse erstarrt, und er knirschte mit den Zähnen, aber er schrie nicht. Einen Moment zog Affreca in Betracht, das Seil noch fester zu ziehen, nur um zu sehen, wie viel Schmerz Ulrich ertragen konnte. Dann wurde ihr bewusst, dass das nur der bösartige Teil ihres Wesens war, der ihr das einflüsterte.

»Turcail, der Jäger meines Vaters, hatte vier Söhne«, fuhr sie fort. »Eine Tochter war jung gestorben. Ich glaube, er hat mich ein bisschen als die Tochter betrachtet, die er nie hatte, auch wenn er mir am Ende viele Dinge beigebracht hat, die ein Junge wissen sollte. Ich habe es geliebt, in den Wäldern auf Jagd zu gehen. Dort war ich frei, weit weg von allen Erwartungen, der ständigen Feindseligkeit und den gefährlichen Spielen in der Festung meines Vaters.«

Ulrich warf ihr einen Seitenblick zu.

»Weißt du«, sagte er mit leiser Stimme, als würde er mit sich selbst reden, »du würdest einen guten *úlfhéðinn* abgeben. Wärst du keine …«

Er schwieg.

»Was? Eine Frau?«, sagte Affreca.

Ulrich schüttelte den Kopf. »›Prinzessin‹ wollte ich sagen.«

Affreca schnalzte mit der Zunge. Sie schloss den Knoten mit etwas mehr Kraft, als erforderlich war. Ulrich zuckte zusammen. Sie lächelte.

»Das sollte die gebrochenen Knochen daran hindern, sich zu viel zu bewegen. Zumindest bis wir einen vernünftigen Verband haben. Aber die Schmerzen werden nicht verschwinden.«

Sie legte beide Hände auf Ulrichs gebrochenen Knöchel. Dann schloss sie die Augen und stimmte einen leisen Gesang an.

»Wie es der Mond beschwor. Wie Freya es beschwor.
Und Odin beschwor es, so gut er konnte:
Wie der gebrochene Knochen, so das Blut und das Gelenk:
Knochen zu Knochen, Blut zu Blut, Gelenk zu Gelenk,
damit sie heilen mögen.«

Sie beendete ihren Heilzauber und öffnete die Augen. Ulrichs Miene entspannte sich, und er bewegte das Bein, um zu sehen, wie weh es tat.

»Und was tun wir jetzt?« Affreca ließ den Blick über die kargen Hügel und die donnernde Brandung schweifen.

»Wir müssen die anderen retten«, sagte Ulrich, als wäre das ganz einfach. »Aber im Augenblick brauchen wir trockene Kleidung, Waffen und Nahrung.«

»Und wo bekommen wir das her?«

Ulrich zeigte den Hügel hinauf.

»Dort oben steht ein Haus. Vermutlich ein Kleinbauer. Mit diesem Bein bin ich zu nichts zu gebrauchen, also musst du da rauf und dir besorgen, was du kannst.«

»Glaubst du, die helfen uns?« Affreca sah ihn zweifelnd an.

Ulrich lachte.

»Nein.« Er hob eine Hüfte und zog einen Kampfspeer mit breiter Spitze unter sich hervor. »Der ist vom Schiff angespült worden. Hier. Geh zum Haus und *nimm* dir, was wir brauchen.«

KAPITEL 31

Affreca stapfte den Hügel hinauf und benutzte den Speer als Wanderstab. Ihr Kopf schmerzte, und der scharfe Wind ließ ihre nasse Kleidung beinahe zu Eis erstarren, aber sie wusste, dass ihre beste Überlebenschance darin bestand, einfach weiterzugehen. Der Gedanke, dass es in dem Haus oben auf dem Hügel trockene Kleidung gab und vielleicht etwas zu essen, trieb sie an.

Die Siedlung, die Ulrich erspäht hatte, bestand aus ein paar Gebäuden, die sich an den Hügel duckten, als wollten sie sich vor dem Wetter verstecken. Die einfache Unterkunft war vermutlich das Heim eines armen Bauern oder Schafhirten. Es handelte sich um ein langes Haus mit niedrigen Steinwänden und einem schrägen Torfdach, das beinahe bis zum Boden reichte. Das Innere würde aufgeteilt sein in einen Wohnbereich für die Familie und einen für die Tiere. Während der kalten Wintermonate würde die Familie von der Wärme der Tierkörper profitieren, dafür mussten sie den Gestank ihrer Scheiße und Pisse erdulden. So lebten auch die armen Leute in Irland. Es gab sogar ein kleines Nebengebäude, das entweder ein Abort oder eine Scheune war, vielleicht sogar beides. Beide Gebäude wurden von einer Steinmauer umgeben.

Der Hof erschien still. Nicht einmal ein Hund rannte herum, um bei ihrer Ankunft zu bellen. Trotzdem näherte sie sich gebückt der Mauer und ging dahinter in die Hocke. Eine Lücke diente als Tor, und Affreca lehnte sich kurz mit dem Rücken gegen die Steine, während sie zu Atem kam und ihre nächsten Schritte überlegte.

Sie entschied, mit dem Schuppen anzufangen. Dort war die Wahrscheinlichkeit, auf jemanden zu stoßen, deutlich geringer, und mit etwas Glück konnte sie sich nehmen, was sie brauchte, und wieder verschwinden, ohne dass es zu einer Konfrontation kam.

Sie packte den Speer mit beiden Händen und richtete sich ein Stück auf. Dann eilte sie durch die Lücke in der Mauer auf den Hof. Sie zögerte, den Blick auf die Haustür gerichtet, rechnete damit, dass sie sich jeden Augenblick öffnete. Als sie es nicht tat, drehte sie sich um und eilte zum Schuppen.

Die Elemente hatten die Holztür ausgebleicht. Ihre Ränder waren zersplittert. Affreca hob den Riegel mit der Speerspitze und drückte dagegen. Mit lautem Ächzen schwang sie nach innen auf und enthüllte das düstere Innere. Affreca hielt geduckt den Speer bereit und wartete auf alles, was sich ihr möglicherweise aus dem Raum entgegenwerfen würde. Als nichts geschah, trat sie ein.

Nachdem sich ihre Augen an das Zwielicht gewöhnt hatten, erkannte sie den Lagerraum des Hofes. Heu für die Tiere im Winter, ein paar alte Werkzeuge – eine Schaufel, eine Spitzhacke und eine Breithacke – und nicht viel mehr. Nichts davon würde ihr und Ulrich in ihrer derzeitigen Zwangslage besonders helfen.

Dann entdeckte sie den langen Lederstreifen, der von einem Nagel an der Wand hing. Mit einem matten Lächeln griff Affreca danach, um ihn sich näher anzusehen.

»Was willst du?«

Der Klang der Stimme ließ sie herumwirbeln. Auf dem Hof standen zwei Gestalten, ein Mann und eine Frau. Beide waren sehr alt. Ihre Kleidung war schlicht; Schafsfelle und grobe Wollgewänder mit langen Kapuzen, die gegen die Kälte nach oben geschlagen waren. Jahre harter Arbeit hatten den Rücken des Mannes gekrümmt, und er starrte Affreca aus kurzsichtigen Augen an. Die Frau sah sie finster an; ihre zurückgezogene Oberlippe entblößte ein paar vereinzelte Zähne im braunen Zahnfleisch. Sie hatte in der Sprache der Gälen gesprochen, aber mit einem Akzent, der sich von dem unterschied, den Affreca in Irland gehört hatte.

»Was willst du?«, wiederholte die Frau. »Als wüssten wir das nicht.«

Affreca senkte den Speer. Sie trat an die Tür des Schuppens.

»Unser Schiff ist untergegangen«, sagte sie. »Meine Freunde und ich sind verzweifelt. Wir brauchen trockene Kleidung. Etwas zu essen.«

»Aye. Wir haben dein Schiff gesehen«, sagte die alte Frau. Ihre Stimme troff vor Feindseligkeit. »Es war ein Wikingerschiff. Über die Wikinger wissen wir Bescheid. Sie haben diese Küsten schon oft überfallen. Vor nicht länger als einem Monat kamen Wikinger mit ihren Drachenschiffen und ihren Dämonenbannern. Sie haben unseren ältesten Sohn getötet. Unser zweiter Sohn ist letztes Jahr beim Fischen ertrunken. Jetzt gibt es nur noch uns. Sieh dir meinen Mann an. Er hat sich zu Tode geschuftet. Glaubst du, er ist noch kräftig genug, den Hof zu bewirtschaften?«

Der alte Mann legte den Kopf schräg und starrte Affreca angestrengt an. Er gab ein seltsames Grunzen von sich. Sie fragte sich, ob das Alter seinen Verstand genauso zerrüttet hatte wie seinen Körper.

»Kannst du uns helfen?«, fragte Affreca.

Die Frau hob eine weiße Braue. »Dir helfen? Warum sollten wir das tun?«

Der eisige Wind biss in Affrecas kalte Haut, und sie hob den Speer.

»Weil ich es mir nehme, wenn du es mir nicht freiwillig gibst.«

Sobald sie die Worte gesagt hatte, verspürte sie Bedauern. Das alte Paar war armselig. Sie war jung und gesund, sie waren alt und ausgelaugt. Das Leben war hart und grausam mit ihnen umgesprungen. Ihre Mienen ließen erkennen, dass Affrecas Worte sie wie ein Peitschenschlag getroffen hatten.

»So ist der Lauf dieser Welt, nicht wahr?« Die alte Frau kniff die Augen zusammen. »Die Starken bedienen sich bei den Schwachen. Was tun wir wohl mit dem, was wir noch haben? Sieh uns an. Sehen wir aus, als hätten wir etwas abzugeben? Es ist Winter.«

Affreca verspürte einen weiteren Stich im Herzen, dann dachte sie an Ulrich und was er sagen würde, wenn sie mit leeren Händen kam. Ihre Zähne fingen an zu klappern, und sie musste auch an Einar und die anderen denken. Wenn sie erfror, würde sie niemandem nützen.

»Hör zu, ich werde euch nicht mittellos zurücklassen«, sagte sie. »Ich brauche nur etwas zu essen und trockene Kleidung. Bringt sie mir, dann lasse ich euch in Ruhe.«

»Dann kannst du uns auch gleich umbringen. Es ist schon schwer genug, mit dem auszukommen, was wir haben, wie soll das gehen, wenn wir etwas weggeben?«, sagte die alte Frau. Aber sie drehte sich um und ging zum Langhaus.

Affreca hielt den langen Lederriemen hoch, den sie von der Wand genommen hatte.

»Benutzt ihr den noch?«

Der alte Mann schüttelte den Kopf. Mittlerweile glaubte Affreca, dass er stumm war.

»Dann braucht ihr ihn ja nicht.« Sie wickelte sich den Riemen wie ein Armband um das Handgelenk.

»Der gehörte meinem Sohn«, krächzte der Alte und bewies, dass er tatsächlich sprechen konnte. Affreca runzelte die Stirn. Sie brauchte nicht noch mehr Schuldgefühle. »Er hat für den Häuptling die Schafe gehütet. Mit dieser Schleuder hat er die Krähen und andere Räuber ferngehalten. Weißt du, dass ein Lamm nicht mehr aufstehen kann, wenn es auf den Rücken fällt? Weißt du, was Krähen anrichten können? Sie fressen seine Augen, während es noch lebt. Eines Tages kamen die Wikinger wie ein Schwarm Krähen. Sie waren auf *strandhögg* – wollten wie du Proviant. Sie wollten die Schafe haben. Mein Junge war ein guter Bursche, der die Herde seines Herrn nicht kampflos preisgab. Er hat einen von ihnen mit einem Stein aus dieser Schleuder geblendet.«

Affreca betrachtete den breiten Lederstreifen, der eine Schleuder war. Der Junge war mutig gewesen, aber bestimmt nicht besonders klug. Sie konnte sich vorstellen, was als Nächstes passiert war, aber der Alte sprach trotzdem weiter.

»Sie haben ihm die Eier abgeschnitten. Sie ihm in den Mund gestopft. Haben sie ihn fressen lassen.« Er schüttelte langsam den Kopf. »Haben ihn auf dem Hügel verbluten lassen. Als wir ihn fanden, war seine Haut so weiß wie Schnee.«

Affreca sah die Tränen in den Augen des alten Mannes und verspürte den Drang, den Speer niederzulegen und ihn in die Arme zu nehmen. Aber sie musste stark bleiben. Die anderen verließen sich auf sie. Zu ihrer Erleichterung kam die Frau des Alten mit einem Bündel aus dem Haus. Es schien sich um Schafsfelle und einen Lederbeutel zu handeln.

»Da sind ein paar Wämser und etwas Trockenfisch«, sagte sie. Ihre Stimme war voller Verachtung. »Ich hoffe, sie bringen euch Pech.«

»Mehr hast du nicht?«, fragte Affreca, als sie die Gegenstände entgegennahm.

»Sehen wir aus, als hätten wir mehr?« Die Stimme der Alten wurde schriller. »Willst du die Sachen, die wir am Leib tragen? Unser Haus? Habt ihr Wikinger uns nicht schon genug genommen?«

»Habt ihr ein Pferd?«, fragte Affreca. »Vielleicht ein Pony?«

Das alte Paar wechselte einen Blick, und Affreca wusste, dass sie eins besaßen.

»Das kannst du nicht nehmen«, sagte die Alte. Sie zeigte auf ihren Mann. »Sieh ihn dir an. Glaubst du, er kommt irgendwohin, ohne reiten zu können?«

Affreca konnte sich das nicht länger anhören. Sie hob den Speer.

»Hol es! Ich bringe das Pferd zurück, wenn wir es nicht mehr brauchen. Ihr bekommt es zurück. Du hast mein Wort.«

Die Alte runzelte die Stirn. »Warum solltest du das tun? Warum sollten wir dir ein Wort glauben?«

Affreca presste die Lippen aufeinander. Sie musste endlich dafür sorgen, dass ihre Zähne zu klappern aufhörten, aber sie hoffte auch, dass es sie wild aussehen ließ.

»Hol einfach das Pferd«, befahl sie.

« KAPITEL 32 »

Kurze Zeit später war Affreca zurück am Strand.

»Du hättest sie töten sollen«, sagte Ulrich und zog das dicke Schafsfellwams an. Er hatte seinen Umhang aus Wolfspelz abgelegt, den er sich jetzt wieder über die Schultern legte. Die Tierhaut hatte das Wasser nicht aufgesogen. Affreca war neidisch auf die zusätzliche Wärme.

»Du hast sie nicht gesehen«, erwiderte Affreca. »Sie waren erbärmlich. Die tun keinem was.«

Ulrich schnaubte höhnisch und schüttelte den Kopf.

»Vielleicht würdest du doch keinen guten Wolfsmantel abgeben«, meinte er. »Glaubst du, dieses edle Tier wird mein Gewicht tragen können?«

Er deutete auf das klapprige, uralte Pony, das Affreca den Hügel hinuntergeführt hatte. Es war grau, winzig und hatte zotteliges Fell. Sein Rücken hing so durch, dass Affreca über Ulrichs vergleichsweise kleine Körpergröße froh war, denn sonst hätten seine Füße vermutlich den Boden berührt.

»Was anderes hatten sie nicht.«

»Hast du nachgesehen?«

»Willst du lieber laufen?«

Ulrich warf ihr einen bösen Blick zu, dann hüpfte er zu dem Pony und stieg auf. Vor Schmerz zuckte er zusammen.

»Warte einen Moment«, sagte Affreca. Sie ging in die Hocke und sah sich die Steine auf dem Boden an, drehte ein paar davon um, als würde sie nach etwas Bestimmten suchen. Dann wählte sie ein paar fast runde Kieselsteine aus.

»Willst du die Gälen etwa mit Steinen bewerfen?«, fragte Ulrich.

»Gewissermaßen schon«, antwortete Affreca und hob die Schleuder in die Höhe, die sie bei dem Bauern mitgenommen hatte.

»Du kannst mit einer Schleuder umgehen?«

Affreca nickte. »Die Iren können damit töten. Der Jäger meines Vaters hat mir beigebracht, wie man Bogen und Schleuder benutzt. Er hat immer gescherzt, dass es eine gute Methode wäre, mir unerwünschte junge Männer vom Hals zu halten.«

»Gehen wir«, sagte Ulrich. »Mit etwas Glück ist der Rest der Mannschaft noch nicht tot.«

Sie stiegen den Hügel hinauf in die Richtung, in der Ulrich die Kriegermeute mit seinen Männern hatte verschwinden sehen. Sie folgten einem schmalen Trampelpfad durch den Ginster. Affreca hielt das Pony an seinem Zaumzeug. Ulrich saß mit dem Speer in der Hand auf seinem Rücken. Seine mürrische Miene und sein verbissenes Schweigen machten deutlich, wie sehr ihm die Situation missfiel.

»Ich muss sagen, ich bin froh, nicht deine Frau zu sein«, sagte Affreca schließlich. Sie hatten den Hügel etwa zu zwei Dritteln erklommen und nun einen freien Blick auf die Küstenlinie unter ihnen und das Meer. Wasser, so weit das Auge reichte. Die dunklen Umrisse vieler kleiner Inseln erhoben sich aus den Fluten. Dahinter war nur noch das unendliche Meer.

Ulrich verzog das Gesicht. »Nicht, dass das jemals passieren würde, aber warum denkst du das?«

»Ein kleiner Rückschlag, und du schmollst wie ein Kind. Ich kann mir vorstellen, wie du als alter Mann sein wirst. Du wirst zusammengesunken am Feuer hocken und über alles meckern. Mir tut die arme Frau leid, die deine letzten Tage teilen wird.«

»Ich werde nicht alt.« Ulrich richtete sich im Sattel auf und nahm das Kinn hoch. »Ich werde in der Schlacht sterben, und Odin wird mich in die Ruhmeshalle bringen, wo die einzigen Frauen, mit denen ich es zu tun haben werde, die Walküren sind, die mir mein Ale bringen.«

»Ich kann mich bei den alten Geschichten nicht erinnern, dass nur Männer in die Ruhmeshalle kommen. Aber wenn du nicht alt werden willst, solltest du dich beeilen. Wie alt bist du jetzt?«

Ulrich hob die Hand. Affreca sah die plötzliche Veränderung in seinem Ausdruck und blieb stehen. Der Wolfsmantel schwang sich vom Pferd. Gequält verzog er das Gesicht, als sein verletzter Fuß den Boden berührte, aber er gab keinen Laut von sich.

Affreca schaute nach vorn, aber da war nur der leere Hügel. Sie warf Ulrich einen fragenden Blick zu.

»Da vorn ist irgendein Gebäude«, sagte Ulrich leise. »Ich habe das Dach vom Pferd aus sehen können. Könnte eine alte Befestigung oder dergleichen sein. Wir sollten vorsichtig sein.«

»Was sollen wir tun?«

»Ich bin nicht von großem Nutzen. Also muss ich hierbleiben und auf das Pferd achten, während du kundschaftest.« Er bemerkte ihren unsicheren Blick. »Du hast mir erzählt, dass du viel gejagt hast. Das ist nichts anderes. Stell dir vor, hinter dem Hügelkamm ist ein Hirsch. Du willst nicht, dass er dich bemerkt, bevor du auf ihn schießen kannst. Bleib geduckt. Bewege dich langsam und vorsichtig. Setze jeden Schritt sorgfältig. Falls du glaubst, dass man dich sehen könnte, lass dich zu Boden fallen und lieg reglos da.«

Affreca nickte. Ulrich gab ihr den Speer, und sie schlich geduckt den Hügel hinauf.

Nach einigen Schritten entdeckte sie das graue Steindach hinter dem Kamm, das Ulrich bemerkt hatte. Sie schlich weiter, der Rest des Gebäudes kam in Sicht. Es war ein kegelförmiger Turm, der keine Fenster zu haben schien. Der Dachrand war unregelmäßig, ein paar Steine waren herausgebrochen. Handelte es sich nur um eine alte Ruine?

Über ihr erklangen Stimmen. Sie ließ sich fallen wie ein Stein und lag mit angehaltenem Atem in dem stacheligen Heidekraut. Es waren Männer, die die Sprache der Gälen benutzten. Sie hatten denselben Akzent wie das Bauernpaar. Er unterschied sich von dem der Iren, bei denen sie aufgewachsen war, aber sie konnte die Worte verstehen. Die Unterhaltung war nicht gerade aufregend, bestand hauptsächlich aus Beschwerden über die Kälte und das Wetter.

Affreca erkannte, dass sie näher heranmusste, wenn sie etwas Nützliches in Erfahrung bringen wollte. Mit quälender Langsamkeit kroch sie durch das Gestrüpp und achtete darauf, es dabei so wenig wie möglich zu bewegen. Nach einer Weile fand sie sich am Rand einiger Heidebüsche wieder. Jenseits davon lag eine Lichtung. Sie schob den Speer zollweise nach vorn und drückte das widerspenstige Gras vor ihr langsam zur Seite, um mehr sehen zu können.

Jetzt hatte sie einen besseren Blick auf den Wehrturm oben auf dem Hügel. Er lag ungefähr dreißig oder vierzig Schritte von ihrem Versteck entfernt. Sie sah einen Eingang, kaum mehr als einen schmalen Spalt in der Mauer. Zwei Gälenkrieger hatten sich dort aufgebaut, aber sie wollten nicht den Zutritt verhindern, sondern jeden aufhalten, der hinauswollte. Der Rest der Kriegsmeute, die vielleicht aus neunzehn Männern bestand, saß oder lag auf der Lichtung um den Turm herum. Ein paar waren mit Schwertern bewaffnet, die meisten hatten Speere. Keiner trug Kettenhemd oder Helm, aber ein paar hatten widerstandsfähige Lederwämser. Sie hatten ein Feuer entzündet, einer kochte etwas in einer Eisenpfanne.

Der ölige Geruch von bratendem Fisch drang an Affrecas Nase und ließ ihren Magen so laut knurren, dass sie einen Moment lang befürchtete, die Gälen könnten sie hören.

»Warum können wir sie nicht einfach umbringen?«, hörte sie einen der Krieger sagen.

»Das weißt du genau«, erwiderte ein anderer, der der Anführer zu sein schien. »Der Häuptling hat uns gesagt, dass wir seine Erlaubnis brauchen, bevor wir *Galls* töten. Und jetzt haltet die Augen offen. Man hat an der Küste ein zweites Langschiff gesehen. Außerdem müssen auf dem untergegangenen Schiff noch mehr von ihnen gewesen sein.«

»Das ist gefährlich, Oengus«, sagte ein anderer Mann. »Glaubst du, die *Galls* würden auf eine Erlaubnis warten, bevor sie uns töten?«

»Der Häuptling weiß das«, erwiderte Oengus, der Anführer. »Er ist ja nicht dumm, aber ihm sitzt der König im Nacken. Wir müssen vorsichtig sein, damit wir keinen seiner neuen *Gall*-Freunde töten.«

Die anderen murmelten etwas, schüttelten die Köpfe, spuckten aus oder taten ihren Missmut auf andere Weise kund.

»Warum schließt König Konstantin überhaupt mit den irischen *Galls* Frieden?« Einer der Krieger verzog das Gesicht. »Und was schulden wir dem alten *Cruithen* Konstantin überhaupt?«

»Er ist der König von Alba«, sagte Oengus. »Und unser Häuptling schuldet ihm die Treue. Also schulden wir ihm die Treue. Davon abgesehen, haben wir bis jetzt von dieser Abmachung profitiert.«

Der andere Krieger grunzte. »Unser Häuptling wird reich, aber was bekommen wir? Der alte Konstantin hat uns immer befohlen, die *Galls* zu bekämpfen. Jetzt sagt er, wir sollen sie nicht bekämpfen. Das ergibt doch keinen Sinn.«

Oengus seufzte. »Hört zu, Jungs, das ist doch nur für kurze Zeit. Die Sachsen bringen den Krieg. Konstantin braucht Frieden mit den irischen *Galls*, damit er nicht gegen Æthelstan von Wessex kämpfen und gleichzeitig ständig über die Schulter blicken muss, um zu sehen, ob Amlaíb mac Gofraid aus Dublin anrückt, um ihm einen Dolch in den Rücken zu jagen. Wenn Konstantins Krieg vorbei ist, töten wir die *Galls* wieder. In der Zwischenzeit tun wir, was uns der Häuptling befohlen hat, und beschützen diese Gefangenen. Ich habe einen Boten losgeschickt, der ihm mitteilt, dass wir sie hier bewachen.«

»Auf welchem Weg hast du ihn losgeschickt?«, wollte ein anderer Krieger wissen.

»Der geheime Pfad durch das Moor«, sagte Oengus. »Das sollte viel schneller gehen, als wenn er am Fluss entlanggeht.«

Die anderen nickten.

»Seht es mal so«, fuhr Oengus fort. »Vielleicht befiehlt uns der Häuptling ja, sie trotzdem zu töten.«

« KAPITEL 33 »

»Wir müssen hier raus«, sagte Bödvar.

Einar war nicht verborgen geblieben, dass die anderen Wolfsmäntel unruhig waren. Der Wind war kalt gewesen, hatte aber auch geholfen, ihre Kleidung zu trocknen. Die Steinmauern boten zusätzlichen Schutz, weshalb sie sich von dem Schiffbruch und den Anstrengungen, sich an Land zu retten, gut erholt hatten. Atli und Starkad wanderten hin und her wie Bären im Käfig. Skar saß auf einem großen Stein, der von dem eingestürzten Dach stammte. Er hatte das Kinn auf eine Faust gestützt, seine typische Denkerpose.

Bödvar hatte Einar die Situation erklärt, was dieser aber völlig verwirrend gefunden hatte.

»Wenn man diese Männer Gälen nennt und die Pikten im Norden leben«, sagte Einar, »und wenn die Leute direkt südlich von hier, bevor wir nach Wales kommen, Walisisch sprechen, wer sind dann die Schotten?«

»Das sind alles Schotten«, sagte Bödvar.

Einar blinzelte, dann kratzte er sich am Kopf.

»Also, wer auch immer sie sind, sie sind uns zahlenmäßig überlegen. Wie viele sind es? Neunzehn, zwanzig? Sie sind bewaffnet. Wir nicht.«

Die anderen schienen sich mehr über seine Feststellung zu ärgern als über die Situation.

»Das ist doch nur Pöbel, auch wenn sie mehr als wir sind«,

sagte Atli. »Sumpfleute. Die örtliche Miliz. Als sie uns erwischt haben, waren wir erschöpft von dem Schiffsuntergang. In einem direkten Kampf machen wir sie nieder.«

»Sie mögen ja die lokale Miliz sein, aber sie sind nicht dumm«, meldete sich Skar zu Wort und sprach leise, damit man ihn nicht weit hören konnte. »Die beiden am Ausgang warten auf uns, und der Durchgang ist so schmal, dass wir da nur einzeln durchkommen. Wenn wir versuchen hinauszustürmen, werden sie einen nach dem anderen von uns töten. Rausklettern können wir auch nicht. Seht ihr, wo sich die Wände nach innen biegen, um einen Überhang zu bilden? Das wäre unmöglich.«

»Also, ich sehe das anders«, sagte Einar. Er blickte in den Himmel, der durch die kreisrunde Öffnung in der Decke zu sehen war.

Alle Augen richteten sich auf ihn. Ihre Mienen zeigten, dass sie ihn entweder für verrückt hielten oder an einen Scherz glaubten.

»Das ist nicht schwerer als bei den Klippen von Drangey«, fuhr er fort. Ihr Ausdruck änderte sich nicht, daher erklärte er: »Es gibt drei Dinge, die jeder isländische Junge können muss.«

»Lass mich raten.« Bödvar lächelte. »Wie man ein Schaf reitet. Wie man eine Ziege reitet und wie man seine Schwester reitet?«

»Jetzt ist keine Zeit für Witze«, erwiderte Einar. »Nein. Wie man auf dem Eis *knattleikr* spielt. Wie man ringt und wie man klettert.«

»Ich habe gehört, dass es in Island ein paar der besten Ringer der Welt gibt«, meinte Skar. »Aber das mit dem Klettern ist mir neu.«

»Daheim in Island klettern wir die Klippen hinauf, um an Vogeleier zu kommen«, sagte Einar. »In Drangey gibt es Überhänge, die viel schlimmer als der da oben sind. Und viel höher. Das ist doch nichts.«

»Und du bist diese Klippen raufgeklettert?« Skar hob eine Braue.

»Oft.« Einar nickte. »Wir haben jeden Frühling einen Wettstreit ausgetragen, wer die meisten Eier sammelt.«

Skar und Bödvar tauschten einen Blick.

»Es wäre nicht schlecht, wenn wir herausfinden könnten, was draußen vor sich geht«, meinte Skar. »Wir anderen schaffen es vermutlich nicht da rauf, aber wenn du es versuchen willst …«

»Glaubst du mir nicht?« Einar betrachtete die skeptischen Gesichter um sich herum. »Nun gut. Seht zu.«

Er schaute nach oben und suchte an den Wänden nach Stellen, die seinen Fingern und Zehen Halt boten. Sobald er seinen Ansatzpunkt gefunden hatte, griff er nach einem hervorstehenden Stein, der sich eine Armlänge über seinem Kopf befand, und zog sich in die Höhe.

»Ich lenke die Männer draußen ab«, sagte Skar leise, dem endlich klar wurde, dass Einar es ernst meinte.

Er ging zum Durchgang und rief: »He! Gälen! Wie lange wollt ihr uns hier festhalten?«

Einar ignorierte die sich entwickelnde Unterhaltung und konzentrierte sich auf die Wand. Zuerst war es ganz einfach, jedenfalls verglichen mit den schwierigeren Klippen daheim in Island. Die unregelmäßig verbauten Steine boten ausreichend Halt. Die Wand selbst war vielleicht sechs- oder siebenmal so hoch wie er, aber das war nichts im Vergleich zu den schwindelerregenden Höhen, die die meisten Jungen in Island bewältigen mussten. Auf der wilden Insel im Norden konnten Lebensmittel knapp werden, und die Eier der Seevögel waren eine willkommene Ergänzung am Essenstisch. Es gab nur eine Möglichkeit, sie zu bekommen; man musste die Klippen emporklettern, in denen die Tiere nisteten. Gewonnen hatte Einar bei der Frühlingseiersuche nie, aber er hatte es auch nicht schlecht gemacht. Und er war nie der Letzte gewesen.

Einen Jungen hatte er nie geschlagen. Das hatte keiner. Helgi Asbjörnsson war ein drahtiger Bursche mit einer ungewöhnlichen Begabung fürs Klettern. Er war so gut darin, dass behauptet worden war, eine Spinne wäre in der Nacht seiner Zeugung seiner Mutter im Schlaf in den Mund gekrochen. Er hatte immer mehr Eier als jeder sonst gesammelt, weil er höher klettern konnte als jeder andere und die schwierigsten Stellen der Klippen erreichte.

Einars Muskeln an Schultern und Armen fingen an zu protestieren, weil es so mühsam war, die Wand zu erklimmen. Das bedeutete, dass er seine Beine nicht genug einsetzte, also korrigierte er seine Position. Er blickte nach oben. Die Stelle, an der sich die Wand wölbte, um den Überhang zu bilden, war direkt über ihm. Er hing nun seine vierfache Körpergröße über dem Boden. Verlor er den Halt, würde der Aufprall auf den Steinboden schmerzen. Und zwar sehr.

Unwillkürlich musste er an das letzte Mal denken, bei dem er Helgi Asbjörnsson gesehen hatte. Schließlich hatte den Jungen das Glück verlassen. Beim Klettern in der Nähe von Hafnarberg war Helgi mit dem Fuß abgerutscht und steil nach unten auf die felsige Küste gestürzt. Auf dem Weg war er gegen die Felswand geprallt, was seinen Sturz abgebremst, aber auch einige Knochen gebrochen hatte. Es hatte sein Leben gerettet, aber was für ein Leben war das? Er war nun ein lahmer, krummer Krüppel, der im Bauernhaus seines Vaters am Feuer hockte. Er konnte nicht für sich selbst sorgen, und keine Frau würde ihn jemals heiraten.

Einar hing nach hinten gebeugt über dem Boden und suchte nach Haltegriffen jenseits des Überhangs. Er entdeckte zwei, aber die waren außer Reichweite. Er würde sie nur auf eine Weise erreichen. Ein Blick über die Schulter zeigte ihm die Gesichter der unten stehenden Wolfsmäntel, die ihn gebannt beobachteten. Falls das nicht funktionierte, hoffte er, dass sie ihn auffangen würden.

Er holte tief Luft. Dann stieß er sich mit den Beinen ab und nach oben, vorbei an dem Überhang, griff mit beiden Händen nach den Vorsprüngen. Die Zuschauer unten holten zischend Luft, als er einen Augenblick lang dort hing und hin- und herpendelte. Seine Beine traten ins Leere. Nach ein paar hektischen Bewegungen fand er wieder mit den Füßen Halt an der Wand. Und schon hatte er es nach oben geschafft.

Kalter Wind wehte ihm ins Gesicht. Er zog sich auf den Rand des runden Lochs, wo sich einst das Dach befunden hatte. Vor Anstrengung keuchend blieb er flach auf den Steinen liegen. Sein Herz pochte wild, was nicht allein vom Aufstieg kam. Jetzt konnte er die Gälen unten sprechen hören. Sie kochten etwas, und der Geruch ließ ihn beinahe sabbern. Durch den Schwung der Mauer konnte er sie nicht sehen, so wie man ihn nicht sehen konnte, da sie sich so nahe an dem Turm befanden, aber sollte er den Kopf zu weit heben oder einer der Krieger sich ein Stück von dem Bauwerk entfernen, würde man ihn entdecken.

Der Ausblick war spektakulär. Von seinem luftigen Aussichtspunkt konnte Einar sehen, dass der Turm auf einem langen, fingerähnlichen Kamm stand. Dahinter fiel der Boden zu einem breiten Tal mit flachem Sumpfland ab; der sich hindurchschlängelnde Fluss führte zu der anderen Befestigung in der Ferne auf ihrer erhöhten Position. Dahinter erhoben sich noch mehr Hügel. Vor ihm war das dunkelgrüne Meer. Am ganzen Horizont waren dunkle Inseln zu sehen. Eine besonders große lag ganz in der Nähe, bestenfalls ein paar Meilen von der Küste entfernt. Sie war sehr lang, und an ihrem weit entfernten Ende erhoben sich zwei konische Berge in die Höhe.

Dann fiel sein Blick auf etwas, das wie ein Schaf mit menschlichen Armen und Beinen aussah und ein kleines Stück vom Turm entfernt auf der zum Meer gewandten Seite des Kamms im Heidekraut lag.

Er sah rot-goldene Haarstoppeln und erkannte ungläubig, dass es Affreca war.

Wärme überschwemmte sein Herz. Irgendwie hatte sie den Schiffsuntergang überlebt und beobachtete jetzt den Turm. Mit Sicherheit wusste sie, dass sich die *úlfhéðnar* dort befanden. War sie gekommen, um sie zu befreien? Und falls ja, wie wollte sie das schaffen? Die einzige Person, die an ihrer Seite hätte sein können, wäre Ulrich gewesen, und von ihm fehlte jede Spur.

Irgendwie musste er sie auf sich aufmerksam machen, ohne dabei die Gälen zu alarmieren.

Mit trockenem Mund hob Einar die Hand und winkte einmal von links nach rechts. Dann riss er sie zurück, weil er Angst hatte, der Feind würde sie sehen. Das tat er nicht, aber Affreca auch nicht, die weiterhin den Turmeingang beobachtete. Einar biss sich auf die Lippe, hob erneut den Arm und wedelte länger damit, als ihm lieb war. Dieses Mal funktionierte es. Affreca sah die Bewegung und schaute auf. Ihre Blicke kreuzten sich, und er wusste, dass sie ihn sah.

Affreca hob ebenfalls die Hände und tat so, als würde sie etwas wegstoßen. Er war sich unsicher, was sie genau meinte, glaubte aber, dass er warten sollte, während sie sich vorsichtig durch das Heidekraut zurückschob.

Was auch immer sie im Sinn hatte, er hoffte, sie würde sich nicht zu viel Zeit lassen. Er war zwar an der Innenwand des Turms nach oben geklettert, aber es war so gut wie unmöglich, wieder nach unten zu steigen. In Island waren sie die Klippen immer bis ganz nach oben geklettert. Wieder nach unten zu steigen war selten nötig gewesen. Der Überhang der Wand würde den Abstieg zu schwierig machen. Der einzige Weg nach unten war für ihn an der Außenmauer entlang, direkt in die Arme der wartenden Gälen.

KAPITEL 34

Einar wartete oben auf dem Turm. Es war alles andere als bequem. Die Steine waren scharf, und im ständigen Wind wurde ihm wieder kalt.

Aber es dauerte nicht lang, bis sich Affreca wieder über die Heide zu ihrem Versteck schob. Sobald sie in Position war, schaute sie auf, ob er noch dort war. Als sie ihn entdeckte, zeigte sie mit zwei Fingern in einer energischen Geste auf den Eingang des Wehrturms.

»Pst! Was geht da vor?«

Bödvars Stimme drang aus dem Loch im Dach. Behutsam, um ja nur kein Geräusch zu verursachen, drehte sich Einar auf dem Bauch herum und schaute nach unten. Bödvar balancierte auf Skars Schultern und starrte zu ihm hinauf. Kari, Starkad und Atli hatten sich vor dem Eingang versammelt, damit die Gälen nicht sehen konnten, was geschah.

»Affreca ist dort draußen«, flüsterte Einar nach unten.

»Ist Ulrich auch dabei?«, sagte Skar zwischen Bödvars Beinen.

»Ich sehe ihn nicht«, erwiderte Einar. »Aber ihr müsst zum Ausgang.«

»Wozu?«, wollte Bödvar wissen.

»Das weiß ich nicht. Aber sie zeigt ständig darauf.«

Bödvar nickte und stieg von Skars Schultern. Einar drehte sich wieder um. Im Turm fingen die Wolfsmäntel an, auf die Wächter am Eingang einzubrüllen, und Einar hoffte, dass sie sie damit ablenkten. Affreca befand sich etwa zwanzig Schritte weit entfernt. Sie schien an einem Lederriemen am Arm herumzufummeln. Dann schaute sie wieder nach oben und nickte Einar zu. Er erwiderte das Nicken.

Was auch immer geschehen würde, es begann jetzt.

Affreca erhob sich in die Hocke. Sie streckte die rechte Hand hinter den Kopf. Da begriff Einar, dass der Lederriemen eine Schleuder war. Einen Augenblick lang wirbelte sie um den Kopf der jungen Frau. Die Gälen am Feuer entdeckten sie. Kurz waren sie wie erstarrt, dann griffen sie nach ihren Waffen.

Affreca ließ die Schleuder los, ein Stein flog durch die Luft. Einar hörte ein Knacken, als würde jemand mit einem Löffel auf ein gekochtes Ei schlagen. Unter ihm stürzte einer der Türwächter in sein Blickfeld und zu Boden. In seinem Hinterkopf war ein sauberes, rundes Loch, aus dem das Blut strömte.

Sein Kamerad, dessen Gesicht blutbespritzt war, fuhr verwirrt herum, um nach der neuen Bedrohung zu suchen. Affreca hatte bereits den nächsten Stein genommen und wirbelte die Schleuder. Der Stein löste sich und raste auf den Gälen zu. Der Mann zuckte zusammen, aber das Geschoss verfehlte ihn und prallte von dem Querstein über dem Eingang ab.

Dann stürmten die Wolfsmäntel wie kochendes Wasser aus einem Geysir aus dem Turm. Der Gäle, der ihn bewachen sollte, hatte sich zu Affreca umgedreht. Skar prallte gegen seinen Rücken und schickte ihn kopfüber zu Boden. Skar knurrte wie ein verrückt gewordener Hund, riss den Wächter an den Haaren hoch und schmetterte seinen Kopf gegen einen Stein im Boden. Das wiederholte er noch einmal und ließ dann los. Der Kopf des Bewusstlosen sackte schlaff zu Boden. Bödvar schnappte sich seinen Speer und stach damit auf ihn ein, um dafür zu sorgen, dass er auch tatsächlich ausgeschaltet war.

Es war sinnlos geworden, sich weiter zu verstecken. Einar

stellte sich hin, um besser sehen zu können, was dort unten geschah.

Die anderen Gälen rannten auf Affreca zu. Sie sprang auf die Füße und hatte noch Zeit für einen weiteren geschleuderten Stein, bevor der Feind da war. Sie ließ ihn fliegen, aber Zielen war unmöglich. Der Stein sauste über die Köpfe der Angreifer hinweg. Sie drehte sich um und lief los. Der Gäle, der ihr am nächsten war, blieb stehen und hob den Speer, um ihn auf sie zu schleudern. Einar sah, dass der Mann ihren Fehler nicht wiederholen und übereilt werfen würde. Er war so nahe, dass er sie nicht verfehlen konnte.

Vor Affreca kam ein Reiter den Hügel hinauf. Es war Ulrich auf einem Pferd, mit einem Speer unter dem Arm. Er stieß einen Schlachtruf aus und galoppierte direkt auf die herankommenden Gälen zu.

Überrascht von dieser neuen Bedrohung zögerte der Speermann, der auf Affreca zielte. Bödvar tat das nicht. Er schleuderte den erbeuteten Speer. Die Spitze bohrte sich in den Rücken des Kriegers. Der Mann ging zu Boden.

Einar sah zu, wie sich die Gälen umdrehten und sich von einer disziplinierten Kriegergruppe in einen verwirrten Haufen verwandelten. Sie waren noch immer in der Überzahl, aber das hatten sie für den Moment vergessen. Stattdessen blickten sie sich panisch um, weil aus jeder Richtung Feinde zu kommen schienen.

Einar hob einen losen Stein vom Dach und schleuderte ihn mit einem Schrei in die Tiefe. Zwei Gälen sprangen zur Seite, und das Wurfgeschoss landete ohne Schaden anzurichten auf dem Boden. Aber Einar sah vergnügt, dass es weiter zu ihrer Verwirrung beitrug.

Ulrich ritt in die Krieger hinein. Sein Speer durchbohrte einen Mann von der linken Schulter bis zur rechten Hüfte. Der

Schaft der Waffe brach entzwei, während das Pferd einen weiteren Gegner von den Beinen stieß. Das Tier stolperte zur Seite, und Einar sah, dass es ein klappriger Gaul war, der schon bessere Tage gesehen hatte. Er brach zusammen, begrub einen weiteren Gälen unter sich und warf Ulrich ab.

Skar setzte über das gestürzte Pferd hinweg. Ein Gäle schleuderte den Speer auf den großen Mann. Mit erstaunlicher Beweglichkeit duckte sich Skar zur Seite und pflückte den Schaft aus der Luft. Er drehte ihn um und warf ihn zurück. Der Gäle starrte noch immer ungläubig, als ihm die eigene Waffe die Brust durchbohrte.

Affreca hatte gemerkt, dass man sie nicht länger verfolgte, blieb stehen und drehte sich um. Sie legte den nächsten Stein in die Schleuder. Diesmal zielte sie besser, und ein weiterer Krieger stürzte mit eingeschlagenem Schädel zu Boden. Sie ließ noch einen Stein fliegen und schickte den nächsten Feind in den Tod.

Einar schleuderte noch mehr Steine vom Dach. Nach dem vierten Geschoss konnte er keine lockeren mehr finden und entschied, sich besser den anderen anzuschließen und die Mauer hinunterzuklettern.

Zwei Gälen zogen ihre Schwerter und rannten auf die Wolfsmäntel zu. Starkad fing den ersten ab. Der Krieger hieb nach ihm. Starkad wich zurück. Die Klinge verfehlte ihn um Haaresbreite. Mit einem Sprung war der *úlfhéðinn* bei dem Mann, packte mit einer Hand den Schwertarm und riss ihm die Waffe mit der anderen aus der Faust. Er schlug zu, der Gäle schrie auf und taumelte zurück. In seinem Gesicht klaffte ein schrecklicher Schnitt.

Der zweite Schwertkämpfer stand plötzlich dem grinsenden Bödvar gegenüber.

»Du willst wohl unbedingt Ärger, was?«, fragte der breitschultrige Wolfsmantel.

Der Gäle schrie und holte weit aus. Bödvar trat dem Mann

hart in die Eier, und dieser ging zu Boden. Atli riss ihm das Schwert aus der Hand und durchbohrte ihn damit.

Dann war es vorbei. Die noch verbliebenen Gälen ergriffen die Flucht und rannten in verwirrter Panik über die Heide.

Als sie außer Sicht waren, erreichte Einar den Boden und gesellte sich zu den anderen, die Ulrich auf die Beine halfen. Der Anführer der Wolfsmäntel schien große Schmerzen zu haben, Einar sah die Schiene an seinem Fuß.

Ulrich hob den abgebrochenen Speerschaft auf.

»Damit lässt sich nicht mehr viel anfangen«, meinte er und warf ihn über die Schulter. »Was haben wir sonst noch?«

Die anderen sammelten die von den Gälen weggeworfenen Waffen ein, drei Speere und ein paar Schwerter.

»Nicht gerade der Waffenvorrat eines Königs«, bemerkte Ulrich.

»Aber der Fisch riecht gut«, sagte Skar. Sein Blick fiel auf den Topf über dem Feuer. »Ich bin am Verhungern.«

»Jetzt ist nicht die Zeit, an unsere Bäuche zu denken«, sagte Affreca. »Was ist, wenn sie mit mehr Männern zurückkehren?«

»Ich glaube, uns passiert nichts.« Einar zeigte den Hügel hinunter zum Meer auf etwas, das er kurz vor seinem Abstieg vom Turm entdeckte hatte. Alle drehten sich um. Das rechteckige Segel und der schlanke Rumpf eines Langschiffes näherten sich der Küste.

KAPITEL 35

Roans *knǫrr* ächzte an seinem Ankerstein in der halbmondförmigen Bucht. Vom blauen Himmel funkelte die späte Wintersonne. Der Sand am Ufer war beinahe so weiß wie die wenigen Wolken und verlieh dem Meer eine erstaunliche himmelblaue Farbe. Der Strand endete an Ginsterbüschen. Ein kleines Stück dahinter erhoben sich dunkle Hügel und Berge. In der anderen Richtung wurde das blaue Meer allmählich dunkelgrün. Überall am Horizont zeichneten sich die dunklen Umrisse von Inseln ab.

Einar, Affreca und die Wolfsmäntel hatten die Aufmerksamkeit des an der Küste entlangsegelnden Schiffes mit einem großen Feuer neben dem Steinturm erregt. Sie hatten das Lagerfeuer der Gälen geschürt und Heidekraut und Ginster aufgeschichtet, bis es loderte. Der feuchte Ginster hatte mehr Rauch als Flammen produziert, aber die graue Säule war ohnehin besser zu sehen. Affreca hatte gemeint, der Rauch würde auch andere Kriegergruppen der Gälen anziehen, aber Ulrich hatte darauf nur erwidert, er beabsichtige, dann schon lange auf dem Schiff zu sein.

Roan hatte den Rauch entdeckt und das Schiff näher ans Ufer gesteuert. Die Wolfsmäntel waren den Hügel hinuntergestürmt, hatten gewinkt und gebrüllt. Roan war nahe genug gekommen, dass eine Mischung aus Rufen und Gesten die Botschaft übermittelten, dass sie ihm am Ufer entlang folgen würden, bis er einen sicheren Ankerplatz gefunden hatte.

Ein kleines Stück hinter der Landzunge stießen sie auf die breite Bucht, und bald waren alle an Bord. Dort erwartete sie eine weitere Überraschung, denn sie waren nicht die einzigen Überlebenden des Schiffbruchs, die Roan gerettet hatte.

»Gizur!«, rief Ulrich, als er Thorfinns Hauptmann erblickte. »Wir haben dich für tot gehalten. Wo in Hels Namen hast du gesteckt?«

»Ich habe auch geglaubt, dass ich tot bin«, erwiderte der rothaarige Mann. »Ich stand am Steuerruder, und eine gewaltige Welle hat mich über Bord gerissen. In der Dunkelheit wusste ich nicht, wo ich war, aber die Wogen haben mich an Land gespült. Thor hat über mich gewacht. Er half mir in dem Sturm und gab mir die nötige Kraft zu überleben.«

Ulrich starrte ihn an, dann nickte er. »Du bist in der Tat ein vom Glück begünstigter Mann. Das sind wir alle. Hätte sich Roan nicht auf die Suche nach uns gemacht, hätten wir an der Gälenküste festgesessen.«

»Narfi hat darauf bestanden, dass wir umkehren«, sagte der Kapitän und warf dem Berserker mit der breiten Brust einen Blick zu. »Ich dachte, der Sturm hätte uns getrennt, und angenommen, dass ihr mit dem schnelleren Schiff vorausgefahren seid. Aber er war davon überzeugt, dass euch etwas zugestoßen ist, also drehten wir um.«

»Die Götter haben mir in meinen Träumen eine Botschaft geschickt«, erklärte Narfi. »Davon bin ich überzeugt.«

»Wir haben Gizur an einem Strand nördlich von hier entdeckt«, sagte Eyvind. »Nach seiner Geschichte haben wir ein paar Trümmer gefunden, und uns wurde klar, dass etwas schiefgelaufen war. Gorm und ich waren der Meinung, dass es weitere Überlebende geben könnte, wenn er es geschafft hat.«

»Darüber bin ich sehr froh«, sagte Skar.

»Und jetzt?« Roan sah Ulrich fragend an.

»Wir behalten den ursprünglichen Kurs bei«, befahl Ulrich. »Wir schließen uns Æthelstans Flotte an. Wir finden das Rabenbanner.«

Das Segel wurde gesetzt und der Ankerstein gehoben. Jeder setzte sich auf die Ruderbank, und bald fuhr das Schiff aufs offene Meer hinaus. Keinen Augenblick zu früh. Hinter ihnen tauchten Reiter am Strand auf, gälische Krieger, deren Waffen in der Wintersonne aufblitzten. Aber sie kamen zu spät. Das Segel füllte sich mit Wind, und das Schiff war auf dem Weg.

»Ob sie uns Schiffe nachschicken?«, fragte Einar.

»Vielleicht«, sagte Ulrich. »Oder sie wollen einfach nur sichergehen, dass wir weg sind.«

Aber kein gälisches Schiff folgte ihnen. Sie fuhren weiter die wilde schottische Küste entlang. Gelegentlich tauchten am Horizont im Westen Inseln auf, manchmal auch dunkle Berge im Osten, deren Gipfel in Wolken gehüllt waren und die die Küste dominierten. Als sich der Tag seinem Ende zuneigte, baute die Mannschaft das Zelt an Deck auf und versammelte sich um den Herdstein, um die Abendmahlzeit zu kochen. Roan blieb am Steuerruder.

Einar hatte so großen Hunger, dass die Schale mit in Meerwasser gekochtem Salzfisch eine der besten Mahlzeiten war, die er je gegessen hatte.

»Bei Odin, es ist gut, trocken und im Warmen zu sein«, meinte Skar. »In den letzten Tagen war ich so oft bis auf die Haut durchnässt, dass ich mich einen Monat lang nicht mehr waschen muss.«

Etwas an seinen Worten löste in Einar eine Erinnerung an ihren Aufbruch in Irland aus. Er wandte sich Skar zu. »Was hast du eigentlich damit gemeint, dass Hakon uns akzeptiert, wenn wir uns waschen? Ich wasche mich jede Woche. Wir alle waschen uns öfter als die Sachsen.«

Skar kicherte. »Das macht man so, wenn man sich einer christlichen Armee anschließt. Ist man kein Christ, waschen sie dich. Sie lassen einen in einen Fluss waten oder nehmen manchmal auch einen großen Zuber. Man springt in der Unterkleidung rein, und einer ihrer Zauberer sagt ein paar Sprüche auf. Dann taucht er deinen Kopf unter. Sie geben dir auch einen neuen Namen. Auf diese Weise wirst du einer von ihnen. Ein christlicher König kann sagen, dass seine Armee nur aus Christen besteht und ihr Gott für den Sieg sorgen kann.«

Einar runzelte die Stirn. »Das hast du schon getan?«

»Schon mehrmals. Das haben wir alle.«

Einar blickte sich um. Die anderen Männer nickten.

»Aber du glaubst an Odin«, sagte Einar. »Bedeutet das nicht, dass du jetzt Christ bist?«

Skar lachte. »Magie funktioniert nur, wenn es den Gott, der sie wirkt, auch tatsächlich gibt, Junge.«

»Außerdem wäre Odin damit einverstanden«, fügte Ulrich hinzu. »Er ist der Meister in Sachen List und Tücke.«

»Könige wie Æthelstan führen ständig Krieg«, sagte Skar. »Sie brauchen immer Kämpfer, für die sie bezahlen. Sie rekrutieren sie auf der ganzen Welt, daher können sie es sich nicht leisten, nur Krieger zu nehmen, die bereits Christen sind. Für Männer wie Æthelstan kommt es nur darauf an, dass ihre Männer Christen sind, wenn sie in die Schlacht ziehen. Wenn du Krieger bist und ihr Geld willst, verlangen sie das eben von dir. Tust du es nicht, wirst du auch nicht bezahlt. Ich bin schon mehrere Male gewaschen worden und habe neue Namen erhalten. Einmal hieß ich Alfred. Dann John.«

»Mich hat man Edward genannt«, sagte Bödvar. »Und Godric. Das hat mir gar nicht gefallen.«

»Ihr Gott muss so blind wie Hödur sein.« Atli schüttelte den Kopf. »Er kann mit Sicherheit nicht in die Herzen der Menschen blicken.«

»Oder er kann es doch, aber wie jedem irdischen König oder Jarl ist ihm egal, wer für ihn stirbt«, meinte Affreca. »Solange er gewinnt.«

Nach dem Essen brach die Dunkelheit herein. Am Himmel leuchteten die Sterne, und Einar verspürte eine seltsame Ruhe. Es war, als könnte ihm nun, nachdem ihm das widerfahren war, vor dem er am meisten Angst gehabt hatte, nämlich Schiffbruch zu erleiden, diese Vorstellung keine Angst mehr einjagen. Das Schlimmste war geschehen, und er hatte überlebt.

Als Narfi laut schnarchte, stand Gorm auf und kam zu Einar, der mit untergeschlagenen Beinen an Deck saß und mit den Fingern über die Saiten von Eyvinds Harfe strich.

»Komm mit«, sagte Gorm und warf dem schlafenden Narfi einen Blick zu. »Lass uns Roan etwas zu essen bringen.«

Einar runzelte die Stirn. »Dazu brauchst du mich?«

Gorm sah ihn eindringlich an, blickte betont erst Richtung Heck, dann zu Eyvind. Der Skalde sah Einar an und nickte.

»Begleite ihn«, flüsterte er.

Verblüfft stand Einar auf. Sie füllten eine Schale mit Fisch und brachten sie zum Heck, wo Roan am Ruder lehnte. Wie gewöhnlich wirkte er gelassen, als würde ihm nichts auf der Welt mehr Freude machen, als sein Schiff über die Wellen zu steuern.

»Worum geht es, Gorm?«, fragte Einar, als er dem Kapitän die Schale reichte.

Der große Glatzkopf warf einen verstohlenen Blick über die Schulter, dann wandte er sich Einar zu.

»Ich bin mir nicht sicher«, sagte er leise. »Aber ich glaube, etwas stimmt nicht.«

»Was meinst du?« Einar senkte ebenfalls die Stimme und sah Roan an. Der Kapitän hob nur die Brauen.

»Als ich das Schiff der Wolfsmäntel vergangene Nacht das

letzte Mal sah«, sagte Gorm, »wirkte es, als würde es auf das Ufer zusegeln. Absichtlich.«

»Das könnten die Wellen gewesen sein«, erwiderte Einar. »Nachdem Gizur über Bord gespült wurde, stand niemand mehr am Steuer. Die Gezeiten könnten uns auf die Felsen gespült haben.«

»Sag es ihm«, zischte Gorm dem Kapitän zu.

Roan seufzte. »Ich habe gesagt, dass es Narfi war, der uns umkehren lassen wollte, aber sie wollten nach Gizur suchen. Nicht nach euch anderen. Als wir ihn fanden, schien er ziemlich davon überzeugt, dass ihr tot seid. Hätten wir das Feuer nicht gesehen, wären wir einfach weitergesegelt. Es war, als hätten sie gewusst, dass Gizur am Ufer auf sie wartet.«

»Was machen wir?«, fragte Gorm.

Einar dachte kurz nach.

»Ich weiß es nicht«, sagte er dann. »Das ist nur eine Annahme. Trotzdem, bis wir uns sicher sind, dass sie etwas vorhaben, dürfen wir nie alle schlafen, während sie wach sind. Ich übernehme heute die erste Wache.«

« KAPITEL 36 »

DER FIRTH OF FORTH

Einar hatte noch nie so viele Schiffe gesehen. König Æthelstans Flotte nahm die Mündung des Flusses ein; die Masten mit ihren gerefften Segeln sahen aus wie ein kahler Wald im Winter.

Skars Freude darüber, trocken und im Warmen zu sein, hatte nicht lange Bestand. Ihre Reise vom Norden Schottlands hatte sie über stürmische See geführt. Prasselte der Regen nicht senkrecht vom Himmel, spritzten die Wellen Gischt über das Deck, und jeder war den größten Teil der Reise nass und durchgefroren. Glücklicherweise hatten die schweren Winde das Schiff schneller gemacht, und die Reise war rascher vonstattengegangen als gedacht.

Die Fahrt führte Roans *knǫrr* nach Norden durch den Minch, die Meerenge zwischen den Inseln des Nordens, der Heimat der Nordmänner, und dem Festland, auf dem die Schotten hausten. Dann waren sie nach Westen abgebogen und hatten Caithness umsegelt. Dieser Teil der Reise hatte Einar nervös gemacht, denn direkt hinter dem Horizont im Norden lagen die Orkneyinseln und die Festung seines Vaters Thorfinn. Ulrich war ja vielleicht davon überzeugt, dass König Erik Thorfinn an der Leine halten würde, aber falls sie ein Schiff des Jarls hier auf der offenen Nordsee abfing, wo es keine Zeugen gab, würde Thorfinn es vielleicht einfach versuchen. Aus diesem Grund behielt er Gizur und Eriks Berserker ständig im Auge. Zusammen mit Gorm, Eyvind und Roan sorgte er dafür, dass die anderen fünf niemals wach und allein waren, während der Rest der Mannschaft schlief. Allerdings fiel ihm nichts Verdächtiges auf. Die Berserker waren laut, dreist und arrogant, ihr ständiger Spott war ermüdend, aber nichts deutete auf finstere Absichten hin.

Nachdem sie die Nordküste Schottlands umrundet hatten, steuerte Roan das Schiff nach Osten. Eine Weile fuhren sie auf dem offenen Meer. Roan hatte erklärt, dass die Küste von Caithness nach Westen führte, bevor sie in einer großen Bucht einen Bogen nach Osten beschrieb, und es schneller ging, wenn man daran vorbeifuhr, statt dem Küstenverlauf zu folgen.

Nach einem Tag stießen sie wieder auf Land und folgten ihm nach Süden. Einmal kamen sie zu einer Landzunge. Sie war nur durch einen schmalen Felsstreifen mit dem Festland verbunden, und die Klippen stürzten steil ins Wasser. Oben erhob sich eine Festung, deren Steinmauern und Palisaden am Klippenrand verliefen. Hinter den Mauern stieg Rauch in die Höhe.

»Das muss Dùn Ottar sein«, behauptete Eyvind. »Das ist eine Festung der Könige von Alba. Dort dürfte sich der alte Konstantin verschanzt haben und planen, wie er sich Æthelstans Angriff widersetzt.«

»Das ist eine beeindruckende Festung«, sagte Einar. »Der Ort ist perfekt.«

Ulrich, der zugehört hatte, grunzte. »Sie ist nicht uneinnehmbar. Unsere Leute haben sie vor vierzig Wintern niedergebrannt. Wir haben ihren König getötet. Mein Großvater gehörte zu den Kriegern, die diese Festung erobert haben. Er war in der Armee von König Eriks Vater Harald.«

Die Brust des kleinen Wikingers war merklich vor Stolz geschwellt.

Sie segelten die schottische Küste hinunter. Am übernächsten Tag öffnete sie sich zu einer weiten Bucht, die weit ins Landesinnere hineinführte. Dort lag Æthelstans große Flotte vor Anker.

»Das erinnert mich an einen unserer Fjorde zu Hause in Island«, sagte Einar.

»Das ist der Firth of Forth«, sagte Roan. »Das ist die Grenze zwischen Northumbrien und dem Königreich Alba.«

Am Südufer befand sich eine große Siedlung. Sie war von einem Graben und einer Palisade umgeben, im Inneren erhob sich ein steiler Hügel in die Höhe, der von einer Festung gekrönt wurde.

»Das ist die *burh* von Edin.« Eyvind zeigte auf die Hügelfestung.

»Eine englische *burh?*« Einar war überrascht. Sie befanden sich ziemlich weit im Norden. Roan hatte behauptet, sie seien nur ein paar Tage Seereise von Jorvik entfernt.

»Vermutlich nennen sie sich noch immer Sachsen, aber ja«, sagte Eyvind. »Das ist vom nördlichen Teil des Königreichs Northumbrien übrig geblieben. Einst erstreckte es sich von hier bis zum Süden von Jorvik. Dann sind unsere Leute gekommen. Wir haben die südlichen Landstriche erobert und besiedelt und diesen Teil vom Rest des sächsischen Königreichs abgeschnitten. Jetzt hat Æthelstan die fünf nordischen Burroughs zurückerobert, und Northumbrien ist wieder vereint. Der Haufen da oben muss erleichtert sein. Es war nur eine Frage der Zeit, bis entweder die Nordmänner oder die Schotten sie auslöschen.«

Sie segelten den Firth hinauf, um sich der Flotte anzuschließen. Dabei fielen Einar der Drachenbug, die Rahsegel und der schmale Rumpf vieler Schiffe auf.

»Da sind aber viele Langschiffe dabei«, sagte er.

»Sechs englisch-nordische Jarle haben sich Æthelstan angeschlossen«, erklärte Eyvind. »Als das Königreich Jorvik fiel, haben sie sich seiner Herrschaft unterworfen. Æthelstan stellt ihre Loyalität gerade auf die Probe.«

Bevor sie zu nahe herankommen konnten, fing sie ein schlankes Drachenschiff voller Krieger mit Kettenhemden und Visierhelmen ab, das längsseits ging. Am Bug stand ein junger Mann mit langen blonden Haaren in einer funkelnden *brynja.* Er musste ungefähr in Einars Alter sein, ansonsten kündete alles an ihm von Reichtum und Macht. Mit einem müden Blick auf die eigenen nackten Füße erkannte Einar, wie tief er in der Welt gesunken war.

»Hallo«, rief der junge Mann. »Ich bin Björn, der Sohn von Jarl Siward von Northumbrien. Was wollt ihr hier?«

»Wir sind gekommen, um uns Hakons Flotte anzuschließen«, rief Ulrich vom Bug von Roans Schiff. »Wir haben gehört, dass Æthelstan gutes Silber für Männer zahlt, die sich seiner Armee anschließen.«

Björn Siwardsson musterte die Männer an Deck. Einar wusste, was ihm durch den Kopf ging, als er sich den abgerissenen Haufen ansah. Keiner trug ein Kettenhemd, ein paar waren barfuß. Es war eine bunt zusammengewürfelte Mannschaft, daran bestand kein Zweifel.

»Er zahlt für gute Männer, ja«, sagte Björn. Dann fielen ihm die Bärenfelle der Berserker und die Wolfsumhänge auf den Schultern von Ulrichs Männern auf.

»*Úlfhéðnar?*«, fragte er, als wäre er sich unsicher, was er da eigentlich sah.

»Ja«, antwortete Ulrich. »Wir haben auf dem Weg Schiffbruch erlitten. Unser Schiff und der größte Teil unserer Ausrüstung ging verloren.«

Der junge Mann nickte anerkennend. »Dann dürft ihr euch uns gern anschließen«, sagte er. »Wir bringen euch an Land, dort könnt ihr mit meinem Vater sprechen. Ich bin sicher, er stellt

Männern wie euch Waffen zur Verfügung. Aber tut mir einen Gefallen.«

»Was immer du willst«, sagte Ulrich.

»Hakon wird die Vorstellung von *úlfheðnar* und Berserkern in seinem Heer nicht gefallen. Ihr wisst, dass er Christ ist?«

»Ja.«

»Also behaltet eure religiösen Ansichten für euch«, sagte Björn. »Schwingt keine Reden über Odin und Thor. Männer wie mein Vater und ich wissen zu schätzen, wo ihr herkommt. Schließlich sind unsere Vorväter aus Norwegen. Aber Hakon wird das nicht. Ihr werdet euch auch taufen lassen müssen, das ist euch doch klar, oder?«

»Ein paar von diesem Haufen könnten eine Waschung vertragen«, erwiderte Ulrich.

»Dann folgt uns«, sagte Björn.

Die Schiffe segelten zum Südufer des Firth. In der Nähe der befestigten Siedlung befand sich ein Hafen, aber die Anleger waren bereits von so vielen Schiffen belegt, dass Roan den *knǫrr* ein Stück entfernt auf dem Strand aufsetzte. Als sie ans Ufer gestiegen waren, wandte sich Ulrich an die Männer.

»Das sollte eigentlich allen klar sein«, sagte er, »aber was auch immer ihr macht, erwähnt niemals, dass wir König Erik dienen, klar? Das gilt vor allem für euch Berserker. Seid vorsichtig. Wir sind hier nicht unter Freunden. Ich will nicht, dass ihr euch betrinkt und euer Mundwerk uns Ärger einbringt. Bleibt zusammen, und haltet euch bedeckt.«

Alle nickten.

Björn kam heran. Er wurde von bewaffneten Kriegern begleitet, die sich hinter ihm zu einer Reihe aufstellten. Es war offensichtlich, dass man Ulrichs Mannschaft noch nicht vertraute.

»Du bist der Anführer dieser Männer?«, wandte er sich an Ulrich.

Ulrich nickte.

»Dann begleitest du mich zu meinem Vater«, sagte er. »Der Rest von euch kann sich in der Schlange zum Taufen anstellen. Die Priester haben heute viel zu tun, also schließt euch den anderen an.«

Er zeigte auf eine lange Reihe an Männern, die bis zum Hafen reichte. Während Ulrich Björn folgte und einen Speer als provisorischen Gehstock benutzte, gesellte sich der Rest zu der Schlange.

Überall waren Menschen. Die Felder außerhalb der Stadt standen voller Lederzelte. Einar vermutete, dass dort die Mannschaften der meisten Schiffe schliefen. Die Stadt selbst musste aus allen Nähten platzen. Eyvind hatte ihm erzählt, dass das nur die Leute von der Flotte waren. Æthelstans Landtruppen trafen erst noch ein. Einar war der Ansicht, dass sich hier bereits genügend Krieger versammelt hatten, um Schottland fünf Mal erobern zu können, und es trafen immer noch mehr ein. Neuankömmlinge wie sie kamen von den Schiffen im Hafen oder vom Strand. Viele begaben sich auf direktem Weg zur Stadt oder den Lagerplätzen. Die Nichtchristen mussten sich zu Einar und den anderen in die Schlange stellen.

Vor ihnen standen vielleicht an die hundert Männer. Soweit Einar es einschätzen konnte, kamen sie überall aus der nördlichen Welt.

»Was ist verkehrt daran, über König Erik zu sprechen?«, fragte Einar mit leiser Stimme den Skalden, der vor ihm stand. »Ist er nicht Jarl Hakons Bruder?«

»Halbbruder«, erwiderte Eyvind aus dem Mundwinkel. »König Harald Schönhaar war ihr Vater, aber sie haben andere Mütter. Beide können den Thron von Norwegen für sich beanspruchen. Erik hat bereits zwei Brüder getötet. Wer weiß schon, ob er das nicht auch mit Hakon vorhat?«

»Eyvind, warum bist du eigentlich auf unserer Seite?«, fragte Einar plötzlich. »Warum gehst du nicht zu Hakon? Er ist bestimmt in der Stadt in einem Palast. Er würde dich doch willkommen heißen. Dort hättest du es viel bequemer.«

Eyvind verzog das Gesicht. »Ich bin hier, um an eurem Abenteuer teilzunehmen, schon vergessen?«

»Ja, aber wenn Hakon erfährt, dass du dabei geholfen hast, das Rabenbanner zu stehlen, möchte ich nicht in deiner Haut stecken.« Dann erinnerte sich Einar an seine Begegnung mit Hakon. »Ich sollte ihm wohl besser auch aus dem Weg gehen, so viel steht fest.«

Die Schlange bewegte sich ein paar Schritte weiter, dann verharrte sie wieder. So ging es eine Weile, bis sie über einen niedrigen Hügelkamm in eine kleine Senke kamen, durch die träge ein brauner, vom Winterregen angeschwollener Fluss strömte. Die Reihe führte das Ufer entlang zu einem Baum am Wasser, und ihnen blieb genug Zeit, um zu sehen, was sie erwartete. An dem Fluss standen sieben christliche Zauberer. Die seltsame Weise, auf die ihr Kopf oben kahl geschoren war, verriet Einar, dass es sich um die Männer handelte, die man »Mönche« nannte. Ihre schwarzen Kutten waren nach oben gezogen und an der Taille festgesteckt. Jeder Krieger trat ans Ufer, zog sich bis auf die Unterkleidung aus und watete zu einem der Mönche. Dann kniete er sich in das braune Wasser, und der Mönch hob die Hand in einer heiligen Geste, die daran erinnerte, wie ein *Goði* ein Opfer segnete. Er sprach ein paar für Einar unverständliche Worte, dann drückte er den Krieger unter Wasser. Wenn der Krieger wieder aufstand, umarmte ihn der Mönch, was nicht immer geschätzt wurde.

»Beim letzten Mal habe ich ein hübsches langes Hemd bekommen«, sagte Skar. Die mangelnden Geschenke schienen ihm zu missfallen.

»Wenigstens haben die einen Fluss«, meinte Bödvar. »Ich hatte das letzte Mal ein großes Fass. Ich musste in dasselbe Wasser steigen, in dem vor mir Hunderte andere dreckige Bastarde waren.«

Nach langer Zeit waren sie dran, und Einar stand fast ganz vorn.

»Ich bin bereits Christ«, verkündete Eyvind und trat zur Seite, um ihn vorzulassen.

Einar verfolgte überrascht, wie der Skalde ein paar Worte zu einem der Mönche sagte. Der Mann nickte und klopfte Eyvind auf die Schulter.

»Ich steige heute nicht in eiskaltes Wasser«, sagte Eyvind mit einem Grinsen zu Einar. »Aber ich will dich nicht davon abhalten.«

Einar zog Wams und Hose aus und wartete, während der Mann vor ihm getauft wurde. Der Schlamm unter seinen Füßen war kalt und schob sich zwischen seinen Zehen empor. Dann war der Krieger vor ihm fertig, und der Mönch winkte ihn heran.

Einar trat ins Wasser und holte zischend Luft, als die Kälte bis zur Mitte seines Körpers stieg. Seine Eier schienen ihm in den Bauch kriechen zu wollen, bevor sie überhaupt mit dem Wasser in Berührung kamen. Als er den Mönch erreichte, stand er bis zur Taille im Fluss.

»Knie nieder«, befahl der Mönch.

Einar gehorchte, und das kalte Wasser stieg bis zu seiner Brust.

Der Mönch hielt eine Hand über seinen Kopf. Mit lauter Stimme verkündete er etwas in einer fremden Sprache. Dann legte er Einar die andere Hand auf den Kopf und drückte ihn sanft, aber bestimmt nach unten.

Einar verstand den Wink. Er holte tief Luft, wie er es bei den anderen vor ihm gesehen hatte, und tauchte unter.

Als er wieder nach oben kam, spürte er sofort, dass etwas anders war.

Der Mönch blickte nicht mehr auf ihn hinunter, sondern starrte mit vor Überraschung weit aufgerissenen Augen an ihm vorbei.

Einar drehte sich um. Hinter ihm am Ufer war irgendetwas los. Eine Gruppe Krieger in langen Kettenhemden und Helmen kam zum Ufer herunter, vorbei an der langen Schlange, die bis zum Hafen reichte. In ihrer Mitte ging ein hochgewachsener, breitschultriger junger Mann mit langen blonden Haaren. Er war ungefähr fünfzehn Winter alt, und Einar erkannte ihn auf der Stelle.

KAPITEL 37

Einar richtete den Blick schnell wieder auf den Mönch. Der beachtete ihn aber nicht länger, sondern schaute Hakon mit verklärter Ehrerbietung an.

»Mein Herr«, rief der Mönch mit lauter Stimme. »Wir heißen dich an diesem Ort unserer geringen Mühen willkommen.«

»Gering, Bruder Cuthbert?«, erwiderte Hakon vom Ufer. »Kein Grund, so bescheiden zu sein. Als ich gehört habe, dass so viele Seelen für Gott unseren Herrn gerettet werden, musste ich mir das selbst ansehen. Wenn die Engel im Himmel den Blick auf uns richten, müssen sie vor Freude singen!«

Für jemanden in seinem Alter kann er wirklich mit Worten umgehen, dachte Einar und starrte stur auf das braune Wasser, das ihn umspülte.

»Seht euch das an«, sagte Hakon. »Krieger, die Tierfelle tragen. Wölfe und Bären.«

Er musste Skar und die anderen meinen, die hinter Einar in der Schlange warteten.

»Diese Männer können nur *úlfhéðnar* und Berserker sein«, sagte Hakon. »Die Krieger des heidnischen Gottes Odin höchstpersönlich. Und doch hat die Macht unseres Herrn sie zu unserer Sache geführt. Heute werden sie ihre Loyalität dem Teufel gegenüber ablegen und sich auf die Seite des einen wahren Gottes stellen! Sag mir, guter Mann, wie ist dein Name?«

»Ich bin Skarphedin Harsson«, verkündete Skar. »Und mit wem spreche ich?«

Ein deutlich hörbares Keuchen ging durch die Menge. Aber Hakon kicherte nur.

»Es tut mir leid. Ich bin so unhöflich. Ich habe mich nicht vorgestellt«, sagte der junge Mann. »Ich bin Hakon Haraldsson, der Anführer dieses Feldzuges. Ich heiße eure Schwerter willkommen und danke euch für eure Dienste. Gehören diese Männer alle zu deiner Mannschaft?«

Der Mönch starrte Einar finster an. Einar schaute zu ihm hoch und gab sich verständnislos.

»Du bist fertig«, murmelte der Mann auf Nordisch. »Du bist jetzt einer von uns. Willkommen im Glauben. Jetzt steh auf und kehr deinem Jarl nicht länger den Rücken.«

Einar verschwieg, dass er genau das tun wollte. Er stand auf und watete an dem Mönch vorbei auf das andere Ufer zu. So würde er sich nicht umdrehen müssen.

»Deine Kleidung liegt auf dem Ufer hinter dir.« Der Mönch seufzte, als hätte er den Verdacht, es mit einem Einfältigen zu tun zu haben. »Hinter mir wird der Fluss sehr tief, und wenn du nicht schwimmen willst, musst du auf dem Weg zurück, den du gekommen bist.«

Einar begriff, dass es keinen Ausweg gab. Er drehte sich um und watete mit gesenktem Kopf zum Ufer. Zu seiner Bestürzung sah er, dass Skar dem Jarl nun einen Wolfsmantel nach dem anderen vorstellte. Mit den langsamen, zögernden Schritten eines Mannes, der zu seiner Verabredung mit dem Henker geht, vollendete Einar den Weg zum Ufer. Der Gedanke gab ihm Hoffnung, dass Hakon ihn so nass und nahezu unbekleidet nicht wiedererkennen würde. Um etwas nachzuhelfen, ließ er das feuchte Haar im Gesicht kleben. Flucht war sinnlos. Die Krieger des Jarls hatten das ganze Flussufer besetzt. Der Versuch, sich hier den

Weg freizukämpfen, musste scheitern. Es waren mindestens dreißig Männer, und sie alle trugen Kettenhemden und waren mit Helmen, Schwertern und Schilden ausgerüstet.

»Und dieser Mann hier …«, sagte Skar und deutete auf den näher kommenden Einar, nachdem er alle anderen vorgestellt hatte, »ist Einar Thorfinnsson.«

Einar verfluchte sich, dass er Skar nicht gewarnt und erzählt hatte, dass seine frühere Begegnung mit Hakon alles andere als friedlich abgelaufen war. Er war davon ausgegangen, in dem großen Heer einfach untertauchen zu können. Bestimmt hatte er nicht damit gerechnet, Hakon persönlich zu begegnen.

Mit einem Seufzen hob er den Kopf und lächelte den jungen Jarl an. Dessen Miene verriet sofort, dass er genau wusste, wer da vor ihm stand.

Einar hob die rechte Hand und winkte kurz.

»Hallo, wir kennen uns ja schon«, sagte er.

Einen Moment lang herrschte Schweigen, während Hakon ihn zornig anstarrte. Skar spürte, dass etwas nicht stimmte, und legte die Hand auf den Griff des Messers an seinem Gürtel. Im selben Augenblick erklang das Zischen von Stahl, als jeder Leibwächter das Schwert zog.

Hakon lächelte. »Sieh an, sieh an. Einar Thorfinnsson. Ich hätte gedacht, dass Ricbehrt andere Pläne mit dir hat, nachdem du ihm gezeigt hast, wo seine gestohlenen Schwerter sind.«

»Du willst sagen, du hast gehofft, er bringt mich um«, erwiderte Einar.

Hakon tat sein Bestes, verletzt auszusehen. »Bitte. Das wäre so … unchristlich. Ich habe nur nicht damit gerechnet, den Sohn eines meiner berüchtigtsten Feinde so bald vor mir zu sehen. Oder schon wieder, besser gesagt. Du willst dieses magische Banner offenbar unbedingt in deine Hände bekommen. Ich frage mich nach dem Grund.«

Einar sagte kein Wort. Hakon richtete den Blick wieder auf die anderen.

»Und da ist auch die hübsche Affreca Guthfrithsdottir!«, sagte er. »Entschuldige, ohne dein langes Haar habe ich dich nicht erkannt. Zweifelslos haben die Schwestern von Withern Abbey dir diesen Haarschnitt verpasst. Dann war das Klosterleben doch nichts für dich? Bist du darum hier?«

Affreca spuckte in den Schlamm.

»Du hast ja so viel Glück gehabt.« Hakons Stimme verlor einen großen Teil ihrer spöttischen Höflichkeit. »Die Abtei wurde von heidnischen Wikingern überfallen. Die Schwestern und Brüder hat man wie Tiere abgeschlachtet. Die Abtei ist niedergebrannt.«

Er wandte sich mit zusammengebissenen Zähnen und hocherhobenem Kopf Skar zu. »Und doch bist du hier, Affreca. Bei einer Mannschaft aus heidnischen Wikingern. Welch ein Zufall.«

Zu Einars Überraschung grinste Skar plötzlich, was ihm völlig unverständlich war. Ihre Situation sah hoffnungslos aus. Hakon hatte dreißig Krieger. Die vier Berserker, Gizur und Gorm hatten Schwerter, aber keine Rüstung, die Wolfsmäntel nur das, was sie nach dem Schiffsuntergang erbeutet hatten. Die meisten hatten bereits angefangen, sich für ihre Flusstaufe auszuziehen. Jeder Kampf wäre der reinste Selbstmord.

»Das mit dem Frauenkloster«, sagte Skar. »Das könnten wir gewesen sein.«

»Du bist nicht hilfreich«, murmelte Einar.

»Wir sind sowieso am Arsch, Junge«, erwiderte Skar. »Da können wir auch ruhmreich gehen.«

Hakon lachte.

»Es ist genauso, wie euer großer Freund es sagt. Ihr seid in der Tat am Arsch«, sagte der junge Jarl. »Ihr könnt mir also genauso gut erzählen, worum es hier geht. Oder nein, lasst mich raten! Vier Berserker und mehrere *úlfhéðnar.* Alles Norweger. Das sind keine alltäglichen Krieger. Solche Männer dienen Jarlen und Königen. Die Sorte Männer, die ein König auf eine entscheidende Mission schicken würde. Könnte das möglicherweise etwas mit meinem lieben Bruder Erik zu tun haben?«

Skar nickte. »Du bist schlauer, als du aussiehst. Wir haben Erik Blutaxt Haraldsson die Treue geschworen. Er hat uns ausgesandt, um das Rabenbanner zu holen.«

»Hier nennt man ihn Erik Brudermörder«, korrigierte ihn Hakon, dessen Lächeln wieder verschwunden war. »Er hat zwei meiner Brüder getötet. Gehörte mein Tod auch zu dem Plan?«

Skar zuckte mit den Schultern. »Du hattest darin nie einen Platz.«

Hakon grunzte. »Nein, das hätte ich auch nicht gedacht, oder? Zweifellos hält mich mein lieber Bruder Erik für bedeutungslos.«

Einar glaubte förmlich, die Bitterkeit riechen zu können, die in Hakons Herz brodelte.

»Unser Vater, der große Harald Schönhaar, hat mich so sehr wertgeschätzt, dass er mich weggab. Habt ihr das gewusst?«, sagte Hakon mit einem Knurren. Einar sah zu seiner Überraschung etwas Helles in den Augen des jungen Mannes funkeln, das nur Tränen sein konnten.

Hakon starrte alle an. Als niemand etwas sagte, fuhr er fort. »Vielleicht sollte ich euch die Geschichte erzählen? Sie ist wirklich lustig. Darüber lacht man sich schon seit vielen Jahren kaputt. Ich bin sicher, ihr kennt sie. So höret denn, wie vor siebzehn Wintern König Æthelstan die Nachricht von den großen Taten meines Vaters Harald in Norwegen erreichte. Wie er das ganze Land zum ersten Mal in seiner Geschichte unter seiner Herrschaft geeint hatte. Wie Männer nun davon sprachen, dass Harald der größte und mächtigste König des ganzen Nordens war. Aber da Æthelstan hier in Britannien ähnliche Taten vollbracht hatte, sagte man das nun auch über ihn. Nun war die Frage, wer der größte König im Norden dieser Welt war. König Æthelstan oder König Harald? Æthelstan entsandte Männer zu Harald, und sie nahmen ein Schwert mit. Es war prächtig. Griff und Parierstange waren vergoldet. Die Scheide war mit Gold und Silber und kostbaren Edelsteinen besetzt. Der Botschafter präsentierte dem König diese Klinge mit dem Griff voraus und sagte: ›*Dieses Schwert entsendet König Æthelstan, mit der Bitte, dass du es annimmst.*‹ Mein Vater nahm die Klinge entgegen. Dann sagte der Botschafter: ›*Nun hast du das Schwert aufgrund der Bitte unseres Königs genommen. Damit hast du akzeptiert, dass du sein Untertan bist.*‹«

Hakon holte tief Luft und fuhr dann fort. »Zu seiner Ehre geriet mein Vater nicht in Wut. Schließlich hatte er seine Position nicht errungen, indem er vorschnell handelte. Er ließ die Botschafter wieder abziehen und tat so, als wäre diese Beleidigung unter seiner Würde. Schließlich war er Harald von Norwegen. Aber er würde das nicht auf sich beruhen lassen. Im folgenden Sommer schickte er ein Schiff nach England. Es wurde von einem seiner besten Krieger gesegelt – einem Mann, der dir vermutlich sehr ähnlich war, Skarphedin. Sein Name war Hauk Habrok. Mein Vater hatte ihm einen Säugling mitgegeben, einen Jungen. Hauk reiste zu König Æthelstan in London. Er traf zu Weihnachten ein, das große Fest hatte gerade begonnen. Hauk trat vor den König und grüßte ihn, und der König hieß ihn willkommen. Dann setzte Hauk dem König das Kind auf die Knie. Der König sah den Jungen an und fragte Hauk nach der Bedeutung. Hauk erwiderte: ›*König Harald bittet dich, das Kind seiner Dienerin als Pflegesohn großzuziehen.*‹ Æthelstan verstand die Beleidigung und wurde zornig. Er griff nach dem Schwert, als wollte er das Kind erschlagen. Hauk sagte, was ihm mein Vater für diesen Fall aufgetragen hatte. ›*Töte ihn, wenn du willst. Aber*

Harald hat mehr Söhne, und du kannst sie nicht alle umbringen.‹ Æthelstan brachte es nicht über sich, ein unschuldiges Kind zu töten. Stattdessen sagte er Hauk, er würde es wie sein eigenes großziehen. Als mein Vater das hörte, war er erfreut. Jedermann weiß, dass der Mann, der die Kinder eines anderen Mannes aufzieht, der Geringere der beiden ist. Wisst ihr, wer dieser Säugling war?«

Hakon spuckte die Worte durch die zusammengebissenen Zähne aus. Einar konnte sich die Antwort denken, aber ihn beeindruckte die Tiefe des Grolls, der noch immer im Herzen des jungen Mannes kochte.

»Ich«, sagte Hakon. »Der kleine Junge war ich. Der Sohn seiner Bettsklavin. Von so geringem Wert, dass man mich wie Müll wegwerfen konnte.«

»Da haben wir etwas gemeinsam«, sagte Einar. »Mein Vater ist Jarl Thorfinn von Orkney. Meine Mutter Unn war seine Bettsklavin. Sie ist ihm zusammen mit mir entkommen. Seitdem versucht Thorfinn, uns zu töten.«

Hakon blinzelte und sah Einar verwirrt an. Dann löste sich die Wolke des Zorns wie durch Magie auf und verschwand aus seinem gefälligen, ansehnlichen Antlitz. Er nickte, als würde er eine Art Erkenntnis akzeptieren.

»Dann sind wir beide Bastarde, mein Freund«, sagte er lächelnd. »Ich hatte Glück, dass Æthelstan ein guter Pflegevater war. Er hat mich wie seinen eigenen Sohn großgezogen. Vielleicht, weil er keine eigenen Söhne hat. Er hat mich gut behandelt. Er hat mich im wahren Glauben taufen lassen. Ich habe so viel von ihm gelernt, die Staatskunst und wie man herrscht. Es fällt mir schwer zu glauben, dass mein richtiger Vater den Sohn seiner Bettsklavin mit solchem Wohlwollen behandelt hätte. Ich bin ein sehr glücklicher Mann.«

Eine Weile herrschte Schweigen.

»Aber die Frage bleibt bestehen, was soll ich mit euch machen?«, sagte Hakon schließlich.

Skar straffte die Schultern.

»Mach, was du willst«, erwiderte der große Mann. »Wir fürchten den Tod nicht.«

»Das weiß ich.« Hakon warf Einar einen Blick zu. »Æthelstan hat mich vieles gelehrt, aber vor allem hat er mir beigebracht, niemals eine Gelegenheit ziehen zu lassen. Er hat mir auch beigebracht, dass sich ein König die Stärken anderer Männer zunutze machen sollte, um seine Ziele zu erreichen. Ich habe nicht den geringsten Zweifel, dass ihr großartige Krieger seid. Euch einfach umzubringen wäre eine Verschwendung, wenn ich euch stattdessen benutzen könnte. Wir begeben uns auf ein sehr gefährliches Abenteuer. Ich glaube, dass es für euch in dem kommenden Krieg viel zu tun gibt. Ihr behauptet, für das Rabenbanner gekommen zu sein?«

Skar nickte.

»Dann kennt ihr zweifellos die Legende?«

»Dass es dem Heer den Sieg bringt, das es in die Schlacht führt? Ja«, sagte Skar.

»Es war Æthelstan eine große Hilfe dabei, die nordischen Jarle von Jorvik und Northumbrien dazu zu überreden, sich unserem Heer anzuschließen«, sagte Hakon. »Aber ihr müsst auch wissen, dass der Dämon, der dem Banner seine Macht verleiht, ein Opfer verlangt. Wer das Banner in die Schlacht trägt, stirbt. Und obwohl alle unsere Krieger begierig darauf sind, dem Raben in die Schlacht zu folgen, will keiner der Mann sein, der es trägt. Eure Ankunft hat dieses Problem für mich gelöst. Ihr werdet den Angriff gegen die Schotten anführen.«

Hakon schlug Einar auf die Schulter.

»Und du, mein Bastard-Bruder«, sagte er lächelnd, »wirst mein neuer Bannerträger.«

⟪ KAPITEL 38 ⟫

Hakons Männer fesselten Einar, den Wolfsmänteln und den anderen die Hände. Dann führte man sie in die Siedlung. Vorbei an Häusern und einem Marktplatz brachte man sie zu den Toren der *burh.*

Im Gegensatz zu den viel kleineren *burhs,* die Einar im Süden kennengelernt hatte, stellte Edins *burh* eine beeindruckende Festung oben auf einem Felsen dar, die uneinnehmbar aussah. Sie war von einer Holzpalisade mit Laufgängen umgeben, auf denen Krieger patrouillierten. Diese Verteidigungsmauern schienen ungefähr die dreifache Größe eines Mannes zu haben.

Durch das verstärkte Tor ging es zu einem Steinhaus. Stufen führten zu einer Reihe von Räumen, die man aus den Felsen gegraben haben musste. Die Eisenstangen in den Türen machten klar, dass sie für Gefangene gedacht waren. Gleich darauf waren Einar und die anderen in einem dieser Räume, umgeben von feuchten und glitschigen Felswänden. Hinter ihnen schloss sich die Tür und wurde verriegelt.

Einar hatte noch eine gewisse Hoffnung, da nicht alle von ihnen Gefangene waren. Ulrich und Eyvind waren irgendwo dort draußen. Aber nach kurzer Zeit öffnete sich klirrend die Tür, und Ulrich humpelte nun mit einer richtigen Krücke unter dem Arm hinein. Die Tür donnerte hinter ihm zu, und wieder rasselte das Schloss.

Kurz darauf öffnete sie sich wieder, und man stieß Eyvind hinein.

»Es war genau, wie du gedacht hast, Einar«, sagte der Skalde düster. »Jarl Hakon wusste nicht zu schätzen, dass ich mich eurer Sache angeschlossen habe. Anscheinend werde ich euer Schicksal teilen.«

Der Röte seines Gesichts und dem Gestank aus seinem Mund nach zu urteilen, hatte Eyvind, nachdem er sich bei der Taufe gedrückt hatte, eine Runde durch die Tavernen der Stadt gemacht.

Die Zelle hatte keine Fenster, daher fiel es schwer zu sagen, wie lange man sie einsperrte. Einar schätzte mindestens eine Nacht. Trotz der schrecklichen Umgebung versorgte man sie anständig. Mehrere Male brachten Wächter Fleisch, Brot und Ale. Sie erhielten auch neue Kleidung, Umhänge und frisches Stroh für den Boden, darüber hinaus gab es Schlafsäcke aus Leder.

»Zumindest sorgen sie dafür, dass wir nicht an Entbehrung sterben«, meinte Skar.

Einar döste gerade auf dem Boden, als die Tür wieder geöffnet wurde und ein Krieger den Kopf hineinsteckte.

»Kommt mit«, befahl er.

Hakons bewaffnete Männer warteten im Gang. Einar und die anderen wurden aus ihrem Kerker auf den Hof geführt. Wie in den anderen *burhs* gab es auch hier Unterkünfte, Lagerräume, Ställe und andere Gebäude, wie man sie in einer Festung voller Krieger erwarten konnte. Aber im Gegensatz zu den anderen neu errichteten *burhs* war Edin Burh von dem Bollwerk, das den Felsen schon seit Jahrhunderten bewachte, zu etwas Größerem mit vielen Gebäuden gewachsen.

Zuerst führte man sie zu einem Langhaus mit einer schweren Flügeltür und noch mehr Wächtern. Drinnen wartete ein wahrer Schatz an Waffen. Kettenhemden, Helme und Lederwämser, Schilde, Speere, Schwerter und Messer lagen auf Tischen ausgebreitet, stapelten sich auf dem Boden oder ragten aus übervollen Truhen.

»Sucht euch aus, was ihr braucht«, sagte der Anführer von Hakons Männern.

»Ihr wollt uns bewaffnen?«, fragte Ulrich.

Der Krieger lächelte. »Wir können euch doch nicht nur mit diesen Wolfspelzen in die Schlacht ziehen lassen. Aber kommt nicht auf dumme Ideen. Ihr bekommt sie nicht heute ausgehändigt. Nachdem ihr ausgesucht habt, was ihr wollt, wird man alles verpacken und auf das Schiff bringen, auf dem ihr segelt.«

Die Wolfsmäntel sahen Ulrich an. Es schien, als würden sie mit ihren Blicken reden, und Einar wusste genau, was sie dachten. Sollten sie die Waffen nehmen und versuchen auszubrechen?

Einar hielt die Luft an, als Nervosität in ihm aufstieg. Ganz egal, wie gut die Wolfsmäntel auch sein mochten, sie waren deutlich in der Zahl unterlegen. Selbst wenn es ihnen gelingen sollte, Hakons Männer zu überwältigen, befanden sie sich noch immer in der Festung ihrer Feinde, die in einer fremden Stadt stand, in einem fremden Land. Sie würden nicht weit kommen.

Zu Einars Erleichterung schüttelte Ulrich kaum merklich den Kopf. Die anderen Wolfsmäntel fügten sich seinem Befehl und machten sich an die Arbeit, Schwerter auszusuchen und Kettenhemden anzuprobieren.

Einar bewunderte gerade ein Schwert mit der Runenaufschrift INGELRII, als Skarphedin ihm die Hand auf die Schulter legte.

»Ein Rat, Junge«, sagte der große Mann. »Wenn du seit dem letzten Kampf in Island mit der Klinge nicht sehr viel besser geworden bist, schlage ich dir vor, du suchst nach einer guten Axt.«

Einar runzelte die Stirn und wollte protestieren. Es war ein wunderbares Schwert, und er sehnte sich danach, damit zu kämpfen. Er würde wie ein großer Held aussehen. Dann dachte er nach. Sie zogen in die Schlacht. Derartige Entscheidungen konnten nicht nur über sein Leben entscheiden, sondern auch über das derer, die sich auf ihn verließen. Er musste seinen Kopf benutzen und nicht sein Herz. Er nickte und entschied, beides zu nehmen.

Bödvar hielt einen sächsischen Helm in die Höhe und strich mit den Fingern durch den Wolfsschwanz, der vom Kamm hing.

»Das ist gutes Kriegsmaterial«, meinte er. »Aber wir werden irgendwie englisch aussehen.«

»Sieh zu, dass du einen vernünftigen Bogen findest, Hoheit«, sagte Ulrich zu Affreca. »Wenn wir diesmal gegen die Schotten kämpfen, brauchen wir mehr als nur Steine und deine Schleuder.«

Als sie fertig waren, packten einige von Hakons Männern sofort die ausgesuchte Ausrüstung in Truhen. Man führte Einar und die anderen aus dem Gebäude zu einer großen Festhalle.

»Wollt ihr uns schon wieder bewirten?«, fragte Ulrich. »Das ist die beste Gefangenschaft, in der ich je war.«

Der Anführer lächelte nur und stieß die Tür zur Halle auf. Sie traten ein, vorbei an den Fässern mit Ale, die direkt hinter dem Eingang aufgestapelt waren, in den Hauptteil der Halle.

Der Raum war länger als breit. Holzpfosten stützten das hohe Dach. Es gab lange Bänke, Tische und Feuergruben, aber hier wurde heute nicht gefeiert. Die Luft roch nach altem Fett und abgestandenem Ale. In den Feuergruben lag nur kalte Asche.

An einem Tisch in der Mitte saß eine Gruppe Männer. Alle waren reich gekleidet, trugen bequeme Pelze und farbige Wollhemden. Sie hockten nicht auf Bänken; jeder hatte seinen eigenen Stuhl an einem Tisch, auf dem mit Silber verzierte Trinkhörner standen. Ihre Haltung war die von selbstbewussten, entspannten

Männern, die daran gewöhnt waren, dass man ihnen Respekt zollte. Hakon saß ebenfalls dort. Der große Junge hatte das Kinn auf die Faust gestützt, als hätte er Mühe, sich für das zu interessieren, was um ihn herum vorging.

Neben ihm saß ein kleiner dunkelhaariger Mann mit schwarzem Kinnbart. Es folgten vier Männer mit langen Schnurrbärten im englischen Stil, zwei glatt rasierte Männer und ein Mann in den Gewändern eines Mönchs, die allerdings mit Pelz gesäumt waren. Den Rest der Gesellschaft bildeten zwei weitere Männer mit langen Haaren, deren blonde Bärte zu Zöpfen geflochten waren, die ihnen bis auf die Brust hingen.

Einar entdeckte noch mehr christliche Priester und Mönche, die nicht weit vom Tisch entfernt lauerten; ein weiterer saß an einem Tisch in der Nähe und hatte ein Stück Pergament vor sich liegen. Anscheinend war selbst hier im hohen Norden Æthelstans Netzwerk von Klerikern an der Arbeit.

Der König saß am Kopf der Tafel. Einar erkannte den hochgewachsenen Mann mit dem faltigen Gesicht, den weißen Strähnen in den braunen Haaren und dem langen Schnurrbart sofort wieder, dem er in Jorvik begegnet war. Das war Æthelstan, der König von Wessex. Er erkannte Einar auch und beobachtete ihn genau, während sie vor dem Tisch Aufstellung nahmen.

»Ah«, sagte der König und lehnte sich zurück. »Da sind ja die Helden, die uns in die Schlacht führen werden.«

KAPITEL 39

»Kniet vor dem König!«, befahl der Anführer von Hakons Leibwächtern.

»Nein«, sagte Ulrich.

Am Tisch ertönte empörtes Murren.

»Warum sollten wir?«, fuhr Ulrich fort. »Du hast uns bereits gesagt, dass wir tote Männer sind. Was wirst du tun?«

Hakons Leibwächter griff nach dem Schwert, aber Æthelstan war bereits aufgestanden und winkte ab. Der Krieger seufzte und ließ den Schwertknauf los.

»Dich kenne ich bereits, Sohn des Schädelspalters«, sagte der König zu Einar. »Und wie ich sehe, ist die schöne Tochter des Königs von Dublin auch hier. Und dieser betrunkene Schurke, der euer Skalde ist, Eyvind. Aber wer sind die anderen?«

»Ich bin Ulrich Rognisson«, sagte Ulrich. Trotz seines verletzten Fußes richtete er sich auf, als er auf die anderen deutete. »Wir sind die *úlfhéðnar* von König Erik von Norwegen. Diese anderen sind seine Berserker. Der da ist Gizur Kalfsson, der Hauptmann des Jarls von Orkney.«

»Du bist der Anführer dieser Männer?«, wollte Æthelstan wissen.

Ulrich nickte.

»Nun, ich bin der Anführer *dieser* Männer.« Der König deutete auf die Männer am Tisch. »Hakon kennt ihr bereits. Das ist Hywel ap Cadell, der König der Waliser, die Jarle Thorketil und

Siward von Northumbrien, meine Thane Byrnoth, Edmund, Wulfric, Leofwin und Eadwy sowie Bischof Brinstan.«

»Ah.« Einar konnte sehen, wie sich auf Ulrichs Zügen Begreifen abzeichnete, als der kleine Wolfsmantel das Wort ergriff. »Also musst du dann ...«

»Ich bin Æthelstan von Wessex«, sagte der König. »König aller Engländer und Imperator von Britannien.«

Ulrich hob die Brauen. »Imperator von Britannien? Ich schätze, König Konstantin von Alba und Owain von Strathclyde dürften das anders sehen.«

»Das tun sie in der Tat.« Æthelstans Blick wurde hart. »Aber in meinem Heer sind Männer aus allen englischen Königreichen versammelt. Hywel hier ist der König aller Waliser, und wir haben sechs nördliche Jarle aus dem Danelag. Diese Männer stehen alle unter meinem Befehl. Wir repräsentieren beinahe ganz Britannien. Konstantin und Owain beherrschen den Rest, aber der ist nicht groß. Ich glaube, mein Anspruch auf den Titel hat mehr Gewicht, findest du nicht?«

Ulrich sagte nichts.

»Und dieser durchtriebene alte Pikte Konstantin«, fuhr der König fort, und dieselbe Härte wie in seinem Blick trat in seinen Tonfall, »wird erfahren müssen, wie sehr er sich irrt.«

»Es ist zweifellos eine beeindruckende Streitmacht«, sagte Ulrich. »Ich beglückwünsche dich, Æthelstan.«

Æthelstan lächelte wieder. »Das ist nur die Flotte. Meine Armee trifft noch ein. Dann werden wir unaufhaltsam sein, während die Armee das Land verheert und die Flotte sie vom Meer aus unterstützt.«

»Eine gute Strategie«, meinte Ulrich. »Sie sollte funktionieren.«

»Vielen Dank, aber ich kann sie nicht allein für mich in Anspruch nehmen. Hast du jemals Tacitus gelesen?«

Ulrich lachte. »Ich habe noch nie etwas *gelesen.*«

Der König schüttelte den Kopf. »Natürlich nicht. Du bist ein heidnischer Barbar. Tacitus war ein römischer Chronist. Er hat den Feldzug seines Schwiegervaters, General Agricola, im Land der Schotten beschrieben. Agricola war der Erste, der erkannt hat, dass man die Unterstützung einer Flotte braucht, wenn man Schottland erobern will.«

»Was hat noch einmal Calgacus, der König der Kaledonier, vor der Schlacht mit Agricola gesagt?« Ulrich rieb sich das Kinn. »Genau! *Diese Römer, sie plündern, morden, stehlen und nennen das ein Imperium. Sie hinterlassen Verwüstung und nennen das Frieden.* Ich frage mich, ob Konstantin Tacitus gelesen hat.«

Æthelstans Lächeln gefror. Er starrte Ulrich lange an.

»Sehr gut«, sagte er schließlich. »Du bist nicht so ungebildet, wie du aussiehst.«

»Unsere Bildung wird in den Herzen und Erinnerungen unserer Männer bewahrt«, erwiderte Ulrich. »Und vom Mund ins Ohr überliefert. Nur weil wir nicht lesen, sind wir nicht ungebildet.«

»Aber ihr *seid* Berserker und *úlfhéðnar.*« Æthelstans Miene drückte Verachtung aus. »Wikinger. Heiden. Mörder und Piraten.«

»Dann hast du von uns gehört?«, sagte Skar grinsend.

»Oh, das habe ich«, erwiderte der König. »Ich weiß alles über euch. Ich weiß, welchen Schaden ihr angerichtet habt. Meine Familie und mein Volk führen seit drei Generationen gegen euch Krieg. In der Zeit meiner Vorväter habt ihr fast die Hälfte von Britannien gestohlen. Aber Wessex hat dank unseres Glaubens an den Herrn widerstanden. Ich nehme an, ihr seid die Wikinger, die die Abtei von Withern gebrandschatzt haben? Die Anwesenheit von Affreca Guthfrithsdottir unter euch ist der Beweis dafür.«

Ulrich antwortete nicht.

»Das war eine böse Tat.« Æthelstans Lächeln war wieder verschwunden. »Viele unschuldige Seelen wurden in den Himmel geschickt. Bewaffnete Krieger gegen schutzlose Mönche. Ihr müsst sehr stolz auf euch sein. Wüsste Erzbischof Wulstan, dass ihr in meiner Gewalt seid, würde er toben und darauf bestehen, euch am nächsten Baum aufzuhängen.«

»Aber meine Tochter hat sehr gut von dir gesprochen«, sagte König Hywel, der dunkelhaarige Mann am Tisch. Er sah Affreca an. »Ich danke dir, dass du sie verschont hast.«

Æthelstan warf seinem walisischen Gegenstück einen Blick zu. Hywel errötete.

»Und dennoch hast du Nordmänner in deinem Heer?«, entgegnete Ulrich. »Du hasst uns, aber du brauchst unsere Schwerter.«

Æthelstan sah gequält aus. »Ich hasse dich nicht, Ulrich. Oder dein Volk. Ich hasse eure *Religion.* Darum kämpfen wir. Aber wie sollte ich dein Volk hassen können? Ihr seid unsere Vettern. Der Herr befiehlt, dass wir unsere Feinde lieben müssen. Diese beiden Jarle, Thorketil und Siward« – er deutete auf die Männer mit den zu Zöpfen geflochtenen Bärten – »sind Nordmänner. Sie sind die Söhne von dänischen Siedlern. Aber jetzt dienen sie dem wahren Gott und herrschen in meinem Namen als meine Vasallen. Wir müssen alle lernen, dieses Land zu teilen.«

Du meinst, solange du die Kontrolle hast, dachte Einar. Aber er hielt den Mund.

»Ist Konstantin von Alba nicht wie du Christ?«, fragte Ulrich. »Welche Entschuldigung hast du, gegen ihn in den Krieg zu ziehen?«

Æthelstan seufzte. »Konstantin klammert sich an alte, abweichende Bräuche. Er steht der alten häretischen irischen Form unseres Glaubens zu nahe. Er folgt einem Irrglauben, und weil er der König ist, führt er sein ganzes Volk auf einen falschen Pfad.«

»In der Abtei von Withern hat mir eine schottische Nonne erzählt, dass er in seinem Königreich die Kirche reformiert«, bemerkte Affreca.

Der König sah sie an.

»Affreca Guthfrithsdottir. Du suchst also noch immer dieses Rabenbanner«, sagte er. »Diesen Wimpel des Teufels?«

»Es gehört rechtmäßig meinem Clan«, erwiderte sie.

»Und jetzt gehört es mir!«, brüllte Æthelstan. Die Reserviertheit und der Hauch von Belustigung, die eben noch so deutlich sichtbar gewesen waren, waren wie weggewischt. »Seid ihr alle wirklich so arrogant, dass ihr glaubt, ihr könntet euch einfach in mein Heer einschleichen und das Banner stehlen?«

»Was kannst du schon mit einem heidnischen Banner anfangen?«, sagte Ulrich. »Kämpfst du nicht für deinen Gott? Was nutzt dir ein Banner, das von Odin kommt?«

»Darüber muss ich nicht mit euch debattieren«, sagte der König.

»Wir auch nicht. Was soll das alles hier?«, fragte Ulrich gereizt. »Wenn du uns töten willst, dann tu es. Aber gib uns nichts zu essen, keine neue Kleidung und lass uns keine Waffen aussuchen. Was willst du von uns?«

»Ich sehe, dass du den Tod nicht fürchtest«, sagte Æthelstan. »Gut. Genau das brauchen wir. Aber verletzt, wie du bist, wirst du mir nicht viel nutzen. Ich hoffe, deine Mannschaft teilt diese Überzeugung.«

»Ich gehe dorthin, wohin meine Männer gehen«, erwiderte Ulrich.

Æthelstan sah einen nach dem anderen an. Einar hatte das Gefühl, seine dunkelbraunen Augen würden bis in seine Seele blicken.

»Eine Gelegenheit hat sich ergeben, diesen Krieg zu verkürzen«, sagte der König schließlich. »Ihn vielleicht sogar zu beenden, bevor er richtig anfängt. Konstantin ist ein Fuchs. Man überlebt auf dem Thron von Alba nicht so lange wie er, wenn man nicht schlau ist. Er weiß, wie mächtig meine Armee ist, und meine Spione haben mir verraten, dass er möglicherweise gar nicht gegen uns kämpft. Sobald wir in Schottland einfallen, wird er nach Dùn Ottar fliehen und sich hinter seinen Mauern verschanzen, bis der Sommer endet und mein Heer nach Hause zurückkehren muss, um die Ernte einzubringen.«

Einar erinnerte sich an die Festung auf der Klippe und wie uneinnehmbar sie ausgesehen hatte.

»Und er könnte vielleicht sogar überleben, verflucht soll er sein«, sagte Æthelstan. »Dùn Ottar wird schwer zu erobern sein. Sehr schwer. Selbst mit einer Armee, wie ich sie habe. Aber ich habe erfahren, dass Konstantin in den Süden gekommen ist. Er weiß, dass mein Heer noch nicht eingetroffen ist, und will meine Flotte mit eigenen Augen sehen, damit er die Bedrohung abschätzen kann. Im Moment ist er in einer befestigten Stadt namens Cathair Aile, nicht weit nördlich von hier. Wenn wir ihn überraschen können, könnten wir ihn dort gefangen nehmen oder töten. Der Krieg wäre vorbei, bevor er begonnen hat. Wir haben den größten Teil der Flotte hier. Ich will zuschlagen.«

»Sollte er dich beobachten, wird er sofort die Flucht ergreifen, wenn er sieht, dass die Flotte ausläuft«, stellte Ulrich fest.

»Das ist richtig«, sagte der König. »Aber wenn eine kleine Streitmacht aus Schiffen ausläuft und nach Osten segelt, während der Rest der Flotte weiter vor Anker liegt, wird das keinen Verdacht erregen. Diese Schiffe könnten dann wenden und Cathair Aile in der Nacht angreifen, während Konstantin im Bett liegt, und seine Männer die Festung halten. Die Hauptflotte würde dann folgen.«

Ulrich zuckte mit den Schultern. »Das könnte Erfolg haben. Aber nachts eine Hafenfestung angreifen, die zweifellos sehr gut verteidigt wird? Sehr gefährlich. Vermutlich sogar selbstmörderisch.«

Æthelstan grinste ohne jegliche Wärme. »Aber genau darin sind deine Männer doch so gut.«

Ulrich grunzte. »Unsere Mannschaft besteht nur aus fünfzehn Männern. Und nur sechs davon sind Wolfsmäntel.«

»Jarl Siward wird euch Schiffe mit Kriegern leihen.«

»Und ich gebe euch gute walisische Bogenschützen«, sagte König Hywel.

»Deine Männer werden uns gehorchen?«, wandte sich Ulrich an den Jarl.

»Es sind Nordmänner. Sie werden dem Rabenbanner folgen«, antwortete Siward.

»Ich werde die Magie des Teufels benutzen, um Gottes Werk zu tun.« Æthelstans Augen funkelten im Fackelschein.

»Woher weißt du, dass Konstantin dort ist?« Ulrich kniff die Augen zusammen.

»Ich habe meine Spione«, erwiderte der König.

»Sind sie verlässlich?«, wollte Ulrich wissen.

»Sehr«, sagte Æthelstan mit einer Überzeugung, die Einar überraschte. Soweit er wusste, waren Spione für gewöhnlich nicht vertrauenswürdig; verschlagene Männer oder Frauen, bei denen sich niemand sicher sein konnte, auf welcher Seite sie wirklich standen. Normalerweise taten sie es für Gold. Was für Spione hatte der König, dass er sich ihrer Loyalität und Vertrauenswürdigkeit so sicher sein konnte?

Sein Blick fiel auf den Mönch, der an dem Tisch schrieb, und er kannte die Antwort. In Æthelstans Reich gab es überall Kleriker. Wer konnte sich mühelos und ungehindert zwischen den Königreichen bewegen? Wer hatte Verbindungen und konnte

Botschaften über Grenzen schicken? Wer sprach die Sprache Latein, die allein Männer wie sie überall auf der Welt verstanden?

»Die christlichen Priester«, sagte er. »Sind das deine Spione?«

»Wie Affreca Guthfrithsdottir schon gesagt hat«, antwortete Æthelstan, »Konstantin will in seinem Reich die Kirche reformieren. Aber er lässt sich damit zu viel Zeit. Sagen wir, dass es Leute in seinem Königreich gibt, die diese Veränderungen schneller wünschen. Es gibt Leute, die meinen endgültigen Sieg als Möglichkeit betrachten, dass das Königreich Alba schneller in den Schoß der einen wahren Kirche findet.«

»Also ist das für dich eine Art heiliger Krieg?«, fragte Ulrich.

Æthelstan nickte.

»Und ihr werdet mir dabei helfen, ihn für Gott zu gewinnen. Oder bei dem Versuch sterben.«

KAPITEL 40

Einar bemühte sich angestrengt, Schlaf zu finden, aber das war hoffnungslos.

Bald würde er in die Schlacht ziehen. Bald darauf würde er vermutlich tot sein.

Die anderen schienen seine Unruhe nicht zu teilen.

»Schlaft, solange ihr könnt«, hatte Skar gesagt. Und jetzt lagen die Wolfsmäntel, die Berserker und sogar Gorm auf dem sanft schaukelnden Schiffsdeck in ihren ledernen Schlafsäcken und schnarchten um Einar herum.

Es war Nacht, aber die hellen Strahlen des Vollmondes sorgten für silbriges Licht. Vier Schiffe glitten über die Wellen, der Wind in den Segeln trieb sie an. Irgendwo vor ihnen war Cathair Aile mit seiner Festung und Konstantin von Alba, der genauso tief in seinem Bett schlief.

Bei den Schiffen handelte es sich um *skeiðir,* die im Besitz der nordischen Jarle auf Æthelstans Seite waren. Sie gehörten zu den schnellsten der großen Kriegsschiffe, verfügten über dreißig Ruderbänke und eine Besatzung von ungefähr neunzig Mann. Am Morgen hatten sie die Ankersteine gehoben und Æthelstans im Hafen liegende Flotte zurückgelassen, waren langsam durch den Firth aufs offene Meer hinausgesegelt und hatten so gut wie möglich dafür gesorgt, dass jeder Beobachter an der Nordküste ihren Aufbruch auch sah. Nachdem die Küstenlinie am Horizont auf offener See außer Sicht war, hatten die Schiffe nach

Norden gedreht und später bei Einbruch der Dunkelheit wieder nach Westen, hatten zurück auf die schottische Küste zugehalten, nun aber ein Stück von dem Firth entfernt. Im Lauf der Nacht segelten sie dicht an der Küste auf Cathair Aile zu, allerdings aus dem Norden, der genau entgegengesetzten Richtung, aus der man Æthelstans Flotte erwarten würde.

»Kannst du nicht schlafen?«

Einar, der die schottische Küste betrachtet hatte, die an ihnen vorbeizog, wandte sich beim Klang von Affrecas Stimme um. Sie stand neben ihm.

»Nein.« Er seufzte. »Ich kann nicht aufhören, an die Legende zu denken.«

»Das Rabenbanner?«

»Ja. Es hat deiner Familie gehört. Hat es jemals einen Mann gegeben, der es in die Schlacht führte und dabei nicht gestorben ist?«

Affreca dachte nach.

»Nicht, dass ich wüsste«, sagte sie dann.

»Wie in aller Welt hat man jemals einen Mann dazu überreden können, es zu tragen?«

Affreca deutete mit dem Kopf auf die Wolfsmäntel. »Manchen Männern muss man nur sagen, dass so ein Tod einem einen Platz auf den Bänken in Odins Ruhmeshalle garantiert, und sie sind verrückt genug, es zu tun. Aber du hast doch meinen Vater kennengelernt. Es ist viel wahrscheinlicher, dass es genau die gleiche Situation wie jetzt war. Nackter Zwang. Ein Mann wird viel tun, wenn seine Familie eine Geisel ist.«

Sie sah über die Schulter. Die Wolfsmäntel waren nicht die einzigen Leute an Bord, und Einar und sie waren auch nicht die Einzigen, die auf den Beinen waren. Der Rest des Decks war mit ungefähr sechzig von Jarl Siwards Männern gefüllt, dazu kamen noch zehn von Hakons Leibwächtern, ihr Anführer Sweyn eingeschlossen. Sie alle waren Nordmänner, aber entweder Siedler oder die Söhne von Siedlern in den Königreichen Jorvik oder Northumbrien. Sie sollten an dem Angriff teilnehmen, aber ihre Anwesenheit sollte auch verhindern, dass die Wolfsmäntel und Einar das Schiff verließen.

»Skarphedin hat mich überredet, die große Axt zu nehmen«, sagte Einar. »Aber mir ist erst kürzlich bewusst geworden, dass man zwei Hände braucht, um sie zu schwingen. Wenn ich diese verfluchte Fahne trage, kann ich mich nicht einmal verteidigen.«

»Wir sind in deiner Nähe«, sagte Affreca. »Aber falls dir jemand zu nahe kommt, kannst du die Axt noch immer auf die irische Art benutzen. Sie packen den Schaft mit einer Hand am Ende. Es verdoppelt die Reichweite und verdreifacht die Kraft des Schlages. Allerdings rutscht sie einem auch leichter aus der Hand.«

Sweyn gesellte sich mit dem Helm in der Armbeuge zu ihnen. Sein Kettenhemd klirrte bei jedem Schritt seiner schweren Stiefel. Überrascht wurde sich Einar bewusst, dass der Mann höchstens einen oder zwei Winter älter als er war. Es war erstaunlich, welche Wirkung ein paar Jahre Disziplin unter professionellen Kriegern haben konnte.

»Weckt die anderen«, sagte Sweyn. »Es ist Zeit.«

Einar und Affreca gingen umher und schüttelten jeden wach. Sweyns Männer brachten Truhen mit Ausrüstung, und an Deck brach geschäftige Aktivität aus, als Männer sich auf die Schlacht vorbereiteten. Da alle erfahrene Krieger waren, machte sich jeder mit ruhiger Zurückhaltung ans Werk, ohne übermäßige Aufregung, aber mit tödlichem Ernst.

Zwei Männer brachten eine schwere, mit Eisenbeschlägen versehene Truhe. Einer von ihnen hielt auch eine lange Stange, die wie ein gewaltiger Speer aussah, allerdings mit einer Art

Querbalken vor der Spitze. Die Stange hatte vielleicht die Größe von zweieinhalb Mannslängen. Das untere Ende war mit einem Eisendorn versehen, damit man sie in den Boden rammen konnte.

Einar schluckte, aber seine Zunge war wie ausgetrocknet. An dieser Stange trug man ein Schlachtenbanner. Der Krieger legte sie an Deck ab und holte einen Schlüssel hervor, um die Truhe zu öffnen.

»Das Rabenbanner«, sagte Sweyn, als sein Mann den Deckel nach hinten kippte.

Als hätten sie es mit heißen Kohlen zu tun, holten die Krieger ein langes Stück Stoff aus der Truhe. Es war dreieckig und aus roter Wolle gewebt. Darauf war das Bild eines Raben mit ausgebreiteten Schwingen und gekrümmten Krallen gestickt. Die beiden Männer befestigten das Banner am oberen Rand der Querstange, dem darüber befindlichen Schaft und an der Spitze.

Dann richteten sie die Stange auf. Der Wind erfasste das Banner, und es breitete sich aus. Einar starrte es an und versuchte zu erkennen, ob die Schwingen des Raben tatsächlich zu flattern schienen oder nicht. Es war schwer zu sagen.

»Was glaubst du?«, fragte er Affreca. »Signalisiert es den Sieg?«

Als sie nicht antwortete, blickte er sich nach ihr um. Auf ihrem Gesicht lag ein verblüffter Ausdruck.

»Das soll ein Rabe sein?« Sie rümpfte die Nase. »Ich habe einen fünfjährigen Neffen, der könnte mit einem Messer einen besseren in einen Knochen ritzen.«

»Nun, Männer«, sagte Ulrich. »Ihr könnt nicht oft sagen, dass ihr für eine Fahne kämpft, die Odin selbst geschickt hat. Falls ihr jemals seine Aufmerksamkeit erringen wollt – wenn er dieses Banner heute Nacht im Wind wehen sieht, muss er voller Gunst auf euch blicken. Sweyn, du und deine Männer könnt euch heute

Nacht glücklich schätzen. Dieses Banner führt direkt in Odins Ruhmeshalle.«

Sweyn straffte die Schultern. »Mein Vater hat Geschichten von Odin erzählt«, sagte er. »Meine Mutter war Engländerin. Sie hat die Geschichten über Woden gehört, wie ihn die Sachsen nennen. Meine Männer und ich nennen ihn Satan. Luzifer. Den Teufel. Aber wenn dieses böse Banner etwas Gutes bewirken kann, folgen wir ihm in die Hölle und zurück.«

Ulrich sah Skarphedin an und rollte mit den Augen.

»Christliche Wikinger«, sagte er. »Was kommt als Nächstes?«

Skar warf den Kopf zurück und lachte.

»Wen interessiert es schon, welchem Gott sie folgen, solange sie kämpfen?«, fragte der große Mann. Dann ging er über Deck zum Kochstein. Er kehrte mit einem Topf voller Fett sowie Asche und Ruß vom Feuer zurück und vermischte alles mit dem Speerknauf. Dann strichen sich die Wolfsmäntel die Paste in die Gesichter, auf die Hände und die Klingen ihrer Waffen sowie die Kettenhemden. Das Weiß ihrer Haut und das Schimmern des scharfen Metalls verschwanden unter dem schwarzen Fett. Wieder einmal wurde sich Einar bewusst, dass ihre Wolfspelze sie zusätzlich verhüllten und sie in der Dunkelheit der Nacht so gut wie unsichtbar sein würden. Im Gegensatz dazu funkelte Sweyns poliertes Kettenhemd im Mondlicht wie die Sterne am Himmel.

»Die Schotten werden euch auf eine Meile kommen sehen«, meinte Ulrich. »Genauso gut könnten wir die Hörner ertönen lassen und Feuer entzünden, um ihnen zu sagen, dass wir da sind.«

»Wenn sie die Schiffe sehen, wissen sie ohnehin, dass wir kommen«, sagte Sweyn. »Unsere beste Hoffnung, sie zu überraschen, besteht darin, uns bis zum letzten Augenblick so nahe wie möglich an der Küste zu halten. So bleibt ihnen weniger Zeit, uns zu sehen, bis wir den Hafen erreicht haben.«

»Ich bin sicher, du könntest etwas daran ändern«, sagte Ulrich. »Habt ihr denn keine Mäntel dabei?«

Sweyn dachte kurz nach, dann nickte er.

»Befiehl deinen Männern, sie über die Kettenhemden zu ziehen«, sagte Ulrich.

Sweyn runzelte die Stirn. »Wir können nicht mit Umhängen kämpfen. Die kommen uns in die Quere.«

Ulrich schüttelte den Kopf. »Sie sollen euch nur verhüllen, bis wir dort sind.«

»Warum sollte das eine Rolle spielen?«

»Jetzt sag mir nicht, dass ihr auf direktem Weg in einen streng bewachten Hafen segeln wollt?«, fragte Ulrich.

»Doch.« Narfi gesellte sich zu Sweyn und legte dem Krieger die große Hand auf die Schulter. »Auf Wikingerart. Wir brechen direkt in den Hafen ein, stürzen uns auf die Verteidiger und siegen durch die Wucht unseres Angriffs. Ich habe Sweyn beraten, ihn an meiner Erfahrung teilhaben lassen.«

»Und du hast auf ihn gehört?« Ulrich warf Sweyn einen Blick zu.

Der junge Mann zuckte mit den Schultern. »Er ist einer von König Eriks Berserkern. Er hat viel Erfahrung im Kampf.«

Ulrich runzelte die Stirn.

»Berserker sind Eriks stumpfe Werkzeuge«, sagte er. »Man stellt sie in der Richtung auf, in der etwas zerschmettert werden muss, und lässt sie von der Leine. Sie haben keine Ahnung von Taktik. Hör auf ihn, und wir werden alle sterben.«

»Also hast du Angst vor dem Tod?«, knurrte Narfi. »Was bist du denn für ein Odinanbeter?«

»Ich habe keine Angst vor dem Tod«, widersprach Ulrich. »Ich will nur nicht jetzt schon sterben. Und erzähl mir nichts über Odin. Um seine Gunst zu erringen, braucht man Stärke und Verschlagenheit.«

»Hast du einen besseren Plan?«, fragte Narfi.

»Natürlich«, erwiderte Ulrich. »Hört zu, und ich verrate euch, wie wir hier siegen werden.«

KAPITEL 41

Oengus Mac Loarn blies sich in die Hände. Er rieb sie aneinander und hielt sie über das Kohlebecken, das kurz vor dem Ende des Kais im Hafen von Cathair Aile stand. Es war kalt und dunkel, und nicht zum ersten Mal in dieser Nacht verfluchte er sein Pech, die letzte Wache gezogen zu haben.

Er tröstete sich mit dem Gedanken, dass es nicht mehr lange bis zur Morgendämmerung sein konnte. Sobald die Sonne aufging, würden andere Krieger ihn und seine Kameraden ablösen. Dann konnte er frühstücken und sich auf die warme Strohpritsche zurückziehen, die in der Festung auf der Landzunge über dem Hafen stand.

Der Hafen war ein Rechteck aus steinernen Kaimauern mit einer schmalen Einfahrt, an der Oengus und seine Kameraden während der dunkelsten Stunden der Nacht Wache hielten.

Nechtan, einer der anderen Männer, gesellte sich zu ihm an das Kohlebecken.

»Verflucht kalt ist es«, sagte er. »Ich kann es nicht erwarten, ins Bett zu kommen.«

»Warum stehen wir überhaupt hier herum?«, fragte Drest, der dritte Wächter. »Niemand wird angreifen. Æthelstans Armee ist noch immer im Süden. Die Flotte der Sachsen wird den ganzen Tag im Auge behalten. Sie hat sich nicht gerührt.«

»Gestern Morgen sind ein paar Schiffe aufgebrochen«, sagte Nechtan.

»Sie sind aufs Meer hinaus«, erwiderte Drest. »Wir haben sie beobachtet.«

»Ich sollte euch nicht daran erinnern müssen, dass wir hier sind, um den König zu beschützen«, sagte Oengus.

»Ich hoffe, der alte Konstantin ist dankbar«, meinte Drest. »Liegt da in seinem schönen warmen Bett und schnarcht, mit Wein abgefüllt. Ich wette, er schläft nicht auf Stroh. Er wird Laken haben, Felldecken. Vielleicht sogar Kissen.«

»Drest, du sprichst vom Bettzeug des Königs wie hungernde Männer von einem Festmahl«, sagte Oengus. »Oder ein Mönch von der nackten Haut einer Frau. Unsere Wache dauert nicht mehr lange. Bald bricht der Morgen herein, dann sind wir fertig. Du kannst ja schon mal Ausschau halten, ob er sich bereits ankündigt.«

Oengus und Nechtan sahen zu, wie ihr jüngerer Gefährte zum Anfang des Kais ging. Er stieg zur Brüstung empor und starrte über das Meer nach Osten. Dann legte er eine Hand an die Stirn, als würde er nach Licht suchen, das über den Horizont kroch.

Nechtan schüttelte den Kopf. »Sieh dir nur diesen Schwachkopf an«, meinte er. »Er glaubt, die Augen vor dem Mondlicht zu beschatten würde ihm helfen, besser sehen zu können. Ist ihm nicht klar, dass es noch eine Weile bis zur Morgendämmerung dauert, wenn der Mond nicht untergegangen ist?«

»Damit ist er wenigstens eine Weile beschäftigt«, erwiderte Oengus. »Und lässt uns in Ruhe.«

»Sieh ihn dir an«, sagte Nechtan. »Schaut nach rechts und links. Glaubt er, die Sonne geht das erste Mal seit der Schöpfung anderswo auf? Ich weiß, dass er ein Cousin von dir ist, Oengus, aber lieber Gott, er ist ein Trottel.«

Dann erstarrte Drest.

»Schiffe«, meldete er. Seine Stimme klang gepresst und schrill. »Schiffe!«

Nechtan starrte Oengus an. Dann rannten beide zu Drest, der mit dem Speer nicht aufs Meer zeigte, sondern auf die Küste im Nordosten. In Oengus verkrampfte sich etwas. Ein kleines Stück entfernt verwandelte sich die Küste in eine Landspitze, die alles verbarg, was sich dahinter befand. Eine Reihe Schiffe bog gerade um sie herum. Das erste segelte bereits direkt auf Cathair Aile zu, nur wenige Riemenlängen vom Ufer entfernt und war schon nahe genug, dass man im Mondlicht den schmalen Rumpf, das große rechteckige Segel und den Drachenkopf am Bug ausmachen konnte. Drei weitere folgten ihm.

»Das sind Wikingerschiffe«, sagte Oengus. »Schlagt Alarm!«

Nechtan sprang von der Mauer und rannte zu einer Glocke in der Nähe. Im nächsten Augenblick riss er an ihrem Seil, und das Signal ertönte.

»Bleib hier und behalte die Schiffe im Auge«, brüllte Oengus seinem Cousin zu. Dann stürmte auch er den Kai entlang und blieb nur kurz stehen, um ein brennendes Scheit aus dem Kohlebecken zu ziehen. Entlang des Hafens waren vier weitere Kohlebecken voller Holz und Pech aufgestellt. Oengus stieß das Scheit hinein, und sie flammten auf. Dann hob er ein Horn an die Lippen und blies zweimal kurz und einmal lang: das Alarmsignal. Das wiederholte er zweimal, dann rannte er von der Kaimauer zur Straße, die sich vom Hafen zur Festung schlängelte. Es war ein kurzer, aber steiler Weg vorbei an den Hütten der Fischer und den größeren Häusern der Kaufleute.

Die Festung oben auf der Landspitze war ein großes Rechteck mit Erdwällen, aus denen sich eine Holzpalisade erhob. Dahinter befanden sich mehrere runde Gebäude aus Holz und Stein. Das Tor war aus Stein erbaut und wurde von zwei wuchtigen Flügeln verschlossen, hinter der Brustwehr war eine Kampfplattform. Oengus' Hornsignale und das Glockenläuten zeigten bereits Erfolg, denn die Torflügel standen offen. Dahinter rannten

Männer umher, legten Kettenhemden an, griffen nach den Waffen und eilten zu ihren Verteidigungsstellungen.

»Oengus! Was ist los?«

Die Stimme gehörte Talorc, dem *Mormaer* von Mar, der aus dem Tor auf ihn zuschritt. Der *Mormaer* war der Heerführer des Königs. Er war bereits für den Kampf gekleidet, über seinem Lederwams lag ein Kettenhemd; ein Schild war auf seinen Rücken geschnallt. Oengus fragte sich kurz, ob Talorc in seiner Rüstung schlief, nachdem er ihn noch nie ohne sie gesehen hatte. Die Wangenstücke seines Helms baumelten lose, da sie noch nicht festgeschnallt waren, und darunter quoll ein schwarzer buschiger Bart hervor. Der Messingüberzug des Helms funkelte im Feuer und Mondschein wie Gold.

»Schiffe«, meldete Oengus. »Vier Stück. Fahren auf den Hafen zu.«

»Sachsen?«

»Sie sehen wie Wikinger aus.«

»Dann sind es Feinde!«

Talorc drehte sich um und brüllte Männern in der Festung Befehle zu. Oengus rannte zurück zum Hafen, der nun hell vom Licht der Feuerbecken beleuchtet wurde.

»Wird es zum Kampf kommen?«, rief Nechtan ihm zu. Er läutete noch immer die Glocke.

»Ja«, sagte Oengus. »Aber wir sind für sie bereit.«

Das erste Langschiff war nicht mehr weit von der Hafeneinfahrt entfernt. Allem Anschein nach stand ein Mann am Bug und schwenkte eine Fahne oder ein Schlachtenbanner.

»Drest«, rief Oengus seinem Cousin zu. »Was für eine Fahne führen sie da?«

Keine Antwort. Oengus runzelte die Stirn und schaute zu der sich hinter ihm erhebenden Mauer hoch. Von Drest fehlte jede Spur. War der Blödmann ins Wasser gestürzt?

Dann eilte ein Strom von Kriegern von der Festung herunter. Talorc führte sie an. Nach kurzer Zeit besetzten sie den Kai, sodass kaum noch genug Platz zum Stehen war. Der *Mormaer* brüllte Befehle und schickte Speermänner und Bogenschützen nach vorn.

Oengus blickte wieder aufs Meer hinaus. Das erste Schiff drehte gerade, um in den Hafen einzufahren. Er atmete langsam durch die Nase ein, um sein wild hämmerndes Herz zu beruhigen. Er verspürte Aufregung, jedoch keine Furcht. Sie hatten genug Krieger, um die Mannschaften von vier Schiffen mühelos überwältigen zu können. Der Kai war viel höher als die Schiffsdecks, sodass die Angreifer nach oben würden klettern müssen, während die Verteidiger Pfeile und Speere auf sie herabregnen ließen. Sie würden nicht die geringste Chance haben.

»Wer auch immer diese Männer sind«, sagte Talorc mit lauter, befehlsgewohnter Stimme, damit ihn auch alle hören konnten, »sie wollen unbedingt sterben.«

Er hob die rechte Hand.

»Auf mein Zeichen«, rief er, »tötet sie!«

Oengus fasste den Speerschaft so fest, dass die Knöchel weiß hervortraten; er grinste wild. Der Bug des Schiffes schob sich nun in die Hafenöffnung und erzeugte zu beiden Seiten des Rumpfes große Wellen. Das Segel war gebläht, und es gab nicht das geringste Zeichen, dass das Schiff langsamer wurde. Es bestand kein Zweifel, dass das ein Angriff war.

Aber etwas stimmte nicht.

Oengus kniff die Augen zusammen. Ein Mann stand am Bug, Kopf und Gesicht waren von einem Helm mit Visier verdeckt. Er schwenkte ein Banner, und Oengus erkannte, dass es eine Art Vogel zeigte, der sich schwarz vor einem roten Hintergrund abzeichnete. Am Heck hielt ein Mann am Steuerruder das Schiff auf Kurs. Doch er schien ein Krüppel zu sein, denn er stützte sich dabei auf eine Krücke.

Sonst befand sich niemand an Deck. Die Ruderbänke, die vor bewaffneten Männern hätten strotzen müssen, waren leer.

Oengus blickte zu den anderen Schiffen. Sie befanden sich noch außerhalb des Lichtscheins, aber ihre Decks wirkten genauso verlassen.

»Etwas stimmt nicht«, sagte Oengus.

Dann fiel ihm wieder Drest ein, der von der Hafenmauer verschwunden war. Er drehte sich um und erkannte, wie sehr die Dinge nicht stimmten.

« KAPITEL 42 »

Einar stand am Bug des Schiffes und sah die dicht gedrängt stehenden schottischen Krieger über sich auf der Kaimauer. Vielleicht vierzig Bogenschützen zielten auf ihn. Männer hielten Speere erhoben. Überall im Hafen funkelte Feuerschein auf Waffen und Schwertern. Er konnte das triumphierende Grinsen auf ihren Gesichtern sehen. Sie wussten, dass sie jeden Mann an Bord der Schiffe massakrieren würden, bevor diese überhaupt anlegen konnten.

Dann brach hinter den Schotten etwas wie eine schwarze Woge über die Hafenmauern hinweg. In Umhänge gehüllte Krieger mit geschwärzten Klingen stiegen darüber. Einar erkannte die spitzen Ohren der Wolfsmäntel und die dunkle Masse der Bärenfelle der Berserker. Brüllend warfen sie sich von hinten auf die schottischen Krieger.

Das war Ulrichs Plan gewesen. Die Schiffe hatten zuvor ein kleines Stück die Küste hinauf am Ufer angelegt, nahe genug, um Cathair Aile erreichen zu können, aber weit genug hinter der Landspitze, um außer Sicht des Hafens zu sein. Die Mannschaften von drei Schiffen waren an Land gewatet, und die Letzten hatten sie wieder von den Kieselsteinen ins Wasser geschoben. Lediglich zwei oder drei Männer waren zurück an Bord geblieben. Dann waren die Krieger lautlos im Schutz der Dunkelheit am Ufer entlang zur Siedlung geeilt.

Die Schiffe waren eine Weile die Küste entlanggefahren. Als

Ulrich der Ansicht gewesen war, dass genug Zeit verstrichen war, hatte er das Führungsschiff an der Landspitze vorbei zum dahinterliegenden Hafen gesteuert. Während Einar am Bug stand, das Rabenbanner schwenkte und die Reihen der feindlichen Schotten über ihnen auf dem Kai betrachtete, hatte er Gebete an Odin gebrüllt, dass der Rest ihrer Streitmacht genug Zeit gehabt hatte, um Cathair Aile zu Fuß zu erreichen.

Als Einar die Männer über die Mauerbrüstung kommen sah, wusste er, dass Ulrichs Einschätzung richtig gewesen war. Hinter den Wolfsmänteln kamen Sweyns Männer, und Einar verfolgte, wie noch mehr Krieger an der Stelle erschienen, an der die Hafenmauer auf Land stieß, um jenen zu folgen, die bereits auf den Kai geströmt waren. Dabei warfen sie die Umhänge ab, die sie getragen hatten, um das Funkeln ihrer Kettenhemden im Mondlicht zu verbergen.

Im Hafen brach Chaos aus. Die Berserker stürmten in den Rücken ihrer Feinde und griffen ohne jede Gnade an. Schwerter und Äxte durchschlugen Kettenhemden, Leder, Fleisch und Knochen. Ein paar Schotten drehten sich um, um sich zu wehren, aber die meisten drängten in dem panischen Versuch, dem plötzlichen Angriff zu entkommen, blindlings nach vorn. Sie stießen gegen die vordersten Ränge, die noch nicht bemerkt hatten, was hinter ihnen geschah. Bogenschützen und Speermänner, die gerade das einfahrende Schiff angreifen wollten, stürzten von der Mauer ins Hafenwasser.

Ulrich riss das Steuerruder hart nach links, das Schiff drehte rechts vom Kai ab. Aber ihm ging schnell das Wasser aus. Eine Ecke des Hafens bestand aus Strand. Das Schiff verlor an Fahrt, dann lief es auf Grund. Einar bemühte sich, auf dem sich aufbäumenden Deck nicht zu stolpern, löste seinen Schild, nahm ihn auf der linken Seite hoch und duckte sich dahinter. Am Heck folgte Ulrich seinem Beispiel.

Die Bogenschützen und Speerkämpfer, die nicht ins Wasser gestürzt waren, griffen an. Ihre Geschosse regneten in einem tödlichen Hagel auf das Schiff und spickten es vom Bug bis zum Heck mit einem Wald aus Pfeilen und Speeren. Einar blieb hinter seinen Schild gekauert, der durch viele Treffer erzitterte.

Als das Trommelfeuer nachließ, spähte Einar am Rand vorbei. Sein Schild war mit Pfeilen übersät, aber es flogen keine mehr in seine Richtung. Auf dem Kai tobte ein wilder Kampf. Die Bogenschützen waren zu sehr damit beschäftigt, mit der Bedrohung aus allernächster Nähe fertigzuwerden, um noch einen Gedanken an die Schiffe verschwenden zu können. Als noch mehr von Sweyns Männern eintrafen, erhöhte sich der Druck auf die Krieger vor ihnen. Noch mehr Schotten wurden ins Wasser geschoben. Eines der Feuerbecken wurde umgestoßen und schleuderte eine Wolke aus brennendem Holz in die dicht gedrängt stehenden Verteidiger. Zwei in Flammen stehende Schotten lösten sich schreiend aus dem Getümmel und sprangen ins Wasser.

Einar schlug die Pfeile mit der Axt von seinem Schild. Ulrich, dessen Schild ebenfalls wie ein Igel aussah, humpelte über das Deck auf ihn zu.

»Wir müssen hier weg«, rief er. Über dem Waffenlärm, den Schlachtrufen und den Schreien verletzter und sterbender Männer war er kaum zu verstehen.

Einar verstand. Das zweite Schiff fuhr in den Hafen ein und kollidierte krachend mit der Kaimauer. Das Kreischen von berstendem Holz vermischte sich mit den Schreien der Schotten im Wasser, die nun zwischen dem Schiff und der Mauer zermalmt wurden. Dann prallte das Langschiff von den Steinen ab und trieb quer durch den Hafen auf Einars Schiff zu. Der Mann am Ruder schaffte es gerade noch, es an die Seite zu setzen, statt mitten hineinzufahren. Das zweite Schiff setzte knirschend auf dem kurzen Sandstrand auf.

Das dritte und vierte Schiff war ebenfalls auf dem Weg. Der Hafen war nicht groß, es war kaum noch Platz. Mindestens eines der einlaufenden Langschiffe würde mit den bereits an Land liegenden Schiffen kollidieren.

Einar nahm den Ankerstein und wuchtete ihn über die Seite. Das Schiff war auf Grund gelaufen und der Stein nutzlos, aber das daran gebundene Tau würde ihr Weg von Bord sein. Einar schlang sich Schild und Axt an ihren Schlaufen über den Rücken, dann stieg er über die Bordwand und rutschte das Tau hinunter. Er landete in hüfthohem Wasser, seine Stiefel versanken in dem weichen Untergrund. Er schaute nach oben. Ulrich hob das Rabenbanner und schleuderte es wie einen riesigen Speer. Die Fahnenstange flog durch die Luft, das spitze Ende bohrte sich in den Sand. Dann warf Ulrich die Krücke hinterher und stieg über Bord. Mit einem verletzten Fuß fiel ihm das Klettern schwer, und auf halbem Weg verlor er den Halt und stürzte.

Einar warf sich nach vorn und fing den kleineren Mann auf. Er stolperte durch das Wasser und rang um sein Gleichgewicht. Ulrich lag in seinen Armen wie eine Braut, die der Ehemann zum ersten Mal in ihr neues Haus trug.

»Setz mich ab, bevor uns jemand sieht, du Narr!«, brüllte Ulrich hinter seinem Helmvisier.

Einar ließ ihn in die Wellen fallen. Ulrich taumelte, dann humpelte er durch das seichte Wasser. Er griff nach dem Banner, riss die Stange aus dem Sand und drückte sie Einar in die Hand.

Einar watete den Strand hinauf. Hinter ihm kam das dritte Schiff in den Hafen. Wie schon das davor rammte es den Kai und zerschmetterte weitere Männer im Wasser zu blutigem Matsch, dann prallte es von der Steinmauer ab und fuhr in das gestrandete Schiff, das Ulrich und Einar gerade verlassen hatten. Es machte einen Satz nach vorn und verfehlte die beiden Männer um Haaresbreite. Der Kiel schob sich weiter aus dem Wasser, das Heck zersplitterte, als sich der Bug des Neuankömmlings seinen Weg hindurchbahnte.

Dann fuhr das vierte Schiff in den Hafen. Im Gegensatz zu den drei Vorgängern hatte es noch die ganze Mannschaft an Bord. Der Strand wurde von den drei anderen in Beschlag genommen, und es konnte nur in sie hineinfahren.

Mit dem ohrenbetäubenden Bersten von zersplitterndem Holz zermalmte es die Rümpfe der anderen, bis es ebenfalls strandete. Die Krieger an Bord sprangen in das seichte Wasser und liefen auf die Hafenanlagen zu. Jeder Schotte, der im Hafenbecken schwamm und an Land kam, fiel schnell ihren Schwertern zum Opfer.

»Auf demselben Weg werden wir nicht wieder verschwinden, das steht fest«, sagte Ulrich nach einem Blick auf die zerstörten Schiffe. »Wir sollten lieber zu Odin beten, dass es der Rest der Flotte hierher schafft. Jetzt geh. Mit diesem Fuß nutze ich nichts im Kampf. Lass mich zurück und geh.«

Einar packte den Schaft des Rabenbanners mit beiden Händen und stapfte den Strand hinauf. Die lange Stange drohte ihn aus dem Gleichgewicht zu bringen. Hätte der Ausgang des Kampfes auf dem Kai jemals in Zweifel gestanden, beendete das die Ankunft des letzten Schiffes und seiner Krieger.

Die Schotten waren in völliger Auflösung begriffen, während die Nordmänner einen Schildwall bildeten, der gnadenlos über den Kai vorrückte wie Sensenmänner, die zur Erntezeit ein Gerstenfeld schnitten. Sie machten jeden nieder, der sich ihnen in den Weg stellte. Sweyn und seine Krieger hatten beinahe die völlige Kontrolle über den Hafen. Einar entdeckte einen Schotten in einer Rüstung, der einen Helm aus Gold oder vermutlich eher Messing trug und sich einen Weg aus dem Getümmel freihackte. Er machte zwei der eigenen Männer nieder, die ihm im

Weg standen, dann rannte er los. Es war offensichtlich einer der Anführer, denn andere folgten ihm.

Ein kurzer Augenblick der Euphorie überkam Einar. Der Feind ergriff bereits die Flucht. Dann wurde ihm klar, dass sie zur Festung liefen. Im Schutz der Wälle würden sie einfach nur auf Verstärkung warten müssen.

Man musste sie aufhalten.

Einar brüllte aus vollem Hals, streckte das Rabenbanner in die Höhe und rannte über den kleinen Strand zum Fuß des steilen Hügels, der hinauf zum Tor des Bollwerks führte. Ein beträchtliches Kontingent Schotten hatte sich aus dem Massaker im Hafen lösen und auf halbem Weg den Hügel hinauf in einer Linie Aufstellung nehmen können. Aus der Festung stießen weitere Männer zu ihnen. Der Mann mit dem leuchtenden Goldhelm blieb stehen, brüllte Befehle und scheuchte seine Männer herum.

»Einar!«

Beim Klang seines Namens drehte sich Einar um und entdeckte Skar, Bödvar, Sigurd, Atli, Kari und Gorm, die auf ihn zurannten. Hinter ihnen kamen die Berserker und Gizur. Alle boten einen Furcht einflößenden Anblick. Ihre Gesichter waren geschwärzt, die Kapuzen ihrer Wolfspelzumhänge waren über die Helme geschlagen, sodass die Ohren der Bestien in die Höhe und die Schnauzen über die Helmränder ragten. Sie sahen aus wie Kreaturen aus einem Albtraum, riesige Wölfe, die wie Männer auf den Hinterbeinen gingen. Die Berserker sahen genauso aus, nur dass sie Bärenfelle trugen. Einar sah überrascht, dass sich Ori, Narfi, Bjarki und Björn bis zur Taille entkleidet hatten. Die Augen der Berserker waren weit aufgerissen und blickten starr, ihre Nasenlöcher waren geweitet. Sie waren noch nicht im *berserkergang* versunken, aber ihre von Odin geschickte blinde Wut war nicht weit weg.

»Gut, Junge«, sagte Skar und starrte den Feind vor ihnen an. In seinem Blick loderte der Zorn. »Wollen wir doch mal sehen, welche Magie dieses Banner entfesseln kann, was?«

Sweyn traf ein. Auch er war außer Atem vom Kampf und mit Blut bespritzt. Sie standen vor dem Schildwall, den die Schotten auf halben Weg den Hügel hinauf errichtet hatten. In der Luft lag der Kupfergeruch von vergossenem Blut. Die Verwundeten schrien, die Sterbenden stöhnten. Dampfende Wolken aus Atem und Schweiß stiegen in die Nachtluft empor.

Dann hob Sweyn das Horn an die Lippen und blies einen langen Ton.

Beide Seiten stürmten los.

KAPITEL 43

Die Schotten kamen brüllend den Hügel hinunter. Die Nordmänner rannten ihnen heulend entgegen. Beide Seiten waren blutdürstig und begierig auf den Kampf. Trotz des Chaos auf dem Kai erschienen die Schotten ungebrochen und griffen an, als wollten sie die Nordmänner zurück ins Meer werfen.

Statt mit geordneten Schildwällen aufeinander zuzurücken, warf sich jede Seite der anderen entfesselt entgegen, verloren im grausamen Schlachtenfieber und der finsteren Lust, den Feind vor ihnen zu töten. Sie kämpften Mann gegen Mann, jeder schlug und hieb auf den anderen ein, brüllte Flüche und geiferte vor Zorn.

Einar hatte sich noch nie zuvor so verletzlich gefühlt. Eine Hand war nötig, um die Standarte aufrecht zu halten, und zwei, um sie zu tragen, also musste er sich entscheiden, ob er seinen Schild oder eine Waffe halten wollte. Schlimmstenfalls musste er sich darauf verlassen, dass ihn die Männer um ihn herum beschützten. Langsam begriff er, wieso der Mann, der das Banner trug, am Ende für gewöhnlich tot war. Er hatte immerhin das Glück, von einigen der besten Krieger auf dem Schlachtfeld umgeben zu sein. Die fünf Wolfsmäntel und Gorm verloren im Kampfgetümmel ihre Disziplin nicht. Stattdessen hielten sie einen engen Ring aus Stahl um Einar und das Banner aufrecht; jeder Mann passte auf den Mann an seiner Seite auf.

Einar sah einen Schotten, der mit lautstarkem Gebrüll und erhobenem Schwert auf Starkad zulief. Der *úlfhéðinn* wehrte den Hieb mit dem Schild ab und stieß mit seiner Klinge zu. Als der Schotte seinen Schild hob, um den Angriff abzublocken, stieß der links von dem Wolfsmantel stehende Atli seine Klinge in den nun ungedeckten Bauch des Feindes. Die anderen kämpften auf die gleiche Weise. Langsam rückten sie durch das Getümmel vor und hieben sich einen blutigen Weg frei, der eine Spur aus Leichen zurückließ.

Über dem Lärm ertönte ein Hornsignal. Einar entdeckte den schottischen Anführer, den Krieger mit dem Goldhelm, der auf halbem Weg den Hügel hinauf stand. Er hatte noch immer ein paar Krieger um sich geschart, und das Signal rief noch mehr aus dem Kampf zurück.

Eine Pfeilsalve flog durch die Nachtluft auf die Schotten zu. Zum ersten Mal fragte sich Einar, wo Affreca steckte. Sweyn hatte ein paar Bogenschützen dabei, und vermutlich war sie bei ihnen.

Die Schotten standen weit genug weg, um sich in den Schutz ihrer Schilde ducken zu können.

Der schottische Anführer wählte ein paar Krieger aus und brüllte ihnen Befehle zu. Einar sah, wie der Mann den Hügel hinunter zeigte, und zwar direkt auf ihn oder vielmehr auf die Standarte. Die Schotten richteten die Blicke auf ihn und stürmten den Hügel hinunter.

Einar stieß das Banner in den Boden. Er gab sich Mühe, den Eisendorn in die harte Erde zu rammen, kam aber nicht tief. Also hielt er die Standarte mit einer Hand aufrecht und griff mit der anderen nach seiner Axt.

»Gorm«, rief Skar über die Schulter. »Hol Affreca. Sie ist hinten bei den Bogenschützen.«

Gorm sah verwirrt aus, genau wie Einar. Eine Horde Schotten

rannte auf sie zu, nicht unbedingt der richtige Augenblick, um einen Kämpfer fortzuschicken.

»Wir kommen zurecht«, sagte Skar. »Einar nimmt deinen Platz ein. Geh!«

Zögernd drehte sich Gorm um und lief davon.

Die Schotten, die gemäßigten Schrittes den Hügel hinuntergekommen waren, stürmten im gleichen Augenblick los. Mit lautem Gebrüll warfen sie sich auf die Formation der Wolfsmäntel. Die Angreifer verteilten sich um sie herum; sie waren in der Überzahl. Die Wolfsmäntel konnten sich nur hinter ihren Schilden verbergen und gelegentlich mit ungezielten Hieben zurückschlagen.

Drei Männer warfen sich auf Skarphedin wie ein Rudel Hunde auf einen Bären. Die anderen Wolfsmäntel wurden ebenfalls in Kämpfe verstrickt, niemand konnte dem Kameraden helfen. Einar wusste, dass er etwas tun musste, aber die Gegner waren einfach außerhalb seiner Reichweite. Ihm fielen wieder Affrecas frühere Worte ein, vielleicht, weil Skar die Prinzessin gerade erwähnt hatte. Er ließ den Axtgriff durch die Finger gleiten und packte ihn am hinteren Ende. Die *irische Weise,* so hatte sie es genannt.

Die drei Schotten griffen Skar gleichzeitig an. Den ersten Mann trieb er mit dem Schwert zurück und den zweiten mit dem Schild, was ihn für die Klinge des dritten verletzlich machte. Als der Schotte mit dem Schwert zustieß, schwang Einar die Axt über den Kopf wie den Flügel einer Windmühle. Der Mann, der sich auf Skar konzentrierte, sah den Schlag nicht einmal kommen. Die Axt pfiff laut durch die Luft und traf ihn. Der Krieger trug keinen Helm, die lange gebogene Schneide trennte seinen Kopf vom rechten Ohr bis zum linken Unterkiefer in zwei Teile. Die obere Hälfte seines Schädels rutschte herunter, und er stürzte zu Boden.

Skar rammte den Schild in die beiden Männer vor ihm. Die Wucht ließ sie zurückstolpern. Skar trat vor und stach dem einen in den Hals, dann zog er die Klinge zurück und führte sie nach links unten. Sie erwischte den anderen Schotten am Oberschenkel und schlug eine gewaltige Wunde, die den purpurfarbenen Muskel des nackten Beins bis auf den Knochen freilegte. Mit vor Schmerz gebleckten Zähnen stürzte der Mann rückwärts, während hellrotes Blut aus der Verletzung spritzte.

Skar stieß ein kurzes, wildes Lachen aus. Er warf einen Blick auf den Schotten, den Einar getötet hatte.

»Jetzt wissen wir auf jeden Fall, dass du der Sohn des Schädelspalters bist.«

Einar brachte nur ein Nicken zustande; er war noch immer schockiert, wie wirkungsvoll die irische Methode des Axtkampfes war.

Affreca lief geduckt herbei, einen Pfeil auf die Sehne ihres Bogens gehakt.

»Du hast nach mir verlangt?«, brüllte sie Skar zu.

»Ja! Siehst du diesen Schotten mit dem goldenen Helm, der dauernd Befehle ruft?«

»Ja.«

»Schieß den Bastard ab, verstanden?«

Affreca nickte. Sie richtete sich auf und zog die Bogensehne bis zum rechten Ohr zurück. Dann ließ sie den Pfeil fliegen. Er raste den Hügel hinauf und traf den Mann mit dem hellen Helm direkt unter dessen Rand in den Hals. Der Krieger schwankte, stürzte aber nicht. Stattdessen packte er den Pfeil und riss ihn aus der Wunde. Er brüllte etwas, eine Mischung aus Verblüffung und Schmerz. Blut spritzte auf die Brust seines Kettenhemds.

Affreca hatte bereits den nächsten Pfeil eingelegt. Sie ließ ihn in dem Augenblick fliegen, in dem sich der Schotte wieder aufrichtete. Die Eisenspitze traf durch die rechte Visieröffnung in den goldenen Helm. Sie durchbohrte das Auge des schottischen Anführers, bahnte sich einen Weg durch den Schädel und trat hinten wieder aus, wobei sie den Helm vom Kopf stieß.

Diesmal sackte der Schotte auf die Knie, dann stürzte er nach vorn.

»Gut. Machen wir den Rest fertig«, sagte Skar. »Sie werden nicht wissen, was sie tun sollen. Bildet die *Svinfylking*. Einar! In die Mitte!«

Einar reihte sich hinter Skar ein, während die anderen Wolfsmäntel ihre Positionen einnahmen. Die Schweineformation war eine keilförmige Schlachtformation, die wie eine Eberschnauze geformt war. Skar stand an der Spitze, Bödvar und Atli zu beiden Seiten ein Stück hinter ihm, dann kamen die anderen. Gorm und weitere von Sweyns Männern füllten den Rest der Ränge.

Die Berserker Ori und Bjarki stellten sich neben Skar an die Spitze der Formation.

»Die *Svinfylking* führt ein Mann an«, sagte Skar.

»Heute sind es drei«, knurrte Ori mit zusammengebissenen Zähnen. Er verdrehte die Augen, Speichel spritzte aus seinem Mund. »Ich habe genug von diesen Würmern. Wir erschlagen sie jetzt zusammen.«

»Von mir aus«, sagte Skar. Er nickte Sweyn zu, der das Horn hob und hineinblies.

Sie stürmten den Hügel hinauf. Einar rannte hinter Skar und tat sein Bestes, das Banner in die Höhe zu halten. Er keuchte, sein Kettenhemd klirrte bei jedem Schritt, der Geruch des geölten Leders und Eisens seines Helms vermengte sich mit abgestandenem Schweiß und stieg ihm in die Nase. Als sie nur noch wenige Schritte von den Schotten entfernt waren, hob jeder Mann in der pfeilförmigen Formation den Schild, sodass sie sich auf jeder Seite überlappten. Gleichzeitig drückte er den Kameraden vor ihm mit der Schulter vorwärts, damit ihr Schwung auf die Männer an der Spitze übertragen wurde.

Die Schotten duckten sich hinter ihre Schilde, setzten die Füße weiter auseinander, um sich auf den Zusammenprall vorzubereiten. Die *Svinfylking* stieß in sie hinein. Die unglücklichen Männer, mit denen Skar, Ori und Bjarki zusammenprallten, stolperten zurück und stürzten, worauf sie von den gnadenlosen Stiefeln der stürmenden Nordmänner zertrampelt wurden.

Ori brüllte so laut, dass man ihn über dem Klirren von Stahl auf Stahl und den Schreien der Verletzten hören konnte. Nun ganz im Griff seines Berserkerzorns schlug er in alle Richtungen um sich, hieb Männer nieder, trat und biss, riss das Loch, das sie in den Schildwall geschlagen hatten, noch größer.

Die Wikinger, die an den Seiten folgten, warfen sich in die immer breiter werdende Bresche. In wenigen Augenblicken löste sich der Schildwall der Verteidiger auf.

Die Schotten erkannten, dass die Position verloren war. Wer konnte, ergriff die Flucht. Die anderen blieben standhaft und starben in einem Hagel aus Speeren, Schwert- und Axthieben. Einars rechter Fuß rutschte weg, er verlor den Halt in dem Blut, das den Pfad zum Hafen hinunterfloss.

»Das Tor!«, rief Skar.

Einar schaute auf. Männer machten sich am Tor der Festung zu schaffen. Falls es ihnen gelang, es zu schließen, vermochten sie die Nordmänner vielleicht abzuwehren, bis Verstärkung kam.

Sweyn sah es auch und blies ins Horn. Mit ohrenbetäubendem Gebrüll stürmten alle Männer im Hafen den Hügel hinauf in Richtung Festung. Einar rannte mit ihnen, die Axt über die Schulter geschlungen, die Standarte in beiden Händen. Das Rabenbanner wehte im Wind.

Sie waren dreißig Schritte entfernt, und die Torflügel waren bereits zur Hälfte geschlossen. Dahinter liefen Pferde auf dem Hof umher. Eine neue Furcht ergriff Einars Herz. Verfügten die Schotten über berittene Krieger? Noch zwanzig Schritte. Ori und Bjarki führten die Angreifer an und hatten das Tor fast erreicht.

Dann erschien eine Reihe Bogenschützen im Tor. Einar brüllte eine Warnung. Er blieb stehen und ließ sich zu Boden fallen, kauerte sich zusammen, bot dem Tor die linke Seite und hoffte, dass ihn der Schild, den er über die Schulter geschlungen trug, so gut wie möglich schützte. Andere um ihn herum duckten sich ebenfalls hinter ihre Schilde, aber viele hatten keine Zeit zu reagieren.

Die schottischen Bogenschützen schossen. Eine Pfeilsalve flog aus dem Tor den Hügel hinab und schlug in die heranstürmenden Wikinger ein. Ein lautes Dröhnen ertönte in Einars Ohren, als sich zwei oder drei Pfeile in seinen Schild bohrten. Einer prallte von dem Eisenreifen an seinem Helm ab.

Als der todbringende Regen nachließ, sah er auf. Überall um ihn herum lagen tote und sterbende Männer, die von Pfeilen durchbohrt waren. Der Rest hockte genau wie er am Boden und duckte sich hinter Schilde, die wie Igel aussahen. Ori und Bjarki waren nur noch wenige Schritte vom Tor entfernt, aber der Geschosshagel hatte sie aufgehalten. Zahllose Pfeile hatten sich in ihre nackten Oberkörper gebohrt. Blut strömte aus den Wunden und tropfte zu Boden.

Zu Einars Erstaunen stieß Ori einen Schlachtruf aus und hob das Schwert. Bjarki brüllte ebenfalls, hustete dann jedoch wegen der Pfeile in seiner Brust Blut. Die beiden Männer stolperten weiter, angetrieben von dem Verlangen zu töten. Ihnen schien nicht bewusst zu sein, dass sie selbst fast tot waren.

Die Bogenschützen zogen sich flink in die Festung zurück. Die beiden Berserker stolperten ihnen hinterher. Dann fiel Bjarki auf das Gesicht, und sofort stürzte sich eine Horde schottischer Krieger auf die Berserker, um sie zu erledigen.

Das Tor krachte zu, und dahinter ertönte das Poltern eines gewaltigen Holzbalkens, der in seine Halterungen fiel.

KAPITEL 44

Skar spuckte auf den Boden.

»Jetzt müssen wir uns einen Weg hineinkämpfen«, sagte er.

»Schafft die walisischen Bogenschützen her«, brüllte Sweyn den Hügel hinunter.

Die schottischen Bogenschützen eilten bereits auf die Verteidigungsplattform hinter dem Tor. Die Nordmänner zogen sich in sichere Entfernung zurück, bevor sie weitere Pfeile abschießen konnten.

Die Wolfsmäntel und Sweyn versammelten sich oben auf dem Hang zum Hafen zur Lagebesprechung. Die restlichen Krieger nutzten die Gelegenheit, um sich kurz auszuruhen und sich um die Verwundeten zu kümmern.

Einar stützte sich auf die Fahnenstange und bemerkte erst jetzt, wie sehr seine Schultern schmerzten und wie schwer er atmete. Die Luft war kalt, trotzdem lief ihm Schweiß über das Gesicht in den Bart.

Er blickte sich um. Während des Kampfes war die Sonne über den Horizont gekrochen, und die Welt wurde vom grauen Licht der Morgendämmerung erhellt. Der Hafen war voller zerstörter Schiffe und der Kai voller Blut und Leichen. Der Hügel zur Festung war mit Toten, weggeworfenen Waffen, zerschlagenen Helmen und Sterbenden übersät. Eine kleine Gestalt, die an einer Krücke humpelte, suchte sich den Weg durch das Gemetzel. Es war Ulrich.

Er gesellte sich zu dem Rat.

Sweyn schüttelte den Kopf. »Wir waren so nahe dran«, sagte er. »Ein paar Augenblicke früher, und wir wären hineingekommen.«

»Ori und Bjarki sind unfasslich.« Einar blinzelte, als könnte er noch immer nicht richtig glauben, was er da gesehen hatte. »Sie müssen beide zwanzig Pfeile im Körper stecken gehabt haben, aber sie liefen trotzdem weiter, versuchten noch immer, ihre Feinde zu töten. War das nicht erstaunlich?«

»So sind die Berserker, Junge«, sagte Skar. »Wenn sie die Wut packt, fühlen sie weder Schmerz noch Furcht. Sie müssen nur töten. Und nicht nur den Gegner. Jeder kommt infrage. Ihr Verstand ist ausgeschaltet. Der Zorn nimmt sie völlig in Besitz. Das ist die Macht der Berserker, aber auch ihre Schwäche. Wir Wolfsmäntel haben diese Gabe auch, aber wir können sie kontrollieren, konzentrieren. Aber das weißt du alles selbst. Ich habe erlebt, wie dich der Zorn übermannt.«

Einar fröstelte unwillkürlich, als er sich an die gewalttätige Trance erinnerte, die vor mehreren Monaten auf einer Anlegestelle in Dublin seinen Verstand übernommen hatte, und wie schwach und krank er sich gefühlt hatte, als der Zorn verblich.

»Wir haben noch nicht verloren«, sagte Ulrich. »Der König der Schotten ist noch immer dort drinnen, richtig? Zumindest können wir sicher sein, dass er nirgendwo hingeht.«

»Aber wenn der Rest seines Heeres eintrifft, sind wir am Ende«, sagte Sweyn.

»Und wenn der Rest deiner Flotte eintrifft, sind sie auch am Ende«, erwiderte Ulrich.

Sweyn schüttelte den Kopf und schien etwas sagen zu wollen, schloss dann aber den Mund.

»Sie *kommen* doch, oder etwa nicht?« Ulrich betrachtete Sweyn mit zusammengekniffenen Augen.

»Natürlich. Jedenfalls ein paar von ihnen. Aber ich will nicht das Risiko eingehen, diesen Ort zu verlieren, während wir auf sie warten. Wir müssen das Tor erobern.«

»Warum stürmen wir nicht einfach?«, fragte Narfi, als er und Gizur sich zu der Gruppe gesellten. »Die Distanz haben wir schnell überbrückt. Zwar werden wir dabei ein paar Männer durch die Bogenschützen verlieren, aber so ist das eben.«

Skar hob eine Braue.

»Da siehst du es. So redet ein Berserker«, raunte er Einar aus dem Mundwinkel zu.

»Und was willst du dann machen, wenn du das Tor erreicht hast?« Ulrichs Tonfall war voller Sarkasmus. »Höflich anklopfen und darauf warten, dass sie dich reinlassen, während euch die Bogenschützen einen nach dem anderen von oben abschießen?«

»Ich will Vergeltung für Ori und Bjarki«, erwiderte Narfi. »Die Schotten müssen sterben.«

»Da stimme ich dir zu«, sagte Ulrich. »Aber mir wäre es lieber, wenn bei dem Versuch so wenig von uns draufgehen wie möglich.«

»Also, was tun wir?«, wollte Sweyn wissen.

»Stell eine Gruppe Krieger zusammen, deren Aufgabe nur darin besteht, andere mit den Schilden zu decken«, sagte Ulrich. »Sie sollen zusammen mit den Bogenschützen vorrücken. Wenn sie nahe genug herankommen, um schießen zu können, werden sie dafür sorgen, dass die Schotten über dem Tor die Köpfe unten halten.«

»Und dann?«, fragte Narfi höhnisch. »Das Tor ist noch immer versperrt.«

»Wir schicken ein paar Mann den Erdwall hinauf, um es für uns zu öffnen«, sagte Ulrich.

Die anderen musterten das Steintor und die Palisade, die mindestens die dreifache Manneslänge aufwies.

»Um da raufzukommen, brauchen wir jemanden, der wie eine Spinne klettern kann«, sagte Sweyn.

»Glücklicherweise haben wir so einen Mann«, antwortete Skar und klopfte Einar auf die Schulter.

»Was?«, sagte Einar.

»Komm schon, Junge«, sagte Skar. »Wir haben doch gesehen, wie du die Wand im Turm der Gälen raufgeklettert bist. Verglichen damit ist die Palisade ein Kinderspiel.«

»Dort gab es aber auch Stellen, an denen man sich festhalten konnte«, entgegnete Einar. »Und niemand hat versucht, mich von oben umzubringen.«

»Hab ein bisschen Vertrauen, Junge«, sagte Skar. »Wir haben jetzt Odins Banner!«

»Das Banner bringt vielleicht den Sieg«, sagte Einar. »Aber es ist mir neu, dass es dabei hilft, eine Mauer zu erklimmen.«

»Du benutzt es nur falsch!« Skar blinzelte. »Ich sage dir was, ich begleite dich und zeige dir, wie man es richtig macht.«

Er befahl, ein Seil von den Schiffen zu holen. Dann knüpfte er an einem Ende eine Schlinge, die er Einar über die Schulter schob. Das andere Ende der Seilrolle schleifte über den Boden.

»Zieh die schweren Handschuhe aus«, befahl Skar. »Damit kannst du nicht klettern.«

Einar gehorchte und schob die Lederhandschuhe unter den Gürtel.

»Gehen wir«, sagte Skar.

Die Gruppe aus Kriegern und Bogenschützen rückte vor. Die Schotten ließen von der Wehrplattform des Steintores Pfeile und Speere auf sie herabregnen. Einar ging zwischen den anderen, das Rabenbanner über die Schulter gelegt.

Skar hielt den Schild über sie. Das Hämmern der einschlagenden Pfeile war ohrenbetäubend. Sie bewegten sich mit gleichmäßigen Schritten vorwärts, jeder achtete sorgfältig darauf, wo er den Fuß hinsetzte. Ein Stolpern konnte als Sturz enden, möglicherweise den Schutz eines Schildes kosten und dann den schnellen Tod durch schottische Pfeile bringen.

Als sie sich dem Tor näherten, schlugen die Geschosse mit solcher Wucht in den Schild über Einar ein, dass sie das Lindenholz durchschlugen und die eisernen Spitzen aus der Rückseite ragten.

Dann erwiderten die walisischen Bogenschützen den Beschuss. Einer nach dem anderen kamen sie unter den Schilden der Nordmänner hervor, ließen den Pfeil von der Sehne fliegen und duckten sich wieder. Mit einem Aufschrei stürzte ein schottischer Schütze vom Tor nach hinten, aber auch ein Waliser wurde getroffen.

Vor den Torflügeln blieb die Gruppe stehen. Die Krieger gingen in die Hocke, und die Bogenschützen richteten sich wie ein Mann auf und gaben eine Salve ab. Die Schotten mussten sich hinter die Brüstung ducken, um dem Pfeilhagel zu entgehen.

Skar übergab seinen Schild an Einar und richtete sich auf. Er hielt eine langschäftige Axt in beiden Händen. Schwungvoll holte er aus, und die Klinge grub sich in das Tor. Mit einer Grimasse riss er die Axt wieder heraus. Er wechselte den Griff, stellte die Füße weiter auseinander und bereitete sich auf den nächsten Hieb vor. Einen Augenblick lang fragte sich Einar, ob er ein Loch hineinhacken wollte. Selbst für einen so kräftigen Mann wie Skar war dieser Plan aussichtslos. Das Holz war mindestens so dick wie Einars Brust und wurde durch Querbalken und Eisenbeschläge verstärkt. Viele Männer hätten einen halben Tag lang schuften müssen, um eine Öffnung hineinzuschlagen.

Es klirrte laut. Skar taumelte. Einer der Verteidiger hatte sich über den Wall gebeugt und einen Pfeil auf Skar abgeschossen. Bei der kurzen Distanz hätte er den Schädel des großen Mannes durchschlagen müssen, aber durch einen glücklichen Zufall traf er das mit einem Eber geschmückte Eisenband, das sich von vorn bis hinten über den Helm zog. Der Pfeil zersplitterte, die Trümmer flogen dem Schützen wieder entgegen.

Affreca schnellte hinter einem der Schilde in der Nähe hoch. In einer geschmeidigen Bewegung hob sie den Bogen, zielte und schoss. Ihr Pfeil traf den Schotten, der Skar hatte töten wollen, in den Hals. Mit einem erstickten Gurgeln stolperte der Mann vom Laufgang.

Skar knirschte mit den Zähnen und knurrte. Dann schrie er auf und schwang erneut die Axt mit beiden Händen. Die Schneide grub sich bis zur Hälfte ins Holz und blieb dort stecken.

»Also, Junge!«, rief er, »da hast du deinen Halt. Jetzt gib mir das Banner und steig da rauf.«

⟪ KAPITEL 45 ⟫

Einar zögerte kurz, dann ließ er den Schild fallen und gab das Rabenbanner an Skar weiter. Der große Mann stieß die Eisenspitze am Knauf in den Boden und lehnte den Schaft an die Schulter, während er in die Hocke ging und die Hände verschränkte.

Einar stellte den rechten Fuß hinein. Skar drückte die Knie durch und katapultierte Einar in die Höhe wie einen Felsbrocken bei den Sommerspielen. Einar hatte das Gefühl, in den Himmel geschleudert zu werden. Dann fand sein anderer Fuß die im Holz steckende Axt. Seine Finger suchten an den Steinen der Tormauer nach Halt. Er hielt inne. Stürzen würde er nicht, aber sein Stand war nicht sicher. Sein linker Fuß ruhte auf dem Axtkopf. Der rechte trat auf den Schaft, rutschte aber bereits ab. Seine Finger hatten sich wie Krallen in den Türsturz über dem Eingang gegraben.

Nun jeder Deckung beraubt, war das Gefühl der Verletzlichkeit schrecklich. Man würde ihn mühelos in die Tiefe schicken können.

Als hätte jemand seine Gedanken gelesen, sah er, wie ein Schotte sich über die Brüstung beugte und genau auf ihn herabschaute. Er brüllte etwas in seiner Sprache, das Einar für eine Warnung an seine Kameraden hielt. Dann zuckte sein Kopf zurück; Affrecas Pfeil ragte aus seinem Gesicht.

Der Schotte fiel nach hinten. Sofort erschien der nächste. Der

Krieger knurrte und hob den Speer, um den Eindringling zu durchbohren. Einar konnte nichts tun. Affreca würde nicht genug Zeit haben, einen weiteren Pfeil einzuspannen. Wollte er den Speer nicht ins Gesicht bekommen, musste er wieder zu Boden springen. Dann schnellte der Dorn am Ende des Rabenbanners an ihm vorbei in die Höhe und traf den Mann an der Brust. Das Kettenhemd konnte er nicht durchdringen, aber die Wucht des Aufpralls stieß den Schotten nach hinten. Einar hörte seinen überraschten Aufschrei, als er von der Plattform ins Nichts gestoßen wurde, gefolgt von dem dumpfen Aufprall, als er in der Festung auf dem Boden aufschlug.

Einar warf einen Blick über die Schulter. Skar hatte die Standarte umgedreht und setzte sie wie einen überlangen Speer ein, mit dem er auf die Krieger in der Höhe einstach.

»Siehst du, Junge?«, rief der Wolfsmantel und grinste. »So muss man es machen.«

Einar spürte, wie sich die Axt unter seinem Fuß aus dem Holz löste. Im nächsten Augenblick würde sie aus dem Torflügel brechen, und er würde mit ihr nach unten stürzen. Er schaute in die Höhe und entdeckte eine Stelle, an der er sich festhalten konnte. Dann noch eine. Es blieb keine Zeit zum Nachdenken mehr. Er sprang in die Höhe und fühlte, wie die Axt unter seinen Füßen verschwand.

Seine Finger krallten sich in den Vorsprung. Einen Augenblick lang schabten seine Füße über die Mauer wie die Pfoten eines Hundes, der einen Knochen vergraben wollte. Dann fand er sicheren Halt. Die Brüstung des Walls war in Reichweite.

Affreca schoss einen weiteren Pfeil ab, der einen Verteidiger tötete. Einar hatte alle zehn Finger und die Zehen in die winzigen Vertiefungen der Steine gegraben und schaute auf. Er befand sich fast auf der Höhe der Plattform hinter dem Tor. Ein Schotte rannte mit hocherhobenem Schwert auf ihn zu. Wieder machte sich Einar bereit, in die Tiefe und ihre relative Sicherheit zu springen.

Skarphedin traf den Schotten mit dem Bannerende. Der spitze Dorn drang unter seinen Rippen ein und trat auf Schulterhöhe auf dem Rücken wieder aus. Der Ausdruck auf dem Gesicht des Mannes verwandelte sich von Zorn zu Überraschung und dann zu Schmerz und Enttäuschung.

Das war Einars einzige Chance, das wusste er. Er spannte die Finger an und zog sich mit einem Ruck nach oben. Er schob den Kopf über die Brüstung. Auf der anderen Seite war die Plattform. Dort lagen zwei von Pfeilen durchbohrte Tote. Eine Leiter führte zum Boden. Einar sah nach rechts und links. Der Laufgang verlief hinter der ganzen Palisade auf dem Erdwall, der die Festung umgab. Jenseits des Tores standen viele Gebäude, die meisten waren rund mit konischen Torfdächern.

Überall schienen Schotten zu sein. Nicht nur am Boden, sondern auch auf beiden Seiten der breiten Verteidigungsplattform. Der ständige Beschuss der Waliser und Skars Stöße mit dem Banner hielten sie zurück, aber dahinter warteten viele Krieger außer Reichweite der Pfeile auf den ersten Nordmann, der über den Wall kam.

»Also auf mich«, seufzte Einar. Er spannte die Muskeln an und schob sich über den Wall. Einen Augenblick lang blieb er dort liegen. Ein schottischer Pfeil zischte an seinem Kopf vorbei und prallte harmlos an der Mauer hinter ihm ab. Es galt keine Zeit zu verlieren. Einar sprang auf die Füße, riss die Schlinge von der Schulter und warf sie über eine Zinne. Das Seil schleuderte er in die Tiefe. Dann nahm er die Axt.

Von beiden Seiten stürmten Schotten herbei. Einar wusste, dass er nicht gegen alle kämpfen konnte, und wandte sich nach rechts. Schon im nächsten Moment vernahm er einen Schmerzensschrei in seinem Rücken. Affreca und die Waliser würden ihren Beschuss auf jeden konzentrieren, der hinter ihm auftauchte, darauf konnte er vertrauen.

Ein wild brüllender Krieger lief auf ihn zu, seine Stiefel polterten über den Laufgang. Er hielt einen Speer, den er Einar in den Leib stoßen wollte. Seine Augen waren weit aufgerissen, Speichel flog aus seinem Mund und blieb im Bart kleben. Er sah aus wie Thor höchstpersönlich.

Dann blieb er wie angewurzelt stehen. Verwirrung trat auf seine Züge, als Skar ihm vom Boden den Bannerdorn in den Körper trieb. Der Wolfsmantel riss den Schaft wieder heraus, und der Schotte stürzte. Im Todeskampf schleuderte er Einar unverständliche Worte entgegen, die zweifellos Flüche waren.

Ein weiterer Schotte stürmte auf ihn zu. Der Laufgang war schmal, sodass immer nur ein Krieger auf einmal angreifen konnte. Aufgeregt erkannte Einar, dass ihr Angriff die Schützen daran hinderte, auf ihn zu zielen, weil sie sonst die eigenen Leute treffen würden. Der Mann schwang das Schwert. Einar ging in die Knie, und die Klinge zischte über seinen Kopf. Klirrend traf sie die Steinmauer. Einar schnellte in die Höhe und hieb mit voller Kraft zu. Die Axtschneide schnitt tief in den Hals, teilte den Bart des Mannes und grub sich in das weiße Fleisch darunter, entfesselte einen blutroten Wasserfall. Der Angreifer schrie auf und griff nach der Wunde, aber es war offensichtlich, dass er nichts tun konnte. Er ging in die Knie und sackte auf die Holzbohlen.

Zwei weitere Schotten wollten angreifen, aber die Bedrohung durch die Bogenschützen und Skar ließ sie kurz zögern. Einar warf einen schnellen Blick in die Tiefe und sah, dass bereits Krieger an seinem Seil hinaufkletterten.

In dem verzweifelten Bemühen, eine noch größere Lücke in ihrer Verteidigung zu verhindern, rannten noch mehr Schotten auf Einar zu. Den ersten Krieger schlug er mit der Axt nieder.

Dann schob sich ein Nordmann über die Tormauer. Der graue Pelz über dem Kettenhemd verriet dem erleichterten Einar, dass es Bödvar war. Er packte ihn an der Schulter und zerrte ihn über den Wall auf die Plattform. Bödvar sprang sofort auf die Beine.

»Also schön, ihr Bastarde«, schrie er die Schotten auf beiden Seiten an. »Ihr wollt Ärger? Dann kommt!«

Der nächste Mann am Seil hatte die Brüstung erreicht. Einar griff nach seinem Arm und zerrte auch ihn herüber. Es war Sweyn, der hinter Bödvar Aufstellung nahm. Nun kletterte ein ganzer Strom Krieger an dem Seil hinauf. Triumphierend erkannte Einar, dass sie das Tor erobert hatten.

Nun mussten sie es nur noch halten.

»Nimm das Banner, Junge!«, rief Skar von unten.

Sofort schob er den Riemen der Axt über die Schulter, denn er hatte begriffen, was der große Mann wollte. Skar hielt ihm den blutverschmierten Dorn der Standarte hin. Einar ergriff die Stange und zog das Rabenbanner in die Höhe.

Während weitere Krieger über den Wall auf die Torplattform kamen, richtete Einar das Banner auf. Das Tuch fing den Wind ein, und der Rabe flatterte im Morgenwind. Einar schaute auf den Hafen hinaus und sah mit eigenen Augen, wie die Magie des Banners ihr Werk vollbrachte. Männer blickten auf und sahen den Raben auf dem Wall ihrer Feinde wehen. Hoffnung, Triumph und Ehrgeiz traten auf ihre Mienen, und sie stürmten auf das Tor der Festung zu.

Jedenfalls die meisten. Einar entdeckte drei Gestalten, die in genau die entgegengesetzte Richtung wie der Rest rannten. Zwei von ihnen trugen Bärenfelle, und er begriff, dass es sich um Narfi, Björn und Gizur handelte. Was führten sie im Schilde?

Eine Handbreit von seinem Fuß entfernt bohrte sich ein schottischer Pfeil in die Holzbohlen und riss ihn aus seinen Gedanken.

»Wir müssen hier runter!«, brüllte er. »Wir müssen das Tor öffnen!«

Weitere Wikinger strömten über die Palisade und stürmten nach links und rechts, drängten die Schotten immer weiter vom Tor zurück. Sweyn sprang auf die Leiter. Er ignorierte die Sprossen, rutschte hinunter, Hände und Füße an den Seiten. Bödvar schloss sich ihm an. Einar warf das Banner in die Tiefe, dann folgte er ihnen.

Der vordere Teil der Festung bestand aus zusammengewürfelten Gebäuden aller Größen. Die meisten waren rund mit den konischen Strohdächern. Dazwischen verliefen Gassen und Bohlenwege; überall schienen Schotten umherzulaufen. Sie sammelten sich nicht weit entfernt, und es war offensichtlich, dass ein Gegenangriff vorbereitet wurde. Es waren viel mehr, als Nordmänner auf dem Wall standen. Wenn sie das Tor nicht schnell öffnen konnten, würde dieser Wikingerüberfall in einem blutigen Gemetzel enden.

Das Tor war mit einem schweren Holzbalken verschlossen, der durch Eisenhaken geschoben war. Einar und Bödvar griffen danach, um ihn zu entfernen.

Dann hörten sie die Hunde.

KAPITEL 46

Das tiefe Bellen kam immer näher. Und es klang, als wären es keine königlichen Schoßhündchen.

Einar hatte einmal zwei riesige Hunde auf dem Schiff eines Händlers gesehen, der sie in Island hatte verkaufen wollen. Er erinnerte sich daran, wie die Tiere ausgestreckt an Deck gelegen hatten, um den spärlichen isländischen Sonnenschein in sich aufzusaugen. Es waren sehr große, sehr imposante Geschöpfe gewesen, das hatte man selbst im Liegen sehen können. Einars Mutter war nicht beeindruckt gewesen.

»Dreckige Biester«, hatte Unn gesagt. »In Irland haben wir sie *árchú* genannt, Kampfhunde. Könige halten sie, damit sie männlicher erscheinen. Das lange Fell stinkt. Sie fressen einem Haus und Hof leer und scheißen alles voll, und zwar schlimmer als Pferde.«

Sie hatte ihm eine alte Geschichte aus der Heimat von einem irischen Jungen namens Setanta erzählt, der zu spät zu einem Fest kam und bei der Festung eintraf, nachdem das Tor schon geschlossen worden war. Der Wachhund, ein bösartiger *árchú*, hatte ihn angegriffen. Obwohl er nur ein Junge gewesen war, hatte Setanta das Tier getötet, aber danach hatte er die Pflichten des Hundes übernehmen müssen. Er wuchs zu einem großen Helden heran, allerdings währte sein Leben nur kurz.

Die vier Hunde, die um die Ecke eines Gebäudes stürmten, hatten keinerlei Ähnlichkeit mit den faulen Viechern auf dem

Schiff. Sie reichten einem Mann beinahe bis zur Taille, hatten langes, zotteliges Fell und gewaltige Pfoten, die beim Laufen über den Boden schabten. Die bösartigen Fänge waren zu einem Knurren gefletscht, Sabber tropfte von ihren Schnauzen. Hinter ihnen rannten sechs Männer mit den Ketten, an denen die Tiere festgemacht gewesen waren. Sie brüllten auf die Hunde ein und zeigten auf Einar und die anderen am Tor. Sie benutzten die Sprache der Schotten, aber die Bedeutung war klar: *Angriff.*

»Du öffnest das Tor«, rief Sweyn Einar zu. »Wir kümmern uns um die Hunde.«

Einar lehnte das Rabenbanner an das Tor, dann machte er sich daran, den schweren Holzbalken aus seinen Haken zu entfernen. Zu dritt wäre es leicht gewesen, aber auf sich allein gestellt würde es seine ganze Kraft erfordern. Er biss die Zähne zusammen und stemmte sich mit aller Macht gegen den Balken. Hinter sich hörte er Sweyn fluchen, übertönt vom wilden Gebell der Hunde. Seine Füße rutschten weg, aber der große Balken rührte sich nicht. Er suchte sich einen besseren Stand und versuchte es erneut, und diesmal bewegte sich das Holz etwas. Er keuchte, wieder rutschten seine Füße weg, und er wusste, dass es viel zu lange dauern würde, selbst wenn er seine ganze Kraft einsetzte. Er brauchte Bödvars und Sweyns Hilfe. Er drehte sich um.

Die Dinge standen nicht gut. Bödvar hatte einen Hund töten können, dabei aber das Schwert verloren. Es steckte in den Rippen des Tieres, während der Wolfsmantel mit einer anderen Bestie rang. Der Kampfhund stand auf den Hinterbeinen, was ihn beinahe so groß wie den Krieger machte, und schnappte nach Bödvars Kopf. Der Wikinger hielt ihn mit beiden Händen um die Kehle von sich fern. Wenigstens stand er noch aufrecht. Sweyn hingegen war auf den Rücken geworfen worden. Einer der Hunde ging ihm an den Hals. Sweyn hielt das Schwert in die Höhe, die rasiermesserscharfe Klinge wehrte die geifernden

Zähne ab. Der vierte Hund hatte sich in seinen Oberschenkel verbissen. Er hatte die Lederhose zerfetzt, und Einar konnte sehen, wie sich seine Zähne in das darunter befindliche Fleisch bohrten.

Einar riss die Axt von der Schulter und packte den Schaft mit beiden Händen. Mit zwei Schritten war er an Sweyns Seite und hieb mit einem Aufschrei auf den Rücken des Tieres ein, das gerade das Bein des Kriegers zerfleischte. Die Schneide durchtrennte das Rückgrat und teilte die Bestie beinahe in zwei Hälften. Die Kreatur ließ Sweyns Bein los und fuhr herum. Zu Einars Erstaunen versuchte sie ihn anzugreifen, obwohl ihre dampfenden Eingeweide zu Boden fielen. Aber seine Sorge war unnötig. Der Hund war tot, hatte es nur noch nicht begriffen.

Als Einar das sterbende Tier betrachtete, erinnerte er sich wieder an die Geschichte seiner Mutter von Setanta. Er blinzelte. Warum musste er ausgerechnet jetzt daran denken?

Als würde der Hund, der Sweyn die Kehle herausreißen wollte, die Qualen seines Artgenossen spüren, fuhr er herum und stürzte sich auf Einar. Der konnte gerade noch rechtzeitig den Axtgriff in die Höhe reißen, als die Bestie nach seinem Hals schnappte. Der Hund prallte mit seinem gewaltigen Gewicht gegen ihn, und Einar landete flach auf dem Rücken. Die Reißzähne des Kampfhundes gruben sich in den Axtschaft. Das Vieh schüttelte den gewaltigen Kopf. Seine Kräfte waren so groß, dass sich Einars Griff lockerte. Es riss ihm die Waffe aus den Händen, und die Axt flog außer Reichweite.

Das Tier hielt mit aufgerissenem Maul inne. Der große zottelige Kopf schwebte über Einars Gesicht. Er roch den heißen stinkenden Atem, während Sabber auf ihn tropfte. Die Bestie gab ein tiefes, gutturales Knurren von sich, dann schnappte sie nach dem Hals ihrer Beute.

Und Einar begriff, warum er an die Geschichte seiner Mutter

gedacht hatte. Setanta hatte den Hund, der ihn angegriffen hatte, getötet, indem er ihm seinen Ball in den Rachen gerammt hatte.

Einar ballte die Faust und schlug sie direkt in das offene Maul des Hundes. Seine Knöchel trafen auf weiches, heißes Fleisch. Die Augen des Hundes quollen hervor, er wollte die Zähne in Einars Arm schlagen. Aber wegen der Faust im Rachen konnte er die Kiefer nicht schließen. Er versuchte zurückzuweichen, aber Einar vergrub die Finger seiner freien Hand in dem zotteligen Fell und hinderte das Tier daran, sich zu befreien.

Der Hund zerrte und wand sich, aber Einar hielt eisern fest; mittlerweile steckte sein Arm beinahe zur Hälfte im Rachen des Tieres. Er fühlte eine heiße, schleimige Masse. Irgendeine Flüssigkeit spritzte auf seine Knöchel. Aber er wusste, dass sein Arm nicht herausrutschen durfte, sonst würde die Bestie sein Fleisch zerfetzen, ihm vielleicht sogar den Unterarm abbeißen. Gnadenlos zwang er die Faust immer tiefer hinein und blockierte die Luftzufuhr.

Der Hund wurde wild, seine Nasenlöcher weiteten sich nutzlos. Er schüttelte den Kopf, zerrte und kratzte wild mit den Pfoten, aber Einar ließ nicht locker. Nach einem letzten Aufbäumen brach die Bestie auf ihm zusammen. Einar keuchte unter dem Gewicht.

Er wartete einen Moment, versuchte zu beurteilen, ob noch Leben in dem Tier war. Als es sich nicht mehr rührte, zog er die Faust aus dem Hundemaul. Sie war glitschig vom Sabber, der seinen Unterarm beinahe bis zum Ellbogen wie eine Schicht bedeckte und von seinen Fingern tropfte.

Dann war Bödvar über ihm, griff in das Fell und zerrte den Kadaver von ihm herunter. Einar setzte sich auf. Irgendwie war es Bödvar gelungen, wieder an sein Schwert zu kommen und den Hund zu töten, der ihn angegriffen hatte.

Sweyn lag noch immer auf dem Rücken. Er versuchte, wieder

auf die Beine zu kommen, aber sein Oberschenkel war eine blutige Masse, wo sich der Kampfhund darin verbissen hatte.

»Scheiße«, fluchte Bödvar.

Einar drehte den Kopf und folgte dem Blick des Wolfsmantels. Ein kleines Stück entfernt hatte sich eine Gruppe Schotten versammelt. Darunter Männer auf Pferden. Im Gegensatz zu den Speermännern im Kilt, die den größten Teil der Garnison der Festung bildeten, trugen diese Männer Kettenhemden und Helme. Sie sahen wie erfahrene Krieger aus. Alle drängten sich um einen Reiter, der ebenfalls gerüstet und in dicken schwarzen Pelz gekleidet war. Unter seinem Helm ragten weiße Haare und ein langer Bart hervor.

»Wenn wir das Tor nicht öffnen können, sind wir tot«, sagte Bödvar. »Komm schon.«

Beide Männer stemmten sich gegen den Balken. Mit Bödvars Hilfe bewegte er sich leichter. Holz schabte über Holz, als er aus den Haken rutschte, dann fiel er mit einem dumpfen Poltern zu Boden. Einar packte den Eisenhaken des einen Torflügels, Bödvar den anderen. Beide zogen fest, und die Torhälften schwangen ächzend auf.

Die anderen Wikinger draußen sahen, wie sich das Tor öffnete, stürmten los. Einar schnappte sich das Banner und hob es hoch. Dann warf er einen Blick zurück. Die Reiter trieben ihre Tiere an und galoppierten direkt auf das Tor zu.

»Sie wollen einen Ausbruchsversuch unternehmen«, rief Bödvar, der die Absichten der Feinde erkannte. »Geh aus dem Weg, oder sie reiten dich nieder.«

Bödvar rannte zur Seite, während die Reiter immer schneller wurden. Die Erde bebte unter den Pferdehufen. Einar wurde sich bewusst, dass Sweyn noch immer direkt vor dem Tor lag und nicht aufstehen konnte. Die Reiter donnerten direkt auf ihn zu. Sie würden ihn zu Tode trampeln.

Ohne nachzudenken, rannte Einar zu ihm. Er ließ das Banner fallen und packte den verletzten Nordmann bei den Schultern, um ihn wegzuziehen.

»Lass mich«, stieß Sweyn mit schmerzverzerrtem Gesicht hervor. »Du wirst dich nur umbringen.«

Einar warf einen Blick über die Schulter. Seine Streitmacht hatte das Tor fast erreicht, aber die Reiter waren noch näher. Ihre Tiere schnaubten, die harten Hufe wirbelten die Erde auf. Es blieb keine Zeit mehr, wegzurennen.

Einar kauerte sich neben Sweyn zusammen und schnappte sich das Rabenbanner. Im allerletzten Moment konnte er den Dorn heben. Das Pferd an der Spitze galoppierte direkt hinein. Einar hielt das Banner so, dass der Zusammenstoß mit dem Tier die Stange in den Boden trieb. Das Pferd wieherte vor Schmerz, als es sich selbst aufspießte. Die Standarte bog sich, dann zersplitterte sie in zwei Teile.

Das Pferd stieg auf die Hinterbeine und warf seinen Reiter ab, tief in seiner Brust steckte die abgebrochene Stange. Blut strömte bereits aus der Wunde und dem Maul. Einen Augenblick lang blieb das Tier so aufgerichtet stehen, dann gaben seine Beine nach, und es stürzte.

Einen Moment verspürte Einar Panik, als es so aussah, als würde das Pferd genau auf ihm landen. Er sprang zur Seite und schaffte es gerade noch rechtzeitig aus dem Weg.

Bevor er etwas tun konnte, ragte der nächste Reiter mit erhobenem Schwert über ihm auf. Der Schotte schlug zu und traf Einar am Kopf. Zahllose Sterne zerplatzten vor seinen Augen, einen Augenblick lang wurde die Welt dunkel. Dann kehrte sein Sehvermögen zurück, und er sah, wie die zersplitterten Fragmente seines Helms am Gesicht vorbei zu Boden fielen.

Als der zweite Hieb ausblieb, wurde ihm klar, dass der Krieger weitergeritten war. Einar versuchte aufzustehen, aber die Welt erschien in einem seltsamen Winkel. Seines Gleichgewichts beraubt, taumelte er zur Seite direkt in den Weg eines dritten Reiters. Das Pferd stieß ihn mit einem gewaltigen Schlag zur Seite, er wirbelte herum und stürzte schwer zu Boden.

Sofort wollte er sich wieder aufrappeln, dann keuchte er auf und fiel zurück. Während ihn die Dunkelheit überwältigte, war sein letzter Gedanke, dass der Fluch des Rabenbanners wieder ein Opfer gefordert hatte.

« KAPITEL 47 »

Einar schlug die Augen auf und zuckte zusammen. Er hatte das Gefühl, jemand würde ihm eine gewaltige Nadel in den Schädel rammen.

Trotz des Schmerzes hielt er das für ein gutes Zeichen. Er lag in weiche Felle gehüllt auf einem Bett. Er trug kein Kettenhemd mehr. Jemand hatte auch seine Kleidung ausgezogen und durch ein sauberes weißes Hemd ersetzt. Er befand sich in einem kleinen düsteren Raum, aber irgendwo über ihm strömte Sonnenlicht hinein. In der Lehmwand war eine Tür, und die war geschlossen. Auf dem Boden lag sauberes Stroh, und die schräge Decke über ihm bestand aus Schilf und nicht aus funkelnden Schilden. Der Dachbalken über ihm war aus der üblichen Eiche und nicht aus einem Bündel Speere. Er befand sich nicht in einer großen Halle mit fünfhundertvierzig Türen. Das war nicht Odins Ruhmeshalle. Offensichtlich war er nicht tot.

Als ihm bewusst wurde, dass er nicht allein war, drehte er sich auf die Seite. Ulrich saß auf einem Bett neben ihm.

»Du scheinst enttäuscht zu sein, mich zu sehen«, meinte der Wolfsmantel.

»Eigentlich habe ich erwartet, Odin zu treffen«, sagte Einar. Sein Mund war trocken, seine Zunge fühlte sich dick an. »Ich habe sein verfluchtes Banner in die Schlacht getragen. Von Rechts wegen sollte er meine Seele als Bezahlung für den Sieg verlangt haben. Anscheinend ist das doch nur eine Legende. Es gibt keine Magie.«

»Nie den Allvater anzweifeln.« Ulrich drohte Einar mit dem Zeigefinger. »Es kommt darauf an, was man als Sieg bezeichnet.«

»Wir haben nicht gewonnen?« Einar runzelte die Stirn und setzte sich mühsam auf. Ein heißer Schmerz durchfuhr seinen Schädel und ließ ihn erneut zusammenzucken. »Das Tor war gefallen, die Schotten ergriffen die Flucht.«

»Wir haben die Festung und den Hafen erobert«, erwiderte Ulrich. »Aber der König der Schotten konnte fliehen.«

Einar kniff die Augen zusammen; er erinnerte sich wieder. »Diese Reiter …«

Ulrich nickte. »Konstantin war einer von ihnen. Sie haben sich den Weg durch das Tor und unsere Männer freigekämpft und kamen davon. Trotz deines heldenhaften Versuchs, sie aufzuhalten.«

Ein Lächeln lag auf Ulrichs Lippen, über das sich Einar ärgerte.

»Wir sollten uns wirklich darüber unterhalten, wenn du einer meiner Wolfsmäntel werden willst«, sagte Ulrich. »Mut ist eine Sache. Blödheit eine andere.«

»Ich konnte Sweyn nicht einfach sterben lassen.«

Ulrich zuckte mit den Schultern. »Was bedeutet er uns schon? Bis jetzt hat er uns keinen Gefallen getan.«

»Wie lange war ich bewusstlos?«

»Ein paar Tage. Nachdem dir der Schotte auf den Kopf geschlagen hatte, warst du völlig weg, aber seitdem hast du einfach nur geschlafen. Die christlichen Zauberer haben dir einen Mohntrunk eingeflößt. Sie sagen, dass man Männer mit Kopfverletzungen danach am besten ein paar Tage schlafen lässt.«

»Christliche Zauberer?«

»Die mit dem seltsam rasierten Kopf und den langen braunen

Gewändern.« Ulrich stand auf, nahm die Holzkrücke vom Bett und humpelte zum Windauge. »Sie haben nach uns gesehen. Sie haben sich um alle Verletzten gekümmert.«

»Mönche«, sagte Einar. »Also ist Hakon mit dem Rest der Flotte eingetroffen? Wir hatten keine Mönche dabei.«

Ulrich runzelte die Stirn, während er durch das kleine runde Loch in der Wand starrte, das Licht hinein und Rauch hinaus lassen sollte. »Ein paar sind noch gekommen, ja.«

»Was meinst du?«

»Komm her.«

Einar kämpfte sich auf die Beine. Wieder schoss der Schmerz durch seinen Schädel, und kurz verschwamm seine Sicht. Dann wurde es wieder besser, und er schlurfte wie ein alter Mann steif und wund zu Ulrich. Das Tageslicht schickte den nächsten Stich durch seinen Kopf, und er kniff die Augen zusammen. Der Aussicht nach zu urteilen, mussten sie sich im ersten Stock eines der Gebäude in der Festung von Cathair Aile befinden, denn er konnte über die Palisaden in den Hafen blicken. Die zerstörten Schiffe waren nicht mehr da, dafür drängten sich dort nun andere Gefährte. Noch mehr lagen in der kleinen sandigen Bucht jenseits des Kais. Aber etwas an dem Anblick stimmte nicht. Zweifellos waren viele Schiffe nach Cathair Aile gekommen, aber es war nicht die große Flotte, die Einar im Firth of Forth gesehen hatte.

»Es sind nicht alle gekommen«, stellte er fest.

Ulrich nickte. »Ich war oben auf dem Wall, als die Schiffe eintrafen. Alle sind an der Küste vorbeigesegelt, aber nur ein paar haben sich von der Flotte getrennt und kamen her. Mehr als die Hälfte ist weitergefahren. Direkt hinaus aufs Meer. Auch Hakon habe ich noch nicht zu Gesicht bekommen. Auf den Schiffen waren genug Männer, um einen Gegenangriff der Schotten abzuwehren, was am nächsten Tag auch geschah.«

Ulrich lachte leise.

»Ihre eigene Festung war zu stark für sie«, sagte er. »Man hat sie zurückgeschlagen.«

»Werden sie zurückkommen?«

»Vielleicht. Aber wäre ich Konstantin und würde die Stärke der sächsischen Streitmacht kennen, die hier gelandet ist, und nachdem auch Æthelstans Heer auf dem Weg ist, würde ich nicht zurückkehren, es sei denn, ich hätte jeden Krieger Schottlands unter meinem Befehl. Und bis dahin würde ich so weit weg wie nur möglich bleiben, vorzugsweise hinter den Wällen einer anderen Festung. Ich würde sagen, er hat seine Lektion hier gelernt und wird sich dieser Streitmacht nicht mehr leichtsinnig nähern, bis er weiß, dass er sie in der Schlacht besiegen kann.«

»Was ist mit dem Rabenbanner?«, wollte Einar wissen.

Ulrich wandte sich ihm zu. »Das ist auch weg. Etwas geht hier vor, Junge. Ich weiß nicht, was es ist, aber es gefällt mir nicht.«

»Was ist mit den anderen?«

Der Anführer der Wolfsmäntel schüttelte den Kopf. »Die habe ich seitdem auch nicht mehr gesehen. Was nicht gut ist. Nach der ersten Schlacht hat man sämtliche Verwundeten in die Festung gebracht, damit sich die Mönche um sie kümmern können. Wegen meines gebrochenen Fußes haben sie behauptet, ich müsste auch behandelt werden, aber die anderen Verletzten sind in der großen Halle. Du und ich sind in diesem kleinen Zimmer eingeschlossen. Die Tür ist von außen versperrt. Dass ich Skar oder einen der anderen nicht gesehen habe, muss bedeuten, dass sie anderswo gefangen gehalten werden. Zumindest hoffe ich es. Entweder das, oder sie sind tot.«

Einar legte sich wieder auf sein Bett; die Schmerzen in seinem Kopf ließen ihn erneut zusammenzucken.

»Wir haben getan, was sie wollten«, sagte er. »Trotzdem sind wir noch immer Gefangene? Das ist nicht gerecht.«

»Man hat uns nicht unbedingt darum gebeten. Wir haben getan, was man uns befohlen hat. Aber wir sind Krieger ihrer Feinde. Ich bin überrascht, dass wir überhaupt noch leben.«

»Was tun wir jetzt? Uns beim nächsten Besuch der Mönche auf sie stürzen? Wir könnten ihre Gewänder nehmen und hier verschwinden.«

»Sie werden jedes Mal von mindestens vier bewaffneten Männern begleitet«, sagte Ulrich, als er zu seinem Bett humpelte. »Darum bin ich mir so sicher, dass wir Gefangene sind. Mit diesem kaputten Fuß komme ich nirgendwo schnell hin, aber es wird jeden Tag besser. Wir müssen einfach warten, bis sich eine Fluchtgelegenheit bietet oder sie uns umbringen. Was davon zuerst geschieht.«

KAPITEL 48

Tage vergingen, und nichts geschah. Die Beule an Einars Schädel wurde weniger empfindlich, und sein Kopf schmerzte nicht länger bei jeder Bewegung. Ulrich wurde beweglicher, obwohl die gebrochenen Knochen in seinem Fuß noch einige Zeit brauchen würden, um richtig zu heilen.

Sie grübelten über die beste Fluchtmöglichkeit, aber man behielt sie die ganze Zeit im Auge, und solange Ulrich nicht richtig laufen konnte, hatten sie nur eine geringe Chance, verschwinden zu können, ohne bei dem Versuch getötet zu werden. Also lösten sie sich darin ab, durch das Windauge zu beobachten, was draußen vor sich ging. Ulrich versank in einer mürrischen Stimmung, die ihn zu einem unerfreulichen Zimmergenossen machte.

»Ich bin Krieger«, sagte er eines Tages. »Wenn ich keinen Kriegertod sterbe, werden Odins Walküren meinen Geist niemals bemerken. Sie werden mich nicht erwählen. Ich werde in Hels Reich enden, zusammen mit all den anderen ehrlosen Niemanden. All den erbärmlichen kleinen Leuten, die es im Leben zu nichts gebracht haben. Odin, warum hilfst du mir nicht?«

Seine Stimmung wurde immer finsterer, während Einar vor Langeweile beinahe umkam. Um sich die Zeit zu vertreiben, fing er damit an, im Kopf sämtliche Dichtungen aufzusagen, die er kannte. All die *drápur*, *flokkar*, *dræplingar* und *lausavísur*, Geschichten der Helden und Könige alter Zeiten. Nach ein paar Tagen hatte er jede Geschichte durch und fing wieder von vorn an. Nachdem er das ein paarmal gemacht hatte, kehrte die Langeweile zurück.

»Bei Thors Eiern«, sagte er. »Ich wünschte, sie würden uns einfach umbringen. Ich weiß nicht, wie lange ich das noch ertrage.«

Eines Tages lag er auf dem Bett, die Hände hinter dem Kopf verschränkt, und starrte an die Decke aus Stroh über sich, rezitierte in Gedanken die *drápa* von Bödvar Bjarki, einem der legendären Krieger, die im Heer des legendären Königs Hrolf Kraki gekämpft hatten. Er blinzelte. Etwas war anders. Aber er war sich nicht sicher, was es war. Ein seltsames Gefühl hatte ihn überwältigt. Dann verschwand die seltsame Stimmung, und er runzelte die Stirn. Was ging hier vor?

Plötzlich wurde ihm bewusst, dass er nicht die richtigen Worte der *drápa* verwendet hatte. Der Bödvar, von dem er leise gesungen hatte, war nicht der große Krieger gewesen, der seinen Geist vom Körper hatte trennen können, um ihn Bärengestalt annehmen lassen zu können. Es war der Bödvar, der zusammen mit ihm den Wall von Cathair Aile gestürmt hatte.

Einar setzte sich auf. Blut pochte in seinen Ohren. Aufregung hatte ihn erfasst. Bis jetzt hatte er immer nur die Lieder vorgetragen, die man ihm beigebracht hatte, die Verse der Vorfahren oder berühmter Skalden. Nun hatte er seine eigenen Verse gedichtet, ohne sich dessen überhaupt bewusst zu sein.

»Was ist mit dir?«, fragte Ulrich, dem die Veränderung in ihm aufgefallen war.

»Ich habe meine eigenen Verse gedichtet!«, verkündete Einar.

Ulrich verdrehte die Augen. »Du fängst doch wohl nicht wieder damit an, ein Skalde sein zu wollen, oder? Odin mag ja der Gott der Dichtkunst sein, aber Krieger braucht er dringender. Komm her und sieh dir das an.«

Mit gerunzelter Stirn begab sich Einar zu dem Windauge, an

dem Ulrich stand, und schaute hinaus. Im Hafen herrschte hektische Aktivität. Die Schiffe wurden mit Fässern, Waffen und Truhen beladen.

»Ich glaube, sie bereiten sich auf die Abreise vor«, sagte Ulrich. »Gerade haben sie eine Stange mit Kettenhemden an Bord gebracht. Sie haben gefunkelt wie die Sommersonne auf dem Meer.«

»Und wer ist jetzt ein Dichter?«

Ulrich wollte etwas erwidern, da rasselte ein Schlüssel im Schloss. Beide Männer drehten sich um. Die Tür öffnete sich, und eine Gruppe Krieger trat ein. Sie trugen Kettenhemden und Helme mit Visieren. Schilde und Schwerter hielten sie kampfbereit in den Händen.

Sweyn folgte ihnen in das Zimmer. Er war nicht für die Schlacht gekleidet. Wie Ulrich ging er an einer Krücke. Wo ihn der Hund gebissen hatte, war sein Bein noch immer in Verbände gehüllt. Auch sein Gesicht und seine Hände wiesen noch verheilende Schnitte, fast verblasste Blutergüsse und Abschürfungen auf, die von der Schlacht kündeten, die er an der Seite der Wolfsmäntel geschlagen hatte. Sein Gesicht war blass, beinahe grau, so wie bei vielen Männern, die lange geblutet hatten. Unter seinen Augen lagen tiefe, dunkle Schatten. Der jugendliche Mann, den Einar vor dem Kampf an Deck des Kriegsschiffs kennengelernt hatte, war verschwunden, ersetzt durch einen Sweyn, der zehn Jahre älter aussah.

»Kommt mit«, sagte er.

Einar warf einen Blick auf die bewaffneten Krieger und wusste, dass es sich um einen Befehl und nicht um eine Einladung handelte.

Man führte sie aus dem Raum und dann eine Leiter hinunter, bei der sich sowohl Sweyn als auch Ulrich schwertaten.

Unten betraten sie einen kreisrunden Raum, der das ganze

Gebäude umfasste. Es roch nach Rauch, kaltem Fett, gekochtem Fleisch und abgestandenem Ale. Der Boden war mit Stroh bedeckt, das nach Hundescheiße und -pisse stank. Der Raum war sehr hoch, und ein Loch oben in der Decke ließ etwas Tageslicht hinein. In Haltern an den Wänden flackerten Fackeln, in der Mitte des Raumes brannte ein riesiges Feuer. Die Weidenwände des Raumes waren rußgeschwärzt. An der Seite stand ein großer, geschnitzter Holzstuhl. Das musste die Halle der Festung gewesen sein, und König Konstantin hatte hier mit diesen schrecklichen Hunden residiert.

Jetzt war der Raum voller Pritschen, die man aus den Bänken und Tischen der Halle konstruiert hatte. Dort lagen verwundete Männer. Einige schienen sich auf dem Weg der Besserung zu befinden, andere sahen aus, als hätten sie nicht mehr lange zu leben. Mönche in braunen Roben bewegten sich zwischen ihnen, versorgten Wunden, brachten Wasser und beteten.

Man führte Einar und Ulrich hinaus auf den Hof. Die saubere Luft roch süß, und das Wetter war mild. Einar blinzelte im Sonnenlicht, als man sie an der Halle vorbei zu einem anderen Gebäude führte.

Drinnen hielten weitere Krieger Wache. Andere füllten Truhen mit dem Mobiliar und den Gegenständen des Raumes, nahmen einen Tisch auseinander und falteten Segeltuchstühle zusammen.

Und dort standen Affreca, Skar, Bödvar, Sigurd, Atli, Kari, Starkad und Gorm, umgeben von bewaffneten Kriegern.

»Ulrich! Einar! Ihr seid noch am Leben«, rief Skar.

Sie stießen ihre Wächter zur Seite, und es gab viel Gelächter und Umarmungen, obwohl Ulrichs Gesichtsausdruck deutlich zeigte, dass ihm die offene Zurschaustellung von Gefühlen Unbehagen bereitete.

»Komm schon, Ulrich«, sagte Skar, dem die mürrische Miene

seines Anführers nicht verborgen blieb. »Freu dich. Wir sind nicht tot.«

»Du meinst, noch nicht«, erwiderte Ulrich. »Ich habe zum Tode verurteilte Männer noch nie so glücklich gesehen.«

Einars Lächeln verblasste, er wandte sich Sweyn zu.

»Bist du deshalb gekommen?«, fragte er.

Sweyn seufzte und ließ den Blick durch die Runde wandern. Er antwortete nicht.

Dann betraten zwei weitere Männer den Raum. Einar erkannte die beiden nordischen Jarle Siward und Thorketil.

»Ah. Da seid ihr ja«, sagte Siward beim Anblick der Wolfsmäntel. »Ulrich, wir haben eine weitere Aufgabe für dich und deine Männer. Wie du zweifellos gemerkt hast, bereiten wir uns auf den Aufbruch vor. Æthelstans Heer ist auf dem Weg. Wir segeln voraus, um eine andere Siedlung weiter nördlich anzugreifen. Deine Männer werden wie zuvor den Angriff anführen.«

Ulrich grunzte. »Das ist also unser Schicksal? Wir kämpfen weiter, bis uns das Glück verlässt?«

Siward holte tief Luft und nickte. »Wenn ihr die erste Schlacht überlebt, was ihr getan habt, führt ihr uns mit dem Banner weiterhin in die Schlacht. So lauten meine Befehle.«

»Obwohl wir für euch den Kampf gewonnen haben«, sagte Skar, »sind wir noch immer verurteilte Männer?«

»Ihr habt Mönche und Nonnen ermordet«, erwiderte Siward. Seine Miene wurde todernst, und er zischte die Worte durch die zusammengebissenen Zähne. »Das verzeiht Æthelstan nicht. Und ich auch nicht. Außerdem kämpft ihr für unsere Feinde.«

Ulrichs und Siwards Blicke kreuzten sich, dann schaute der Jarl weg.

»Sweyn wird euch zu eurem Schiff bringen«, sagte er. »Jetzt geht, und Gott sei mit euch.«

Sweyns Männer führten sie aus dem Gebäude. Sie marschierten zum Hafen hinunter zu den vielen Männern, die die Schiffe fürs Ablegen und die Schlacht vorbereiteten. Sie gingen bis ans Ende des Kais. Die Steine unter ihren Füßen waren noch immer schwarz von dem getrockneten Blut der Schlacht. Am Ende des Hafens lag ein Schiff vertäut.

Einar runzelte die Stirn, denn er erkannte den Mann, der am Steuer stand. Roan verzog das faltige braune Gesicht, lächelte und winkte.

»Ist das unser Schiff?«, fragte Einar.

Sweyn wandte sich an seine Krieger. »Geht. Ich übernehme.«

Zu Einars und der anderen Überraschung drehten sich die Männer gehorsam um und verließen den Hafen.

»An eurer Stelle wäre ich schon auf dem Meer«, sagte Sweyn zu Ulrich.

»Du lässt uns gehen?«, fragte der Anführer der Wolfsmäntel.

»Einar hat mir das Leben gerettet«, sagte Sweyn. »Hätte er den Hund nicht getötet, hätte mir die Bestie das Bein abgerissen.«

»Sie getötet?« Bödvar grinste. »Von meinem Platz sah es eher so aus, als wäre das arme Vieh an ihm erstickt.«

»Er hat mich auch nicht zurückgelassen, damit mich die Pferde zertrampeln«, sagte Sweyn. »Würde ich meine Befehle ausführen, hätte ich keine Ehre. Nehmt euer Schiff und geht.«

»Jarl Siward wird nicht erfreut sein«, meinte Einar. »Bist du dir sicher? Du könntest deswegen viel Ärger bekommen.«

»Ich habe geschworen, Hakon zu dienen, nicht Siward«, erwiderte Sweyn. »Davon abgesehen, was kann ich schon ausrichten? Ich bin verwundet, brauche eine Krücke, ein Mann gegen euch alle. Wie hätte ich euch aufhalten sollen?«

Sweyn blinzelte ihnen zu.

»Wenn du willst, kannst du mit uns kommen«, sagte Ulrich. »Wir könnten noch ein paar gute Männer gebrauchen. Zugegeben, deine Religion könnte ein Problem sein, aber du bist ein Nordmann wie wir. Warum für Æthelstan kämpfen?«

Sweyn schüttelte den Kopf. »Mein Vater war Nordmann, aber ich bin in diesem Land aufgewachsen. Diesem England. Und ich bin Christ. Æthelstan ist mein König.«

»Nun gut«, sagte Ulrich. Er wandte sich an die anderen. »Gehen wir, bevor sich die Dinge ändern.«

»Danke«, sagte Einar.

Sweyn nickte. »Wir schulden einander nichts mehr. Du hast mir das Leben gerettet, ich gebe euch eures zurück.«

»Nun gut.« Einar erkannte, dass hier keine neue Freundschaft geschlossen wurde, sondern lediglich ein ehrenwerter Mann seinen Verpflichtungen nachkam.

»Bekommen wir Waffen?«, fragte Skar.

Sweyn schüttelte den Kopf. »Dafür ist keine Zeit. Besorgt euch so viele Vorräte, wie ihr könnt, und segelt los.«

Sie schnappten sich ein paar Fässer vom Kai, dann eilten sie auf Roans Schiff. Sie wollten gerade ablegen, als es auf dem Kai zu einem kleinen Aufruhr kam. Einar schaute auf und sah einen Mann, der sich rufend an den Männern vorbeidrängte und mit den Armen winkte. Er hatte eine Ledertasche über die Schulter geschlungen.

»Wartet! Wartet auf mich!«, rief er.

Es war Eyvind.

»Sieh an. Da ist ja die ganze Mannschaft versammelt«, sagte Ulrich. »Lasst ihn an Bord, dann können wir aufbrechen. Wir segeln nach Norwegen.«

KAPITEL 49

Tage vergingen, in denen sich Roans *knǫrr* nach Norden kämpfte, im ewigen Auf und Ab der grauen Wellen der nördlichen Walstraße. Der Winter ging zu Ende, und die Tage wurden länger, aber es würde noch lange dauern, bevor Sonnenschein und Wärme Dunkelheit und Kälte vertreiben würden. Statt Schnee und Hagel ging aus den stahlfarbenen Wolken, die nun den Himmel verdeckten, ein ständiger Nieselregen in die Tiefe. Die Mannschaft verbrachte den größten Teil ihrer Zeit unter der Plane, versuchte der Nässe zu entgehen und sich warm zu halten. Was schwierig war, wenn der Wind Gischt und Wellen über das Deck spülte.

Einar registrierte erfreut, dass er nicht länger unter Seekrankheit litt. Er hatte auch keine Angst mehr, das Schiff könnte untergehen. Das Schlimmste, was geschehen konnte, war geschehen, er hatte Schiffbruch erlitten und überlebt. Darum flößte ihm Segeln keine Furcht mehr ein. Aber das brachte eine neue Herausforderung mit sich: Langeweile.

»Wie lange brauchen wir noch?«, fragte er Ulrich eines Tages.

Roan stand wie gewöhnlich völlig unbewegt am Ruder und schien den Regen nicht wahrzunehmen. Der Rest hatte sich unter der Plane versammelt, während Skar auf dem Kochstein das Abendessen zubereitete. Wie gewöhnlich war es in Meerwasser gekochter Trockenfisch. Sie hatten keine Zeit gehabt, sich in Cathair Aile den Proviant in den Fässern auszusuchen, also hatten sie einfach die genommen, die am Ende des Kais aufgestapelt gewesen waren. Die meisten hatten den gleichen Inhalt gehabt, darum war das Essen sehr eintönig. Immerhin hatten einige Fässer warme Seekleidung enthalten, und jetzt trugen alle an Bord Pelze und Robbenfell, die dabei halfen, Kälte und Nässe abzuhalten.

Ulrich seufzte schwer.

»Das muss jetzt das hundertste Mal sein, dass du mich das fragst.«

Einar verdrehte die Augen. »Manchmal langweile ich mich so sehr, dass ich am liebsten über Bord springen würde.«

»Ich wünschte, du würdest es tun«, entgegnete Ulrich. »Dann wäre Ruhe.«

»Sind wir denn wenigstens in der Nähe? Es fühlt sich an, als wären wir schon seit Wochen auf diesem Schiff. Wie lange dauert es denn, nach Norwegen zu kommen?«

»Das hängt vom Wetter und den Gezeiten ab«, antwortete Skar. »Aber sei beruhigt. Wir können nicht mehr weit weg sein.« Ulrich schnalzte laut mit der Zunge und stand auf.

»Was ist los mit dir?«, fragte Skar. »Der Junge ist gelangweilt. Das sind wir alle. Er will nur, dass die Reise endlich vorbei ist.«

»Mich beschäftigt, was dann passiert«, sagte Ulrich leise und setzte sich wieder.

»Was meinst du?«, fragte Skar.

»Wir sind fast in Norwegen«, sagte Ulrich. »König Erik hat uns ausgesandt, damit wir das Rabenbanner holen, so wie er uns für diese Ulfberht-Schwerter nach Irland geschickt hat. Das letzte Mal kamen wir ohne die Schwerter zurück, jetzt liegen sie auf dem Meeresgrund vor Schottland. Wir kommen also ohne das Banner *und* die Schwerter. Wir haben versagt. Schon wieder. Ich hätte das besser durchdenken sollen.«

Kurz trat Stille ein, als die finstere Bedeutung seiner Worte einsank. Dann hellte sich Skars Miene auf. »Komm schon, Ulrich. Wir dienen dem König nun schon seit Jahren. Wir haben für ihn große Taten vollbracht, von denen die Walküren vermutlich in Odins Ruhmeshalle singen. Glaubst du, er vergisst das wegen ein paar Fehler?«

»Zwei Fehler hintereinander, Skarphedin«, erwiderte Ulrich. »Für einen König ist ein Diener nur so gut, wie er die letzte Aufgabe erfüllt hat. Ich fürchte, unser Glück hat uns verlassen. Böse Nornen arbeiten gegen uns. Es würde mich nicht überraschen, wenn die Zauberin des Königs mit ihrer bösen Magie gegen uns arbeitet. Etwas verdirbt unser Glück.«

Eyvind stand auf. »Vielleicht haben wir das Glück ja doch noch auf unserer Seite«, meinte er.

Alle Augen richteten sich auf den Skalden, der die Riemen seiner Ledertasche aufknotete. Er griff hinein und holte ein Stück Stoff heraus. Noch bevor er es entrollte, erkannte Einar es aufgeregt.

»Das Rabenbanner!«, rief er. »Du hast es?«

»Das habe ich, Junge«, sagte Eyvind. »Jetzt könnt ihr es König Erik doch noch übergeben.«

Die Wolfsmäntel jubelten, als sich der Wind im Banner verfing und es entrollte. Der schwarze Rabe breitete die Schwingen aus, als wollte er sich in die Lüfte erheben. Alle beglückwünschten Eyvind, schlugen ihm auf die Schultern. Bödvar riss ihn in eine kräftige Umarmung.

»Wie bist du da rangekommen?«, wollte Skar wissen.

»Das war gar nicht so leicht.« Eyvind zog zischend die Luft zwischen den Zähnen ein. »Als Einar zu Boden ging, haben es Jarl Siwards Männer geborgen. Es wurde auf seinem Schiff aufbewahrt, damit ihr es bei eurem nächsten Einsatz benutzt. Ich konnte mich an Bord schleichen und es holen. Seitdem habe ich ganz schön geschwitzt, das kann ich euch versichern, falls man sein Verschwinden entdeckt. Aber ich habe darauf gesetzt, dass niemand vor dem nächsten Angriff danach sieht. Das Wagnis hat sich bezahlt gemacht.«

»Hakon wird dich dafür bestrafen«, sagte Ulrich. »Warum hast du für uns dein Leben riskiert?«

Eyvind rieb sich das Kinn, als würde er nachdenken. Dann sagte er: »Es war mein Ernst, dass ich echte Abenteuer erleben will. Eures ist noch nicht vorbei. Ich bleibe bis zu seinem Ende dabei.«

»Du hast uns einen großen Dienst erwiesen«, sagte Einar. »Das war sehr mutig von dir.«

Eyvind grinste und sonnte sich in der Dankbarkeit und Anerkennung der anderen. »Dann kann dieser Weinschlauch endlich angebrochen werden?« Er zeigte auf den einzigen Weinschlauch, der in den Fässern aus Cathair Aile gewesen war und den Ulrich unnachgiebig verschlossen gehalten hatte.

»Na gut. Trink«, sagte Ulrich. »Möglicherweise hast du unsere Köpfe gerettet.«

Er warf dem Skalden den Weinschlauch zu, und wieder ertönte Jubel. Mit einem breiten Grinsen zog Eyvind den Stöpsel und trank einen großen Schluck.

»Wartet«, sagte Affreca. Sie trat vor und griff nach dem Banner. »Lasst es mich sehen.«

Zu Einars Überraschung ließ Eyvind den Wein fallen; die rote Flüssigkeit tropfte von seinen Lippen, als er Affreca das Banner aus den Fingern riss.

»Was ist los?«, fragte Skar.

Eyvind erschien verwirrt. Er machte einen Schritt zurück. Alle Wolfsmäntel erhoben sich.

»Sie!« Der Skalde richtete den Finger auf Affreca. »Keine Frau darf das Banner berühren. So befiehlt es Odin in der Legende. Es wird die Magie vernichten!«

»Dieser Teil der Legende ist mir neu«, meinte Skar.

»Du vergisst, dass das Banner meinem Clan gehört hat«, sagte Affreca. »Im Laufe der Jahrhunderte hat man es in vielen Schlachten getragen. Es wurde mehrmals eingerissen. Was glaubst du denn, wer es geflickt hat? Die Frauen von Ui Imair von Dublin, sonst niemand. Meine Großmutter und meine Urgroßmutter und deren Mütter davor. Alles Frauen. Wie sollen sie es geflickt haben, wenn sie es nicht hätten berühren dürfen?«

Eyvind stieß ein leises Wimmern aus.

Affreca kniff die Augen zusammen.

»Jetzt fällt es mir wieder ein«, sagte sie. »In der Schlacht von *Ard Mhacha* hat ein irischer Speer das Banner durchbohrt«, sagte sie. »Das Loch, das er hinterließ, war so groß, dass man es nicht einfach zunähen konnte. Also hat meine Urgroßmutter die Lücke mit einem gestickten Drachen geschlossen. Zeig mir die Stickerei. Ich fasse sie auch nicht an. Du hältst das Banner einfach hoch.«

»Nein. Das mache ich nicht«, sagte Eyvind. Er verzog den Mund, als würde er gleich in Tränen ausbrechen.

»Warum nicht?«, wollte Ulrich wissen.

»Sie lügt!« Eyvind zeigte auf die junge Frau. »Es gibt keine Stickerei. Frauen können das Banner nicht berühren. Vielleicht ist sie ja an allem schuld. Sie ist die Zauberin, die euer Glück zerstört, Ulrich, denk einmal darüber nach.«

»Es gibt keine Stickerei, weil das Banner eine Fälschung ist«, behauptete Affreca mit kalter, tonloser Stimme. »Der Gedanke kam mir bereits, als ich es vor dem Angriff auf Cathair Aile auf dem Schiff wehen sah. Aber jetzt, wo ich es aus der Nähe betrachten kann, bin ich mir sicher.«

Eyvind wich zurück, hielt das Banner wie einen Schild vor sich. Die Wolfsmäntel versammelten sich in einem Halbkreis um ihn herum. Einar war einmal Zeuge gewesen, wie sich Hofhunde um ein Kind aufbauten. Es war, als hätten sie seine Furcht riechen können.

»Eyvind«, sagte Ulrich. Seine Stimme war leise und bedrohlich, erinnerte an das Knurren der Hunde, gegen die Einar in Cathair Aile gekämpft hatte. »Was geht hier vor?«

Der Skalde machte noch einen Schritt zurück. Seine Ferse stieß gegen das Schanzkleid, und er blieb stehen. Er konnte nirgendwo hin. Auf der anderen Seite der Bordwand gab es meilenweit nichts außer dem leeren, wogenden Meer.

»Warum sollten wir meinem König ein falsches Banner bringen?«, fragte der Anführer der *úlfhéðnar.*

Eyvind blickte von einem Gesicht zum nächsten. Ihn umgaben nur Misstrauen und Wut. Dann verwandelte sich sein furchtsamer Ausdruck in wilden Triumph. Er riss das Schwert aus der Scheide.

»Ha!«, rief er. »Zurück, ihr Bastarde!«

Jetzt waren es die Wolfsmäntel, die die Hände hoben und einen Schritt zurück machten.

»Jetzt seid ihr nicht mehr so mutig, was?« Eyvind grinste. »Jetzt bin wohl ich der Einzige mit einer Waffe an Bord.«

KAPITEL 50

Einar sah entsetzt zu. Eyvind hatte recht. In Cathair Aile hatte man allen die Waffen abgenommen.

»Was willst du machen?«, fragte Ulrich. »Uns zehn töten? Das Schiff allein segeln?«

»Falls nötig, ja«, erwiderte der Skalde. »Führ mich nicht in Versuchung. Kapitän?«, brüllte er zu Roan, der noch immer an seinem Steuer stand. »Der Plan hat sich geändert. Setze Kurs auf Nidaros.«

»Was willst du in Nord-Norwegen?«, fragte Ulrich. »Es sei denn, du willst zu den aufständischen Jarlen? Ist es das? Hat das alles etwas mit Jarl Sigurd zu tun? Vielleicht Olaf Haraldsson?«

Eyvind lachte. »Hast du noch immer nicht begriffen, was hier vor sich geht, Ulrich? Du bist doch angeblich so schlau, aber wir haben die ganze Zeit wie auf einer *fiðla* mit dir gespielt.«

»Wer ist wir?«

»Kannst du dir das nicht denken?« Eyvind hielt die Schwertspitze genau auf Ulrich gerichtet.

Bödvar, der neben seinem Anführer stand, trat einen Schritt vor. Der Skalde sah die Bewegung und fuhr herum, zeigte mit der Klinge auf ihn.

»Zurück!«, knurrte er. Bödvar gehorchte. Eyvind richtete das Schwert wieder auf Ulrich.

»Muss ich es dir in Runen aufmalen?«, fragte er. »Du warst nur eine Figur im Spiel meiner Herren.«

Ulrich, der die tödliche Waffe einen Fingerbreit vor seinem Gesicht zu ignorieren schien, kratzte sich am Kinn, als würde er nachdenken.

»Wollen wir doch mal sehen«, sagte er. »Wenn jemand König Erik täuschen will, fällt mir nur ein Grund ein, warum ihm jemand ein gefälschtes Banner unterschieben sollte.«

»Sehr gut.« Eyvind grinste breit; offenbar machte ihm das Ganze Spaß. »Vielleicht bist du ja doch nicht so dumm, wie du aussiehst. Mein Herr Hakon hat das echte Banner. Hast du dich nicht gefragt, wo er und mehr als die Hälfte von Æthelstans Flotte hinsegeln?«

»Lass mich raten.« Ulrichs Miene verfinsterte sich. »Nidaros?«

Eyvinds Grinsen wurde noch breiter. »Nidaros. Erik hat die Unterstützung der nördlichen Jarle verloren. Einiger im Süden ebenfalls. Sie haben Hakon zur Rückkehr aufgefordert, damit er der rechtmäßige König wird. Er ist genauso Haralds Sohn wie Erik.«

»Willst du mir weismachen, dass sich der Junge das alles ausgedacht hat? Er mag ja Harald Schönhaars Sohn sein, aber er ist gerade mal fünfzehn Winter alt.«

»Æthelstan«, sagte Skar. »Er steckt dahinter. Er muss es sein. Dieser Einfall in Schottland. Es ist …«

»Ein Ablenkungsmanöver?« Eyvind nickte. »Zum Teil. Es geht mehr darum, dass Æthelstan zwei Fliegen mit einer Klappe schlagen will. Er hat einen guten Grund, um Konstantin den Krieg zu erklären, aber es ist auch eine großartige Täuschung, um Hakon unbemerkt über die Nordsee schicken zu können. Erik hat nicht den geringsten Verdacht. Berichtet ihm jemand von Schiffen, die nach Norden segeln, wird er annehmen, dass es um den Angriff auf Schottland geht. Mittlerweile ist es zu spät. Hakon wird in Nidaros sein und das echte Rabenbanner hissen. Die Leute werden in Massen zu seiner Fahne eilen.«

»Und Æthelstan wird seinen eigenen Schoßhund auf dem Thron von Norwegen sitzen haben«, meinte Ulrich.

»Du widerlicher Verräter, Eyvind«, stieß Einar hervor. Sein Mund hatte sich vor Abscheu verzogen.

»Ich?«, erwiderte der Skalde. »Du hast in allem eine große Rolle gespielt, Einar. Nach dem lächerlichen ersten Versuch des Mädchens in Jorvik, das Banner zu stehlen, hat Æthelstan mir befohlen, mehr über dich herauszufinden. Wo du untergekommen bist und dergleichen. Er wusste, dass seine Feinde das Banner suchen.«

»Also wolltest du gar nicht helfen, als du in meiner Schenke aufgetaucht bist?«, fragte Gorm.

»Hast du wirklich geglaubt, dass ein königlicher Skalde wie ich sich dazu herablassen würde, in einer so stinkenden Absteige aufzutreten?« Eyvind schnaubte. »Wir konnten unser Glück nicht fassen, als dann ausgerechnet eine Mannschaft von Erik Blutaxts *úlfheðnar* eintrat, die Einar, das Mädchen und das Banner suchten. Æthelstan und Hakon haben mich ausgeschickt, um dafür zu sorgen, dass ihr den Weg zu dem Banner findet.«

»Aber wir hätten in Cathair Aile den Tod finden können«, sagte Einar. »Wem hätte das genutzt?«

»Hättet? Ihr *solltet* dort sterben, das war der Plan«, sagte Eyvind. »Darum hat man Gizur, Narfi und Björn während der Schlacht entkommen lassen. Sie durften ein Schiff stehlen und nach Norwegen zurücksegeln.«

Einar erinnerte sich, dass er vom Tor von Cathair Aile aus gesehen hatte, wie die drei Männer zum Hafen gelaufen waren.

»Sie sind gegangen, bevor der Rest der Flotte eintraf«, sagte er. »Sie hätten nicht gesehen, dass Hakons Schiffe dort nicht ankern, sondern weitersegeln.«

»Und Gizur, Narfi und Björn haben Erik die Nachricht gebracht, dass Hakon alle Hände voll zu tun hat, Schottland anzugreifen«, fuhr der Skalde fort. »Als ihr überlebt habt, wurde Æthelstan und Siward klar, dass sie euch weiter benutzen können. Eine weitere Finte für Erik. Ich würde euch wieder begleiten und an der Nase herumführen, damit ihr dem König das gefälschte Banner übergebt. Wenn Hakon alle Welt wissen lässt, dass nicht Erik das echte Rabenbanner besitzt, sondern er, welcher Mann wäre dann noch bereit, Blutaxt zu folgen? Dank diesem neugierigen Weib wird das nicht geschehen, aber ich glaube, wir haben auch so schon genug erreicht.«

Einar ging in Gedanken blitzschnell alles durch, was geschehen war, seit Eyvind vor den Schären in Irland zu ihm ins Wasser gesprungen war. Der Skalde hatte recht. Sie waren Narren gewesen, ihm zu vertrauen. Und er war der größte Narr von allen. Alle diese Taten hatten dem Eyvind, den er gekannt hatte, so wenig ähnlich gesehen. Dann war da der Augenblick in Edin Burh gewesen, in dem der Skalde während der Taufzeremonie verschwunden war. Da musste er Hakon ihre Ankunft verraten haben. Und in Cathair Aile war er seit Beginn der Schlacht nicht zu sehen gewesen, bis er beim Ablegen von Roans Schiff im Hafen plötzlich zu ihnen lief. Wie hatte Einar nur so blind sein können?

»Hat unsere Freundschaft nichts bedeutet?«, fragte Einar heiser.

»Freundschaft?« Eyvind hob die Brauen. Dann blickte er traurig. »Wärst du nicht ein so guter Sänger gewesen, hätte sie vielleicht etwas gezählt. Aber ich war dein Lehrer. Ich bin ein berühmter Skalde, der auf der ganzen Welt an den Höfen von Königen und Jarlen aufgetreten ist. Und doch bist du besser als ich. Hast du auch nur eine Ahnung, wie sich das anfühlt? Natürlich nicht. Denn dir ist noch niemand begegnet, der besser ist als du. Aber ich konnte das nicht ertragen.«

»Und nun?«, wollte Ulrich wissen.

»Wir segeln nach Nidaros und schließen uns Hakon und den Jarlen des Nordens an«, sagte Eyvind.

»Glaubst du, wir lassen das einfach geschehen?«, fragte Ulrich.

Ein langer Augenblick der Stille trat ein, während Eyvind den Anführer der Wolfsmäntel finster anstarrte.

»Deine Männer werden tun, was man ihnen sagt, wenn ihr Anführer tot ist«, sagte er dann.

Mit einem Satz nach vorn zielte er mit dem Schwert auf Ulrichs Gesicht. Er war schnell, aber Ulrich hatte den größten Teil der letzten zwanzig Winter seines Lebens damit verbracht, derartigen Angriffen auszuweichen. Eyvind hatte in dieser Zeit Dichtungen vorgetragen und getrunken. Ulrich glitt zur Seite, und die Klinge verfehlte das Ohr um Haaresbreite.

Die anderen Wolfsmäntel stürzten sich auf den Skalden. Eyvind schrie auf und hieb panisch mit der Waffe um sich. Gorm kam mit ausgestreckten Armen auf ihn zu. Das Ende der Klinge traf den Wirt direkt hinter dem rechten Ohr. Sie schnitt in den Hals und öffnete eine schreckliche Wunde quer über die Kehle. Helles Blut spritzte heraus und besprühte Einar, Eyvind und Skar. Gorms Mund bewegte sich hektisch, ohne einen Laut hervorzubringen, dann sackte er auf die Knie und stürzte aufs Gesicht. Sein Blut ergoss sich in einer dunklen Flut über die Decksplanken.

Bödvar packte Eyvinds Schwerthand und verdrehte den Griff. Knochen brachen laut, als er dem Skalden die Waffe entriss. Eyvind keuchte vor Schmerzen auf. Skar krallte die rechte Hand in die rechte Schulter des Skalden und die linke in seine Taille. Dann stemmte er ihn hoch und warf ihn rücklings über Bord.

Eyvinds Aufschrei wurde von einem lauten Klatschen unterbrochen, als er ins Wasser fiel und untertauchte. Er kam wieder hoch, aber da war das Schiff bereits weitergefahren, und er trieb in seinem Kielwasser.

»Helft mir«, rief er und winkte mit einer Hand, während er mit der anderen und den Beinen versuchte, den Kopf über Wasser zu halten.

»Du kannst den Rest des Weges nach Nidaros verflucht noch mal schwimmen«, rief Ulrich vom Schiff. Er wandte sich Einar zu.

»Sieht so aus, als hätte die Mannschaft einen neuen Skalden«, sagte er. »Gratuliere.«

Einar sah sich um. So weit das Auge reichte, gab es nichts als graue Fluten. Kein Land, keine Schiffe und nichts, von dem sich Eyvind Rettung erhoffen konnte. Irgendwo in der Tiefe öffnete Rán ihr Netz. Bei dem Gedanken an den kalten einsamen Tod, der Eyvinds Schicksal war, musste Einar schlucken.

Er ging neben Gorm in die Hocke, aber der Wirt war bereits tot. Sein Gesichtsausdruck war eine Mischung aus Zorn und Enttäuschung und jetzt für alle Ewigkeit durch den Tod dort festgefroren. Kopfschüttelnd schloss Einar dem Freund die Augen und stand auf. Er versuchte die erbärmlichen Schreie aus dem Meer zu ignorieren, die schon in der Ferne hinter dem Schiff verblassten.

»Unser Glück, dass du von der Stickerei wusstest«, sagte Ulrich zu Affreca.

»Was für eine Stickerei?« Affreca lächelte schmal.

»Das hast du dir ausgedacht?«, fragte Einar.

»Ich hatte den Verdacht, dass etwas daran nicht stimmt«, sagte sie. »Aber ich wusste es nicht genau. Ich habe das Banner als Kind gesehen, und da ließ es mich irgendwie frösteln. Als ich es wiedersah, hatte ich dieses Gefühl nicht. Aber ich konnte es nicht beweisen, also habe ich das alles erfunden, um zu sehen, wie er reagiert. Eyvind hat das nicht gewusst.«

Ulrich warf den Kopf in den Nacken und lachte. Er schlug Affreca auf die Schulter.

»Wie ich schon sagte, Skar«, wandte er sich an seinen Bugmann. »Die ist vielversprechend. Und jetzt kommt. Hakon hat sich den Rebellen angeschlossen. König Erik braucht uns mehr denn je.«

KAPITEL 51

NORWEGEN

Einar stand am Bug von Roans Schiff, als sie durch den schmalen Karmsund segelten. An einigen Stellen wurde das Meer so schmal wie ein Fluss. Die Landschaft glitt an beiden Seiten vorbei. Der Schnee schmolz und enthüllte verkümmertes braunes Gras darunter. Gelegentlich kamen sie an Siedlungen vorbei. Rauch von den Herdfeuern der Langhäuser stieg in den grauen Himmel.

Einar war noch nie in Norwegen gewesen, aber vieles kam ihm vertraut vor. Die Häuser waren genauso gebaut wie die in Island. Auch die Menschen waren fast gleich gekleidet, allerdings trugen sie hellere Farben. Haare und Bärte waren auf die gleiche Weise geschnitten.

»Was starrst du da so an, Junge?«, fragte Skar, der sich zu ihm an den Bug gesellte.

»Man hat mir immer erzählt, Norwegens Küste würde von schmalen Fjorden eingeschnitten, die zwischen Klippen so hoch wie Berge verlaufen«, sagte Einar. Er zeigte auf die niedrigen Hügel zu beiden Seiten des Sundes, die mit Schneeresten bedeckt waren. »Irgendwie sieht es hier wie in Schottland aus.«

»Nördlich von hier wird es auch so«, sagte Skar. »Diese Küste im Westen ist eigentlich eine große Insel. Karm. Der Sund geht bis nach Haugasund, dann öffnet er sich dem Meer. Im Augenblick sind wir an der tiefsten Stelle der Walstraße, die man *norðvegr* nennt, den Nordweg.«

»*Nordwärts und niederwärts.*« Einar fröstelte, als er die Worte des alten Liedes zitierte. »Es heißt, dort befindet sich das Königreich von Hel. Aber ich habe von diesem Ort gehört. Weil die Brücke nach Asgard nach einem Sturm zu heiß wird, watet Thor durch diesen Kanal zu *Yggdrasil*, weil er dort seine Urteile fällen muss. So lautet die Geschichte.«

Ulrich trat zu ihnen.

»Das ist so typisch für diesen rotbärtigen Flegel.« Er schnalzte mit der Zunge. »Er watet durchs Meer, wo man über gutes Land laufen könnte. Hat er den Sturm nicht überhaupt erst verursacht?«

Roans Schiff segelte durch den Sund immer weiter nach Norden. Irgendwann passierten sie eine Reihe von Schiffen, die alle nach Süden fuhren. Je weiter sie nach Norden kamen, umso häufiger segelten ihnen Schiffe entgegen. Einige waren Langschiffe, andere *knerrir* wie das ihre; alle waren voll beladen.

»Wir scheinen in die andere Richtung wie alle anderen zu fahren«, stellte Einar fest.

»Ja.« Ulrich rieb sich das Kinn. »Da geht etwas vor. Und ich weiß nicht, was es ist.«

Nach einer Weile kam sie zu einer Stelle, an der eine *nes*, eine Halbinsel, aus der Westküste ragte. Der königliche Sitz von Avaldsnes.

Im Hafen streckten steinerne Piere lange Finger in das kalte Wasser des Sunds, am Ufer standen Bootshäuser und ein Trockendock. Von den Langschiffen, *knerrir* und anderen Seefahrzeugen, die sich dort drängten oder am Strand an Land gesetzt worden waren, erhob sich ein ganzer Wald aus Masten. Jenseits des Hafens stieg in der Mitte der *nes* ein Hügel an, auf dem die Festhalle des Königs wie ein gestrandeter Wal aus dem Meer lag.

Zuerst war Einar erstaunt, dass es um den Königssitz keine Palisade oder zumindest einen Burggraben gab, dann erkannte er, dass die *nes* für ausreichend Schutz sorgte. Beinahe auf allen Seiten von Wasser umgeben, war ihr einziger Zugang eine schmale Landbrücke. Abgesehen von dem natürlichen Hafen, war das Ufer felsig und bot keinem Schiff einen Anlegeplatz. Es war verständlich, warum Könige seit Generationen Avaldsnes zu ihrem Zuhause gemacht hatten.

»Wir können sicher sein, dass König Erik hier ist«, sagte Ulrich. »Sonst lägen nicht so viele Schiffe im Hafen.«

Männer beluden die Schiffe mit Fässern, Waffen und Truhen. Es hatte große Ähnlichkeit mit dem Anblick bei ihrem Aufbruch in Cathair Aile.

»Ich glaube, wir kommen gerade rechtzeitig«, sagte Skar. »Anscheinend bereiten sie sich für eine Reise vor.«

»Wo wir auch hinkommen, scheinen Leute aufzubrechen«, meinte Bödvar. »Erik ist nicht als Einziger hier«, fügte er dann hinzu und zeigte auf ein Langschiff im Hafen. Sein Segel war noch nicht eingeholt und zeigte den roten Raben.

»Das ist ein Schiff von Orkney«, sagte Ulrich. »Einar, wenn dein Vater hier ist, musst du ihm aus dem Weg gehen.«

Einar nickte, fragte sich aber, ob er das wirklich konnte. Vielleicht war das die Gelegenheit zur Versöhnung. Sie könnten ihren Zwist begraben, und er würde sich keine Sorgen mehr machen müssen, ob Thorfinn versuchte, seine Mutter zu töten, während er der Heimat fern war und sie nicht beschützen konnte.

Ein Schiff kam ihnen entgegen. Es war schlank und schnell und glitt wie eine Schlange durch das Wasser. Es war eine *snekkja* wie die, die vor Schottlands Küste untergegangen war. Diese *snekkja* war mit Kriegern in funkelnden Kettenhemden und Eisenhelmen bemannt. Einars Blick fiel auf viele gezogene Schwerter. Aber seine Kameraden schien das nicht zu stören, also entspannte er sich.

»Lasst euren Ankerstein fallen«, rief ihnen ein Krieger vom Bug der *snekkja* aus zu. »Niemand darf sich der *nes* nähern.«

»Grettir, bist du das?« Ulrich erkannte die hoch aufgeschossene Gestalt und das lange graue Haar des Kriegers. »Ich bin es, Ulrich. Stehen die Dinge so schlecht, dass der Leibwächter des Königs jetzt Schiffe aufbringen muss? Du kennst uns. Wir können doch in den Hafen einlaufen, oder?«

Grettir schüttelte den Kopf. »König Eriks Befehle«, rief er zurück. »Kein Schiff darf an Land. Das sind gefährliche Zeiten, Ulrich. Der König ist von Rebellen und Verrätern umgeben. Setzt den Anker, und wir bringen euch zu ihm.«

Ulrich seufzte. »Auf deine Verantwortung«, sagte er. »Ich bringe wichtige Neuigkeiten für den König über seinen Bruder Hakon. Wenn Erik hört, wie du mich behandelst, lässt er dich mit dem *blámaðr* kämpfen.«

Bei der Erwähnung des *blámaðrs* fröstelte Einar unwillkürlich. Skar, Ulrich und die anderen hatten ihm auf der Reise viele Geschichten über den geheimnisvollen schwarzhäutigen Riesen erzählt, den der König in Ketten gefangen hielt, um diejenigen zu bestrafen, die seinen Groll erregt hatten.

Ulrich seufzte und befahl Roan, den Ankerstein zu werfen. Der Rest reffte das Segel, und als der Stein zum Meeresgrund sank, verlor das Schiff langsam an Fahrt. Die *snekkja* ging längsseits, und ihre Krieger ergriffen das Schanzkleid, um die Schiffe beieinander zu halten.

»Kommt rüber«, sagte Grettir, und die Mannschaft wechselte auf das bereits überfüllte Schiff. Einar sah sich um. Ihm gefielen die feindseligen Blicke nicht, die ihm hinter den Visieren der Kriegerhelme begegneten. Ein unbehagliches Gefühl machte sich in seinen Eingeweiden breit.

»Wo will der König hin?« Ulrich deutete auf die Schiffe, die sich zum Aufbruch bereit machten.

»Das wirst du früh genug von ihm selbst erfahren«, erwiderte Grettir. »Jetzt übergebt mir eure Waffen.«

Ulrich hob die Brauen. »Immer dasselbe. Diesmal sind wir nicht an einem heiligen Ort, Grettir. Wir stehen noch nicht vor dem König.«

»Tut einfach, was ich sage«, erwiderte Grettir kalt. Seine Worte waren offensichtlich ein Befehl und keine Bitte.

»Wir haben nur dieses eine Schwert«, sagte Ulrich und hielt die Waffe hoch, die Bödvar dem Skalden abgenommen hatte.

»Und das soll ich euch glauben?«, entgegnete Grettir.

Einar spürte, dass etwas nicht stimmte. Und ihm blieb nicht verborgen, dass Ulrich ebenso dachte. Der Wolfsmantel kniff die Augen zusammen.

»Dieses Mal sage ich dir, dass du dich verpissen kannst«, sagte er.

»Schnappt sie euch!«, rief Grettir. Sofort setzten sich seine Männer in Bewegung, strömten wie ein stählerner Wasserfall auf die Wolfsmäntel zu, mit Speeren und Schilden und gezogenen Schwertern. Einar wurde von Panik ergriffen. Ohne Waffen oder Kettenhemden würden sie gegen Grettirs Krieger keine Chance haben.

Ulrich ließ die Krücke fallen und hob Eyvinds Schwert. Grettirs Männer hatten ihn erreicht, bevor er zuschlagen konnte. Sie umringten die Wolfsmäntel, Einar, Affreca und Roan, während sie Ulrich durch ihre schiere Übermacht überwältigten. Die Speerträger drehten die Waffen um und prügelten mit den Enden auf sie ein.

Mit einem Aufschrei warf sich Ulrich gegen den Schildwall, der ihn umgab, ließ das Schwert wirbeln, versuchte Köpfe, Füße und jeden entblößten Körperteil zu treffen, um die Besitzer stürzen zu lassen und ihm einen Fluchtweg zu eröffnen.

Ein paar Krieger des Königs drückten die Schilde gegen ihn. Ulrich steckte fest, konnte sich weder bewegen noch das Schwert schwingen. Sie traten ihm die Beine unter dem Körper weg. Er schrie auf, als jemand seinen verletzten Fuß traf. Er stürzte, und die Männer des Königs drückten ihn mit geübter Leichtigkeit mit den Schilden an Deck. Ulrich trat um sich, brüllte und spuckte, aber er konnte nichts ausrichten. Man riss ihm das Schwert aus der Hand.

Den anderen erging es genauso. Einar taumelte, als Schläge seine Rippen, seinen Leib und die Knie trafen. Auch er wurde zu Boden geschickt und verlor die anderen aus dem Blick. Ein harter Schlag traf sein rechtes Auge, und er sah Sterne. Überall um ihn herum ertönten wilde Schreie und angestrengtes Keuchen. Nicht weit entfernt entdeckte er Bödvar zwischen einem Wald aus Beinen, die auf seinen ungeschützten Körper eintraten.

Raue Hände ergriffen seine Arme und zwangen sie auf den Rücken. Ein Seil riss seine Haut auf, als man ihn fesselte.

Dann traten die Krieger zurück. Ulrichs Mannschaft lag geschlagen an Deck, die Hände auf den Rücken gefesselt. Ein Krieger reichte Grettir Eyvinds Schwert.

»Du bist ganz schön runtergekommen, Ulrich«, meinte Grettir nach einem kritischen Blick auf die Klinge. »Als ich dir das letzte Mal ein Schwert abnahm, war es ein Ulfberht.«

»Dafür wird dich Erik töten lassen«, stieß Ulrich hervor, das Gesicht vor ohnmächtiger Wut verzerrt.

Grettir lächelte.

»Nein, Ulrich. Ganz im Gegenteil. Er will *dich* töten.«

KAPITEL 52

Grettirs Männer ruderten die *snekkja* zurück zur *nes*. Sie suchten sich einen Weg um die anderen Schiffe in dem überfüllten Hafen, aber bald wurde ersichtlich, dass ihr Kurs sie nicht zu den Anlegestellen führte. Stattdessen fuhr das Langschiff zu einer kahlen, felsigen Schäre abseits der Küste. Das kleine Eiland wurde von Seetang überwuchert; Holzbalken waren mit Ketten an dem feuchten Stein verankert. In Felstümpeln stand Salzwasser. Überall lagen Knochen herum. Menschenknochen.

»Die Verräterinsel?«, sagte Ulrich, als er sie erblickte. »Das kann nicht dein Ernst sein.«

»Es ist mein tödlicher Ernst«, erwiderte Grettir.

»Was ist das?«, wollte Einar wissen.

»Hier kettet man diejenigen an, die böse Zauber wirken«, erklärte Skar. »Bei Flut steht sie unter Wasser. Jeder, der hier angekettet ist, ertrinkt.«

Ein Krieger warf den Ankerstein über Bord, und das Langschiff hielt neben der Schäre an. Man legte eine Planke ans Ufer, dann packten Grettirs Männer Bödvar und Skar und zerrten die sich wehrenden Wolfsmäntel auf die Schäre. In der Mitte waren zwei Balken am Boden festgekettet. Sie lagen nebeneinander, im Abstand von ungefähr der Höhe eines durchschnittlich großen Mannes. Die Krieger traten Knochen weg, dann zwangen sie die Wolfsmäntel, sich auf den Rücken zu legen und die gefesselten

Hände über den Kopf zu strecken. Diese banden sie an dem einen Balken fest; die Füße wurden an den anderen gefesselt. Atli, Roan und Sigurd wurden auf die gleiche Weise auf das Felseneiland geschleppt. Zum Schluss waren Kari, Starkad und Ulrich an der Reihe.

Als die Krieger zurückkehrten und Einar und Affreca holen wollten, hob Grettir die Hand.

»Die beiden nicht«, befahl er. »Sie erwartet ein besonderes Schicksal.«

»Das kann unmöglich der Wunsch des Königs sein«, rief Ulrich von der Schäre. »Erik würde uns niemals zu einem so ehrlosen Tod verurteilen.«

Einar entdeckte einen Hauch von Panik in Ulrichs Stimme. Das konnte er gut verstehen. Die sehnlichste Hoffnung der Wolfsmäntel bestand darin, im Kampf zu sterben und zu Odin zu gehen. An einen Felsen im Meer gekettet zu ertrinken würde niemals die Aufmerksamkeit von Odins Walküren erregen, die die Gefallenen auswählten.

»Warum fragst du ihn nicht selbst?«, meinte Grettir. »Da kommt er.«

Vom Hafen legte ein langes Ruderboot ab und nahm Kurs auf die Schäre. An drei Ruderreihen stemmten sich in Kettenhemden gekleidete Krieger gegen die Riemen. Am Bug stand ein hochgewachsener Mann mit langem, zu Zöpfen geflochtenem Haar. Einar wurde klar, dass es sich nur um König Erik handeln konnte. Er war eine ältere Version seines Halbbruders Hakon. Er hatte die gleiche Statur, die gleichen breiten Schultern und angenehme Züge, aber wo Hakon hell war, war Erik dunkel. Hinter dem König stand ein Unbekannter. Er war so dürr wie ein Stock und trug das lange weiße Gewand eines religiösen Mannes oder Zauberers. Abgesehen von einem Kranz langen weißen Haares, der bis auf die Schultern reichte, war er kahl. Neben ihm stand Gizur.

Einar starrte sie finster an. Gizur erwiderte den Blick mit einem triumphierenden Lächeln. Ein kleines Ruderboot setzte sich an ihre Seite. Darin saßen die beiden Berserker Narfi und Björn.

Das große Ruderboot ging längsseits zur *snekkja,* und die Krieger vertäuten beide Boote. Alle setzten über auf das Langschiff, dann stieg König Erik in Grettirs Begleitung über die Planke auf das Felseneiland.

Breitbeinig blieb Erik vor dem an den Balken gefesselten Ulrich stehen, die Hände auf dem Rücken.

»Mein König«, sagte Ulrich. »Was hat das zu bedeuten? Wir sind von der Fahrt zurückgekehrt, auf die du uns geschickt hast. Wir bringen wichtige Nachrichten für deine persönliche Sicherheit. Trotzdem fesselt uns dieser Hund Grettir wie Verräter an die Verräterinsel?«

»Eigentlich wie Ungläubige und die, die finstere Magie wirken«, sagte Erik. »Verräter müssen gegen meinen *blámaðr* kämpfen.«

»Was haben die da über uns behauptet?«, rief Ulrich und deutete mit dem Kopf in Gizurs Richtung. »Was es auch ist, es sind Lügen.«

König Erik seufzte und blickte in den Himmel. Dann sagte er: »Schon möglich, Ulrich. Aber hören wir damit auf, uns etwas vorzumachen. Ich weiß jetzt genau, was sich in Island zugetragen hat. Du hast dich dort mit diesem Einar Thorfinnsson und Guthfriths eigensinniger Tochter verbündet und Thorfinns Männer umgebracht. Darüber hinaus habt ihr Thorfinns zweiten Sohn Hrolf getötet. Das habt ihr ohne meine Erlaubnis getan.«

»Wir haben dir das Rabenbanner mitgebracht«, sagte Ulrich. »Zählt das gar nichts?«

Erik schüttelte den Kopf. »Du hast mir *ein* Rabenbanner gebracht. Mich hat die Nachricht erreicht, dass mein Bruder Hakon mit einer Flotte im Norden gelandet ist. Außerdem hat er das Rabenbanner gehisst und erzählt jedem, der es hören will, dass alle anderen Banner nicht Odins wahres Banner sind. Das ist fast schon komisch. Der kleine Hakon, Æthelstans Ziehsohn, der gute Christ, schwenkt ein heidnisches Banner, weil er weiß, dass die Menschen in Norwegen noch immer den alten Bräuchen folgen. Er ist ein schlauer kleiner Scheißkerl, das muss ich ihm lassen.«

»Die Leute werden seine List durchschauen«, sagte Ulrich. »Und wenn nicht sie, dann Odin. Er wird nicht zulassen, dass ein Christ den Sieg davonträgt.«

»Vielleicht. Aber Hakon schwenkt nicht nur ein magisches Banner. Er hat allen freien Männern versprochen, dass er ihnen die Landrechte zurückgeben wird, die unser Vater ihnen genommen hat, wenn sie ihn statt mich zu ihrem König machen. Diese Neuigkeit verbreitet sich in Norwegen wie ein Feuer im trockenen Gras. Natürlich hat dieser Verräter Sigurd, der Jarl von Hlader, ihm bereits die Treue geschworen. Weißt du, was diese närrischen Bauern sagen? Hakons Ankunft sei wie die Rückkehr unseres Vaters aus Walhalla. *Als wäre Harald Schönhaar zu uns zurückgekehrt,* sagen sie, *der irgendwie wieder jung geworden ist.* Es ist erbärmlich.«

Der König knirschte so laut mit den Zähnen, dass Einar es vom Deck der *snekkja* hören konnte.

»Deshalb sind wir hier. Davor wollten wir dich warnen«, sagte Ulrich.

Erik grunzte. »Ich danke dir recht herzlich. Aber du kommst zu spät. Hakon hat uns alle überrascht. Jetzt erreicht uns die Nachricht, dass meine anderen Brüder endlich ihr Rückgrat gefunden und sich ebenfalls zum König erklärt haben. Gunnhild hatte recht. Ich hätte sie alle töten sollen, als ich die Gelegenheit hatte. Aber das Schicksal tut, was es will. Jetzt muss ich das Beste aus einer schlechten Situation machen.«

»Wir können ihn noch immer bekämpfen«, sagte Ulrich. »Du brauchst uns jetzt mehr als je zuvor. Schick uns los, um Hakon zu töten, und die Rebellion wird zusammenbrechen. Das können wir am besten.«

Erik schaute lange auf Ulrich hinunter, als würde er viele Gedanken wälzen. Schließlich ergriff er wieder das Wort. »Es haben sich bereits so viele undankbare Bauern Hakons Sache angeschlossen, dass der Norden so gut wie verloren ist. Ich werde nach Viken segeln und sehen, wie viele Männer ich im Süden zusammenbekomme, aber ich fürchte, es ist bereits zu spät. Der einzige mächtige Jarl, auf den ich mich verlassen kann, ist Thorfinn von Orkney.«

»Thorfinn hat sich mit Guthfrith gegen dich verschworen!«, rief Ulrich.

»Und er hat seinen Fehler eingesehen. Er ist zurück in meine Herde gekommen.« Eriks Gesicht war eine unbewegte Maske. »Und er ist sehr willkommen. Ich schätze seine Loyalität.«

»Was hat er dir geboten?«, fragte Ulrich tonlos.

»Du warst schon immer viel schlauer, als gut für dich ist, Ulrich«, erwiderte der König. »Ich werde diesen Krieg ausfechten, und ich habe vor, ihn zu gewinnen. Aber der Sieg ist alles andere als sicher. Viele undankbare Bastarde haben sich gegen mich gewandt. Aber falls ich verliere, werde nicht nur ich fallen. Ich habe eine Frau und Kinder, an die ich denken muss, Ulrich. Glaubst du, meine Feinde werden gegenüber meiner Familie Nachsicht walten lassen? Glaubst du, dass Hakons friedfertiger Gott ihn daran hindern wird, meinen Söhnen und Töchtern die Hälse durchzuschneiden? Nein. Norwegen wird für sie nicht sicher sein. Ich brauche einen Ort jenseits des Meeres, der stark genug befestigt ist, dass Hakon, Sigurd, Sigrod, Olaf und die anderen Rebellen ihn nicht angreifen können. Und wenn ich verliere und überlebe, kann ich auch dort hingehen. Mich dort sammeln und meine Macht wieder neu aufbauen.«

»Einen Ort wie das Jarlstum von Orkney?«

»Genau. Vakir« – Erik nickte dem seltsamen Mann in dem weißen Gewand zu, der jetzt auf der *snekkja* stand – »ist Jarl Thorfinns *galdr maðr.* Thorfinn hat mir seine Loyalität bewiesen, indem er ihn schickte, um mir deine Pläne zu verraten. Und er wird meine Frau und Familie nach Orkney in Sicherheit bringen. Falls die Dinge im Süden nicht gut verlaufen und ich überlebe, werde ich später zu ihnen stoßen. Leider müssen wir uns alle für eine Weile von Avaldsnes verabschieden.«

»Lass mich raten.« Ulrich verzog höhnisch die Lippen. »Thorfinns loyale Geste hat ihren Preis?«

Erik kicherte. »Natürlich. Er wäre in meiner Achtung gesunken, hätte sie das nicht. Thorfinn muss Vergeltung für seinen Sohn Hrolf erhalten. Sonst lässt ihn das schwach aussehen. Du oder ich würden dasselbe tun. Er verlangt den Tod aller Verantwortlicher. Darum seid ihr hier.«

»Als wir geschworen haben, dir zu folgen, hast du den Eid geschworen, treu zu uns zu stehen«, erwiderte Ulrich. »Und so willst du unsere jahrelange Loyalität vergelten? Kein Wunder, dass Hakon wie ein Flächenbrand Anhänger um sich schart. Du bist es nicht wert, König zu sein.«

Eriks Ausdruck gelassener Vernunft wich einem spöttischen Lächeln.

»Ulrich, werde erwachsen«, sagte er. »Im Augenblick brauche ich Thorfinns Hilfe viel dringender, als deine Dienste wert sind. Das ist Staatskunst. Ausgerechnet du solltest das verstehen. Wie hast du noch gesagt? *Wir sind alle nur tafl-Figuren auf dem Spielbrett der Götter.* Skarphedin! Hast du noch etwas zu sagen? Jetzt ist deine Gelegenheit. Ich kenne dich so lange wie Ulrich.«

Skar schaute von der Stelle, an der er an den Felsen gefesselt war, zu dem König hoch. Er dachte kurz nach, dann schüttelte er den Kopf.

»Leck mich«, sagte er.

Erik grunzte, seine Miene zeigte eine Mischung aus Verärgerung und Belustigung. Dann hob er die Hand, als würde er ein Opfertier segnen.

»Ulrich, du und deine Männer haben mir in der Vergangenheit gut gedient«, verkündete er mit lauter Stimme. »Aber jetzt muss ich dich von deinem Eid entbinden, damit du dem Allvater dienen kannst. Wenn du ihm begegnest, bitte ihn, mir einen Platz an den Mettischen der Ruhmeshalle freizuhalten.«

Ulrich spuckte in seine Richtung, aber der König war viel zu weit weg, um getroffen werden zu können.

»Allvater Odin wird dich von seiner Tür abweisen!«, rief Ulrich. »Einen Drückeberger. Einen Eidbrecher! Du wirst niemals das Innere der Ruhmeshalle sehen. Ich werde dafür sorgen, dass die Tür versperrt bleibt. Hel hat eine ganz besonders kalte, feuchte, dunkle Höhle für Eidbrecher wie dich in ihrer eisigen Welt reserviert.«

Eriks gelassene Miene verschwand völlig, und seine Lippen verzogen sich zu dem Knurren des Mörders, der er in Wirklichkeit war. Er legte die Stirn in Falten und stieß die Luft durch die Nase aus.

»Du gehörst jetzt Odin«, sagte er. »Leb wohl, Ulrich.«

Der König drehte sich auf dem Absatz um und schritt über die Planke zurück auf die *snekkja*. Gleichzeitig ruderte Narfi das kleine Boot zur Schäre. Er und Björn kletterten heraus. Beide waren zum Kampf gerüstet. Ihre Helme funkelten in der Sonne, und ihre Kettenhemden klirrten bei jedem Schritt.

»Nun, Ulrich«, sagte Narfi. »Wir sind hier, um dafür zu sorgen, dass du auch stirbst. Wir werden etwas warten müssen, bis die

Flut kommt und ihr alle ertrinkt, aber ich werde jeden Augenblick davon genießen.«

Einar beobachtete alles ungläubig. Die Ereignisse hatten so schnell diese Wendung genommen, dass es kaum zu begreifen war. Die Flammen des Zorns über die Ungerechtigkeit loderten in seiner Brust.

»Und was ist mit Affreca und mir?«, stieß er durch die zusammengebissenen Zähne hervor. »Was ist unser Schicksal?«

»Dein Vater hat sich für dich etwas Besonderes auserbeten«, sagte der König. »Vakir wird es dir erklären.«

Gizur und der Mann namens Vakir traten näher, während das Boot des Königs zum Ufer aufbrach.

»Dein Vater, Jarl Thorfinn, übersendet seine Grüße«, sagte Vakir. »Er hat gesagt, man soll dir versichern, dass sobald die königliche Familie bei ihm in Orkney in Sicherheit ist und du tot bist, er nach Island reisen und persönlich dafür sorgen wird, dass deine Hure von Mutter stirbt.«

Vakir zeigte ein seltsames, schmales Lächeln.

»Seine Worte, nicht meine«, fügte er hinzu.

Einar hob den Kopf und richtete das Kinn auf den seltsam aussehenden Mann in Weiß.

»Noch bin ich nicht tot«, sagte er.

»Nein, aber das werden wir ändern.« Vakir wandte sich an Gizur.

»Bringt sie zum *blámaðr.*«

KAPITEL 53

Ein Krieger mit einem Bogen gesellte sich zu Gizur. Beide Männer stießen Einar und Affreca durch den Wald. Einar stolperte wie betäubt voran. Er hatte das Gefühl, einen Schlag ins Gesicht erhalten zu haben.

Undeutlich war er sich bewusst, dass Affreca immer wieder seinen Namen sagte, aber er antwortete nicht. Er ließ den Kopf hängen und starrte zu Boden. Seine Welt schrumpfte auf die paar Schritte vor ihm. In seinem Herzen fühlte er sich völlig leer. Alles hatte seine Bedeutung verloren.

Es war allein seine Schuld. Hätte er nicht bei einem Ballspiel in Island die Beherrschung verloren, wäre er niemals verbannt worden. Er hätte nie seinen Vater kennengelernt, hätte nie die alten Wunden aufgerissen, die sie alle schließlich an diesen Ort geführt hatten.

Dann erinnerte er sich an den Händler, der seine Mutter trotzdem verraten hätte. Der erste Mann, den er hatte sterben sehen. Von dem Augenblick an, an dem dieser Mann Unn zufällig entdeckt und herausgefunden hatte, dass Einars Mutter sich all die Jahre in Island verborgen hatte, war alles nur noch eine Frage der Zeit gewesen. Jetzt hatte sich Thorfinns Rache fast erfüllt. Sie waren Narren gewesen, dass sie geglaubt hatten, gegen einen so mächtigen Mann kämpfen zu können.

»Mutter Freya, was ist das?«, rief Affreca aus.

Einar schaute auf. Sie hatten eine große, fast ovale Lichtung im Wald erreicht. Die Hälfte wurde von einem Kreis aus fünf hohen Menhiren eingenommen, die mit in den Stein gemeißelten und aufgemalten Wirbelmustern und Runen verziert waren. Ungefähr in der Mitte des Kreises stand noch ein kleinerer runder Steinblock, der einem Mann bis zur Taille reichte. Man hatte irgendeine dunkelbraune Farbe daraufgespritzt. In der braunen Schicht steckten kleine weiße Stücke. Am anderen Ende der Lichtung wuchs eine riesige Opferesche in den Himmel. Von ihren Ästen baumelten alle möglichen Geschöpfe an Henkerseilen. Der schmelzende Schnee an ihren Wurzeln enthüllte Knochen und geschwärzte Körperteile, die verfault und von den baumelnden Leichen abgefallen waren. Der Gestank nach nasser Verwesung war grauenhaft.

Aber nicht der Baum hatte Affreca zu ihrem Ausruf veranlasst. Daneben stand ein Riese von Mann. Er war so groß wie Skar, aber weitaus breiter. An seinen nackten Armen und der Brust traten Muskelbündel unter tiefschwarzer Haut hervor. Seltsam geformtes Haar hing in langen Zöpfen von seinem Kopf. Es war dick und steif und erinnerte eher an schwarze Äste als an Haare. Seine Hände waren vor dem Körper mit Ketten gefesselt.

Das konnte nur der *blámaðr* des Königs sein, von dem Ulrich und Skar erzählt hatten.

In sicherem Abstand stand ein Mann im Kettenhemd neben ihm, der beinahe genauso groß und kahl war. Er hielt eine Peitsche und einen langen Speer mit breiter Spitze, wie man ihn für die Eberjagd benutzte. An seinem Gürtel baumelte ein großer Schlüsselbund.

»Ist das ein Troll?«, fragte Affreca mit gedämpfter Stimme.

Man hatte ihr die Hände vor den Körper gefesselt, und sie hatte die rechte Hand vor den Mund geschlagen und kaute mit weit aufgerissenen Augen auf einem Knöchel herum. Einar wurde klar, dass sie Angst hatte. Er hatte sie im Kampf erlebt und auf einem sinkenden Schiff, in Situationen, in denen sie dem Tod gegenübergestanden hatte, aber jetzt zeigte sie zum ersten Mal Angst. Der Anblick schien ihn aus seiner Benommenheit zu holen. In ihm stieg das verzweifelte Verlangen auf, sie zu beschützen und zu trösten. Wären seine Hände nicht hinter dem Rücken gefesselt gewesen, hätte er die Arme um sie geworfen.

»Nein«, sagte er rau. »Das ist ein Mann.«

»Das behaupten viele«, grunzte Gizur. »Er hat die Gestalt eines Mannes, aber er ist nur ein Tier. Wie du bald herausfinden wirst.«

Der Schütze legte einen Pfeil ein und zog die Sehne durch. Er zielte damit auf den *blámaðr*, und der Mann mit der Peitsche trat heran und löste dessen Fesseln. Sobald die Ketten zu Boden fielen, tat der Schwarzhäutige so, als wollte er nach seinem Hüter greifen. Der Glatzkopf machte einen Schritt zurück und entrollte die Peitsche. Mit einer schnellen Handgelenksbewegung schnappte der Lederriemen nach dem *blámaðr*.

»Versuch es nur«, knurrte der Wächter. »Du weißt, was es dir einbringt.«

Der schwarze Mann grinste, unternahm aber keinerlei Anstalten, etwas zu tun.

»Und nun?«, fragte Einar.

Gizur zog das Schwert.

»Du wirst im Kreis mit König Eriks *blámaðr* ringen«, befahl er. »Dein Vater Jarl Thorfinn hat verlangt, dass das dein Schicksal sein soll.«

»Und was hast du damit zu schaffen?«

»Ich habe den Befehl, als Zeuge dabei zu sein und mich zu vergewissern, dass du tot bist. Ich muss zugeben, es ist alles andere als eine schwere Aufgabe. Ich habe Hrolf gemocht. Er war ein guter Mann, und du hast mich die ganze Zeit, die wir zusammen auf dieser Fahrt waren, nur wütend gemacht. Jarl Thorfinn hat versprochen, mich reich für diese Arbeit zu belohnen, aber um ehrlich zu sein, ich hätte es auch umsonst getan. Das wird ein tolles Schauspiel werden.«

»Was ist mit ihr?« Einar wies mit dem Kopf auf Affreca.

»Sie reist zurück nach Orkney«, erwiderte Gizur. »Ihr Vater ist tot, und Dublins Thron ist verwaist. Dein Vater will sie zu seiner Frau machen. Damit hat er einen Anspruch auf Dublin.«

Einar verzog angewidert das Gesicht. »Thorfinn ist bereits verheiratet.«

Gizur zuckte mit den Schultern. »Mächtige Männer nehmen sich viele Frauen. Denk darüber nach. Würdest du nachher noch leben, würde Affreca deine Stiefmutter.«

»Muss ich mit auf den Rücken gefesselten Händen kämpfen?«

»Nein. Wo bliebe da der Spaß?«

Gizur packte Einar bei den Schultern und stieß ihn herum. Dann durchtrennte er mit dem Schwert die Fesseln. Die Klinge war scharf, und er machte sich nicht die Mühe, behutsam vorzugehen. Einar zuckte ein paarmal zusammen, als er Schnitte davontrug. Der Bogenschütze hatten den Pfeil nun genau auf ihn gerichtet.

»Ich sage dir was«, sagte Gizur. »Ich löse auch ihre Fesseln, dann könnt ihr euch voneinander verabschieden.«

»Ist das klug?«, fragte der Bogenschütze.

»Sie ist doch nur ein Mädchen«, erwiderte Gizur. »Wie gefährlich kann sie schon sein?«

»Und wenn ich gewinne?«, wollte Einar wissen.

Einen Augenblick lang herrschte Schweigen. Dann brüllten Gizur, der Glatzkopf und der Bogenschütze vor Lachen. Selbst der *blámaðr* grinste breit, sodass seine schneeweißen Zähne aufblitzten.

»Niemand hat je einen Ringkampf mit *ihm* gewonnen«, sagte der Glatzkopf, während Gizur Affreca von ihren Fesseln befreite.

»Dann hat er noch nie gegen einen Isländer gekämpft«, behauptete Einar.

Gizur wurde ernst.

»Ich habe davon gehört, dass sich die Isländer im Ringkampf hervortun«, sagte er. »Aber selbst wenn du irgendwie gewinnen solltest, kommst du hier nicht lebend raus. Dafür wird mein Schwert sorgen. Ergreifst du die Flucht, wird dich der Bogenschütze töten. Jetzt bereite dich vor. Deine Zeit läuft ab.«

Einar setzte sich in Bewegung und lehnte sich gegen den nächsten Menhir. Affreca folgte ihm. Er zog die Stiefel aus.

»Was machst du da?«, fragte Affreca. Sie schien ihre Angst bereits wieder hinter sich gelassen zu haben.

»Richtig ringen lässt sich nur mit nackten Füßen«, sagte Einar. »So bekommt man einen vernünftigen Halt. Schuhe rutschen. Zehen können sich in den Boden krallen.«

»Du scheinst zu wissen, wovon du redest.«

»Ringen ist eine von drei Sachen, die jeder isländische Junge lernt.«

»Das sieht böse aus.« Affreca nahm seine Unterarme und musterte das Blut, das aus den Schnitten sickerte, die Gizur hinterlassen hatte.

»Er war nicht gerade sanft, als er meine Fesseln durchtrennt hat«, sagte Einar. »Bist du in Ordnung? Hat er dich auch geschnitten?«

Affreca gab keine Antwort, hielt aber die rechte Hand in die Höhe und zeigte ihr Handgelenk, das mit einer Art Lederarmband umwickelt war, das ihm noch nie zuvor aufgefallen war. Das musste ihre Haut vor der Klinge beschützt haben.

»Genug geplaudert!«, unterbrach Gizur sie. »Zeit zu kämpfen. Zeit zu sterben.«

KAPITEL 54

Wir waren dir nicht gut genug für deine erbärmlichen *úlf-héðnar*, richtig?«, sagte Narfi. »Aber wir stehen hier, und ihr liegt gefesselt da und wartet auf den Tod.«

Die Flut kam und schwappte um die Verräterinsel. Der Meeresspiegel stieg mit jeder Welle, die über das kleine Felseneiland floss. Die Tümpel quollen über und verbreiteten das Seewasser in alle Richtungen. Ulrich und die anderen fühlten seine Kälte, als es um sie herum stieg und ihre Kleidung durchtränkte. Es umspülte sie bereits bis zur Hälfte. Skar und Bödvar zerrten an ihren Fesseln und versuchten sie zu zerreißen. Vergeblich.

»Wollt ihr einfach da herumstehen und uns beim Ertrinken zusehen?«, fragte Ulrich.

»Ja«, antwortete Narfi. »Ich bedaure nur, dass wir nicht ein paar Hörner Ale haben; das würde das Schauspiel noch vergnüglicher machen.«

»Feigling«, sagte Skar. »Mach uns los, und wir bringen das wie Männer zu Ende. Von Angesicht zu Angesicht. Bei einem *Holmgang*.«

»Lass mich darüber nachdenken.« Narfi kratzte sich übertrieben am Kinn. »Björn, was meinst du dazu?«

»Ich glaube, das wäre ausgesprochen dumm.« Björn grinste breit.

»Da hast du es«, sagte Narfi. »Mein Berserkerfreund hält das für keine gute Idee. Und ich stimme ihm zu. Warum sollten wir euch auch nur den Hauch einer Chance geben?«

»Dann mach nur einen von uns los«, sagte Skar. »Dann wärt ihr zwei gegen einen.«

Narfi ging zu Skar und trat ihm hart zwischen die Beine. Die Hände über dem Kopf gefesselt und flach am Boden, konnte sich der Wolfsmantel nicht verteidigen. Der große Mann schrie vor Schmerzen, während die anderen zusammenzuckten.

»Halt dein Maul, Skar!«, brüllte Narfi. »Glaubst du, ich weiß nicht, warum du befreit werden willst? Du willst einen Kriegertod sterben, damit Odins Blick auf dich fällt und er Walküren ausschickt, um dich in seine Ruhmeshalle zu holen. Aber das wird nicht passieren. Du wirst wie ein Sklave ertrinken und wie alle anderen ehrlosen Toten in Hels Königreich enden.«

»Odin weiß, was wir geleistet haben«, stieß Skar durch die zusammengebissenen Zähne hervor. »Er wird unsere Dienste nicht vergessen.«

»So wie der König?«, sagte Narfi. »Dein Glaube ist beeindruckend.«

»Erik wollte mich dazu überreden, dich zum *úlfhéðinn* zu machen«, sagte Ulrich. »Dem Allvater sei gedankt, dass ich mich ihm widersetzt habe. Das alles beweist nur, wie unwürdig du bist. Du warst nie gut genug. Das war keiner von euch.«

Narfi kicherte, aber es klang bitter.

»Es gab mal eine Zeit, da hätte das meinen Stolz verletzt, Ulrich«, sagte er. »Es wäre für uns die höchste Ehre gewesen, einer der *úlfhéðnar* zu werden. Aber jetzt weiß ich, wie bedeutungslos diese Leistung gewesen wäre. Du hast uns nie in deiner Mannschaft haben wollen. Nicht mich, nicht Björn, keinen von König Eriks Berserkern. Was wir auch getan hätten, es wäre völlig egal gewesen. Du hättest einen Vorwand gefunden, um uns nicht aufzunehmen.«

»Weil ihr nicht gut genug seid«, erwiderte Ulrich.

»Du hältst dich für so schlau.« Narfis Augen funkelten. »Aber wir haben gewusst, dass dir nie damit ernst war, uns aufzunehmen. Die ganze Zeit haben wir es gewusst. Hast du dich nie über dein Glück gewundert, dass Roans Schiff nach deinem Schiffbruch gerade im richtigen Augenblick vorbeikam? Das war ein Zufall. Gizur hat für den Untergang gesorgt. Nach ihm haben wir gesucht, nicht nach euch. Wir haben die ganze Zeit zusammengearbeitet, und ihr hattet nicht den geringsten Verdacht.«

Ulrich schwieg.

»Aber König Erik hat vergessen, dir etwas zu sagen«, fuhr Narfi fort. »Wenn ihr alle tot seid, wird er eine neue Mannschaft aus Wolfsmänteln aufstellen. Er hat mich gebeten, ihr Anführer zu sein.«

Ulrich antwortete nicht. Narfi sah die Betroffenheit und den Unglauben, die sich auf seiner Miene abzeichneten, und lachte laut.

»Überrascht?«, fragte der Berserker. »Du hältst dich für so großartig, aber König Erik hat dich bereits ersetzt.«

»Du wirst nie ein echter *úlfhéðinn* sein«, rief Ulrich, als eine Welle über seine Brust schwappte. »Du hast das Initiationsritual nicht durchgeführt.«

»Diesen religiösen Unsinn werden wir nicht brauchen«, knurrte Narfi. »Ich werde eine neue Gruppe *úlfhéðnar* anführen, und wir werden auf der ganzen Welt großen Ruhm erringen.«

»Verschwinde, Narfi«, sagte Ulrich. »Meine *úlfhéðnar* werden immer auf Berserker pissen.«

»Bis zuletzt ein harter Mann, was?«

Narfi zog das Kettenhemd hoch und löste die Schnüre seiner Hose. Im nächsten Augenblick richtete er einen Strom heißer gelber Pisse auf Ulrichs Gesicht. Gefesselt konnte der Anführer der *úlfhéðnar* nur Augen und Mund fest schließen und den Kopf zur Seite wenden.

Narfi lachte immer noch, aber nun klang es eher manisch als amüsiert. Eine Welle floss über den Felsen und überspülte seine Füße bis zu den Knöcheln.

»Keine Sorge, Ulrich«, sagte er. »Die Flut kommt schnell. Sie wird gleich dein Gesicht waschen.«

KAPITEL 55

Der *blámaðr* ließ den Kopf kreisen. Das Knacken der Gelenke war auf der ganzen Lichtung zu hören. Er schlug sich erst mit einer Hand auf die schwellenden Muskeln an seiner Brust, dann mit der anderen. Er senkte den Kopf und starrte Einar mit unverhüllter Wildheit an.

Sein Hüter ließ die Peitsche knallen, um den schwarzen Mann zu ermuntern. Der Bogenschütze blieb am Rand der Lichtung, den Bogen gespannt, ein Auge geschlossen, und zielte vom *blámaðr* auf Einar und zurück.

Einar schaute in den Himmel. Ein schwarzer Vogel flog vorbei. Die Welt um ihn herum erschien ihm irreal. In seinem Inneren herrschte völlige Leere. Es fiel so schwer zu glauben, dass alles auf diese Weise enden sollte. Ulrich, Skar und die anderen konnten bereits tot sein. Die hereinkommende Flut würde sie verschlungen und ihre Flüche und ihren letzten Atemzug verschluckt haben. König Erik segelte nach Süden. Vakir segelte mit Eriks Gemahlin und seinen Kindern nach Orkney. Es war nur eine Frage der Zeit, bis seine Mutter starb.

Thorfinn hatte gewonnen.

Da war ein seltsames Gefühl auf seinem Gesicht. Affreca hatte ihm einen Kuss auf die linke Wange gegeben. Verwirrt blinzelte er.

»*Besser kämpfen und fallen, als ohne Hoffnung zu leben*«, sagte sie. Es war eine Zeile aus der Ballade von Sigurd dem Wälsung.

»Jetzt geh und besiege diesen furchterregenden Bastard. Ich weiß, dass du es schaffen kannst.«

»Was würde das bringen?«, fragte Einar. »Sie töten uns auch dann, wenn ich den Sieg davontrage.«

Affreca blinzelte ihm nur zu und ging.

Einar runzelte die Stirn. Erkannte sie die Aussichtslosigkeit ihrer Situation denn nicht?

»Kämpft!«, rief der Glatzkopf und ließ wieder die Peitsche knallen. Diesmal züngelte die Spitze nicht weit vor Einars Gesicht durch die Luft.

Einar richtete sich auf und nahm einen tiefen Atemzug durch die Nase. In seiner Brust rührte sich ein Gefühl. Vielleicht waren es Affrecas Worte gewesen, aber in ihm breitete sich Entschlossenheit wie abkühlendes geschmolzenes Eisen aus. Vermutlich war alles hoffnungslos, aber er würde im Kampf untergehen.

»Noch eine letzte Sache, bevor wir anfangen.« Einar streckte Gizur die Hand entgegen.

Gizur verdrehte die Augen. »Was denn jetzt noch?«

»Hast du noch etwas von deiner schwarzen Augenschminke?«, wandte sich Einar an Affreca.

Sie nickte. »Warum?«

»Gib sie mir, ja?«

Mit einem verwirrten Ausdruck zog sie ein kleines Holzkästchen aus dem Gürtel und löste den Deckel. Darin befand sich die schwarze Schminke, die als Einziges ihre Weiblichkeit unterstrichen hatte, seit man sie kahl geschoren hatte. Einar tauchte den rechten Zeigefinger hinein und hob den linken Fuß. Er malte ein kreuzähnliches Symbol auf, direkt hinter den Zehen. Dann stellte er den Fuß auf den Boden, tauchte den linken Zeigefinger in den Behälter und hob den rechten Fuß. Diesmal malte er ein Symbol unter die Ferse. Zwei Halbkreise wurden von zwei Strichen geteilt.

»Was machst du da?«, fragte Affreca.

»Das sind isländische magische Symbole«, verkündete Einar mit lauter Stimme.

Affreca verzog das Gesicht. Er sprach so laut, als wollte er es allen Umstehenden sagen statt nur ihr.

»Ich bin nicht taub«, sagte sie. »Ich stehe direkt neben dir.«

»Das sind *Gapaldur* und *Ginfaxi*«, fuhr er in derselben Lautstärke fort. »Diese geheimen Symbole kennen nur die isländischen Zauberer. Sie bringen dem Ringer, der sie trägt, den Sieg.«

Affreca starrte ihn nur an.

»Das Rabenbanner scheint funktioniert zu haben«, sagte Einar mit einem Schulterzucken. Das aber so leise, dass sie allein es hören konnte.

»Fangt an zu kämpfen, oder ich komme rüber und schlitze dich wie einen Fisch auf!«, rief Gizur und schwang das Schwert.

Einar betrat den Steinkreis. Der Schwarze kam auf ihn zu und nahm seine Position in der Mitte ein. Beide Männer standen halb gebückt, die Beine auseinander, bereit, in jede Richtung zu springen. Die Hände hielten sie vor dem Körper, bereit zu packen und zu ziehen, zu stoßen und zu schlagen.

Einar war nicht viel kleiner als sein Gegner, aber die Brust des *blámaðrs* ähnelte einem Fass. Seine Schultern waren breit, seine Arme lang. Er strotzte vor Muskeln. Noch nie hatte Einar gegen so einen Mann gekämpft.

Er wich zur Seite aus, und der *blámaðr* folgte seinen Bewegungen; seine Hände kreisten ständig umeinander, als wollte er unsichtbare Wolle aufwickeln. Während sich Einar am Rand des Ovals bewegte, blieb sein Gegner in der Mitte und drehte sich mit ihm, damit er ihm stets zugewandt blieb. Einar blieb stehen. Der *blámaðr* stürmte auf ihn zu. Einar kam ihm entgegen. Der Zusammenstoß trieb ihm alle Luft aus den Lungen. Blitzschnell hatte der Schwarze die Arme um ihn gelegt, stemmte ihn in die

Höhe und drückte zu. Einar stöhnte. Noch nie zuvor war ihm eine solche Kraft begegnet. Wenn er sich nicht schnell aus diesem Griff befreien konnte, würden seine Rippen brechen. Er bekam keine Luft mehr. Die Welt um ihn herum wurde bereits grau, weil ihm die Sicht schwand.

Verzweifelt schlug er die Handflächen gegen die Ohren des Schwarzen. Das wiederholte er immer wieder, so hart er konnte. Der *blámaðr* grunzte und ließ ihn fallen.

Einar stürzte auf den Rücken. Er rollte sich über die Schulter ab und kämpfte sich auf die Füße. Nach Luft schnappend zog er sich auf die andere Seite des Kreises zurück.

Der *blámaðr* grinste ihn an. Einar kannte den Grund. Seine Schläge waren schmerzhaft genug gewesen, um seinen Gegner dazu zu bringen, ihn wieder loszulassen, aber ansonsten war er unverletzt. Beiden war klar, dass Einar mittlerweile nach seinem letzten Atemzug ringen würde, wären seine Arme eingeklemmt. Der schwarze Hüne war viel stärker als Einar. Er musste ihn nur richtig zu fassen bekommen, dann war der Kampf vorbei.

Sein Gegner stürzte sich wieder auf ihn. Einar hatte kein Interesse daran, erneut mit dem Riesen zu ringen, und wich aus. Der Mann war viel schwerer als er, also hatte er den Vorteil, flinker auf den Beinen zu sein.

Wieder griff der Schwarze an. Diesmal wich Einar in die andere Richtung aus. Das wiederholte sich zweimal, dann verließ der *blámaðr* seine Position in der Mitte des Steinkreises und begab sich ebenfalls an den Außenrand. Er griff an. Einar zog sich zurück, aber jetzt konnte er nur in eine Richtung ausweichen.

Nach drei weiteren vergeblichen Angriffsversuchen wurde Einar klar, dass ihn der Hüne durch den Kreis jagte und wahrscheinlich in eine bestimmte Richtung drängen wollte. Ob das seine bevorzugte Kampfmethode war oder nicht, vermochte er nicht zu sagen.

Sein Gegner atmete schwer. Wie viele große Männer verließ sich der Schwarze darauf, dass seine überwältigende Kraft einen Kampf schnell beendete. Und wie den meisten Hünen ging ihm bald die Luft aus, wenn es ihm nicht gelang, den Kampf schnell zu beenden.

»Schluss mit dem Tanz!«, rief Gizur. »Bleib stehen und kämpfe gegen ihn, du Feigling.«

Noch nicht, dachte Einar. *Wollen wir doch mal sehen, ob ich ihn nicht noch etwas ermüden kann.*

Mehrmals täuschte er an und schaffte es jedes Mal nur mit großer Mühe, dem tödlichen Griff des *blámaðrs* zu entgehen. Bei einer Gelegenheit packte der Schwarze Einars Oberarm, aber er konnte sich ihm gerade noch entwinden, bevor sich die eisenharten Finger richtig schließen konnten.

Einar strömte der Schweiß übers Gesicht. Er atmete schwer, aber der Gegner keuchte und schnaufte laut.

»Ich habe genug davon. Das ist doch kein Kampf«, rief Gizur.

Etwas traf Einar im Gesicht. Es war kalt und nass und löste sich beim Aufprall auf seiner Wange auf. Ungläubig wandte er den Kopf. Gizur hatte einen Schneeball nach ihm geworfen.

Der *blámaðr* erkannte die Ablenkung des Gegners und nutzte seine Chance. Er stürmte in Einar hinein, der nicht mehr ausweichen konnte, packte ihn bei den Schultern. Einar schob die Füße in eine breite Verteidigungsstellung. Was auch immer geschehen würde, seine Füße mussten am Boden bleiben. Sollte ihn der Hüne erneut in die Höhe wuchten, war alles vorbei.

Einar stemmte sich dem Schwung des Gegners entgegen, und der Schwarze grunzte leise vor Anstrengung. Einar legte die rechte Hand auf die linke Schulter und die linke Hand auf die Taille des Mannes. Die nackte Haut war glitschig vom Schweiß. Sie bot kaum Halt, und Einar musste sich allein auf seinen Griff verlassen. Er schob mit aller Kraft. Augenblicklich brannten seine Muskeln vor Anstrengung.

Sein Gegner hatte dieselbe Haltung eingenommen wie Einar, nur dass er zusätzlich das Robbenfellwams des jungen Mannes hielt. Kurz erschienen sie wie eine unaufhaltsame Macht, keiner bewegte sich, jeder widerstand dem Druck des anderen. Dann rutschten Einars Füße nach hinten. Die Kraft des Riesen war zu groß. Ein scharfer Stein grub sich in seine nackte Ferse, er musste den Fuß kurz heben. Das beschleunigte seinen Weg noch, und dann stieß ihn der Schwarze rückwärts. Einar musste nach hinten springen, um nicht zu stürzen. Er fand keinen Halt mehr.

Von Panik erfüllt warf er einen Blick über die Schulter, um zu sehen, was hinter ihm war. Er hielt auf den runden Stein in der Kreismitte zu. Wenn er nichts unternahm, würde ihn der *blámaðr* dagegen stoßen, und er würde rücklings darauf zu liegen kommen.

Er ließ den Gegner los, um von ihm wegzukommen, aber der Hüne hielt eisern fest. Einar stieß sich mit der ganzen Kraft seiner Oberschenkel zurück. Dabei riss das Robbenfellwams entzwei, die Vorderseite löste sich von der Rückseite. Plötzlich frei, stolperte Einar davon, wich dem runden Stein um Haaresbreite aus und ließ den *blámaðr* mit dem zerrissenen Wams zurück.

Jetzt keuchte auch er. Die beiden Ringer standen sich gegenüber, starrten einander an und versuchten wieder zu Atem zu kommen. Dann griff der *blámaðr* an. Zuerst schien er durch den Kreis laufen zu wollen, wechselte dann aber die Richtung und stürzte sich auf den Gegner. Die Männer schlangen die Arme umeinander und rangen erneut. Der Schwarze setzte seine größere Masse ein, um Einar aus dem Gleichgewicht zu bringen. Wieder wurde der junge Mann zurückgedrängt.

Ein Blick über die Schulter verriet ihm, dass ihn der Gegner wieder auf den Stein zwingen wollte. Urplötzlich wurde ihm klar, was die braunen Spritzer tatsächlich waren: getrocknetes Blut. Der *blámaðr* tötete seine Gegner für gewöhnlich auf diesem flachen Felsblock, und sie hielten direkt darauf zu.

Ein seltsames Gefühl stieg in Einar auf. Unvermittelt lösten sich Angst und Anspannung in Wohlgefallen auf. Die Welt um ihn herum schien in ein seltsames gelbes Licht getaucht. Seine Furcht verschwand und wurde von einem tiefen kalten Zorn ersetzt. Plötzlich war ihm völlig egal, ob er lebte oder starb. Da war nur die überwältigende Lust zu verletzen, zu verstümmeln und zu töten.

Sein letzter zusammenhängender Gedanke war, dass ihn der göttliche Zorn überkommen hatte.

Einar brüllte. Er trat, schlug und biss, deckte den Mann, der ihn ergriffen hatte, mit einem Hagel aus wilden Schlägen ein. Sämtliche Erschöpfung war verflogen. Kraft durchströmte seine Glieder. Überrascht von dem plötzlichen Ansturm ließ ihn der Gegner los. Mit dem Ausdruck völliger Verwirrung auf dem Gesicht trat er zurück. Einar griff an. Er packte den Schwarzen um die Taille und hob ihn von den Füßen. Dabei schrie er laut, jeder Muskel und jede Sehne in seinem Körper ächzte unter dem Gewicht des Gegners, der so viel schwerer als er war. Mit einem weiteren tierhaften Brüllen schleuderte Einar den Mann zu Boden.

Der *blámaðr* landete schwer auf dem Rücken. Einen Augenblick lang blieb er dort atemlos liegen, seine Brust hob und senkte sich, sein Oberkörper war glitschig vom Schweiß. Einars Finger krümmten sich zu Krallen, und er machte sich bereit, sich auf seinen Feind zu stürzen.

Hör auf.

Irgendwo in den Tiefen seines Bewusstseins hörte er eine Stimme. Er vermochte nicht zu sagen, ob es der eigene Verstand war, der sich einen Weg durch den Nebel des Zorns bahnte, oder ein anderes Wesen in seinem Kopf sprach. Aber eines war ihm klar: Er musste darum kämpfen, den Zorn zu kontrollieren. Dennoch verstand er den Grund dafür nicht, denn diese heilige Macht hatte ihn vor dem Riesen gerettet.

Keuchend stand Einar da, befahl dem wilden Pochen seines Herzens aufzuhören, und dem brodelnden Zorn, sich zu beruhigen.

Der *blámaðr* kam eilig mit weit aufgerissenen Augen und offen stehendem Mund auf die Beine.

Sein Hüter schwang die Peitsche. Sie sauste durch die Luft und traf den Oberschenkel des Schwarzen. Er zuckte zusammen, als sich ein dunkler Striemen bildete, noch während sich das Leder wieder von der Haut löste.

»Was soll das?«, fragte der Glatzkopf. »Niemand hat dich jemals zu Boden geworfen!«

Der *blámaðr* hob den Arm und zeigte auf Einar.

»Er benutzt Magie«, protestierte er. Seine Stimme war tief und dröhnend, und er sprach die Sprache der Nordmänner, aber mit einem Akzent, der Einar noch nie zuvor zu Ohren gekommen war. »Du hast gesehen, wie er sich diese Symbole auf die Füße gemalt hat.«

»Also sprichst du unsere Sprache?«, fragte Einar.

»Natürlich«, sagte der Mann mit der schwarzen Haut. »Ihr behandelt mich wie ein Tier, aber ich bin ein Mensch.«

»Bring ihn um«, rief der Glatzkopf und ließ wieder die Peitsche knallen.

Der Schwarze schnaubte und fuhr sich der Hand über die Nase. Er knirschte mit den Zähnen, dann stürmte er los. Wieder prallte er gegen Einar und warf die Arme um ihn. Mit kräftigen Schritten drängte er Einar zurück.

Wieder wurde Einar auf den Todesstein zugetrieben. Er stemmte sich dagegen, doch der *blámaðr* war zu kräftig. Bald rutschte Einar nach hinten. Der Griff des Gegners war wie Eisen. Diesmal konnte er sich nicht von dem Mann lösen.

Als seine Ferse den Steinblock berührte, sprang er nach hinten.

Der Druck des Gegners erhöhte seinen Schwung noch. Er befreite sich aus dem Griff und rollte sich auf der Steinplatte ab, kam auf die Füße. Völlig überrascht von dem plötzlich fehlenden Widerstand landete der *blámaðr* bäuchlings auf dem Todesstein.

Einar sprang in die Höhe und landete mit beiden Füßen auf dem Rücken des Gegners und schmetterte die Brust des Mannes auf die harte Oberfläche.

Der Mann schrie vor Schmerzen. Einar sprang von ihm herunter, und der Schwarze rollte von dem Block. Sein Gesicht war schmerzverzerrt, die starken Arme um den verletzten Oberkörper geschlungen.

Einar wollte erneut mit beiden Füßen auf ihn springen, hielt sich dann aber zurück. Keuchend vor Anstrengung stand er über dem gefallenen Gegner, Schweiß tropfte ihm vom Gesicht.

»Warum kämpfst du für sie?«, fragte er.

Der *blámaðr* öffnete verwirrt die Augen. »Ich habe keine Wahl. Ich bin ein Sklave.«

»Warum beenden wir das Ganze dann nicht?«, fuhr Einar fort. »Wir beide können es mit ihnen aufnehmen.«

»Sie werden uns töten«, sagte der *blámaðr.* »Sie haben Waffen.«

»Dann sterben wir eben im Kampf gegen unsere Feinde«, erwiderte Einar, »und kämpfen nicht für ihre Unterhaltung gegeneinander.«

Er streckte die Hand aus. Der schwarze Mann ergriff sie, und Einar zog ihn auf die Füße.

»Erschieß sie«, rief Gizur dem Bogenschützen zu.

Ohne nachzudenken, warf sich Einar nach links. Der *blámaðr* duckte sich nach rechts. Beide hörten etwas wie eine zornige Wespe an sich vorbeisausen. Wo sie gerade noch gestanden hatten, zischte ein Pfeil durch die Luft. Er prallte an einem Menhir ab und verschwand irgendwo zwischen den Bäumen.

Einar fuhr herum. Der Schütze hatte bereits den nächsten Pfeil eingehakt. Er zog die Sehne bis zum Ohr zurück und zielte direkt auf ihn. Dieses Mal konnte er ihn nicht verfehlen.

Dann flog etwas durch die Luft, fast zu schnell, um es wahrzunehmen. Es traf den Bogen direkt an der Stelle, an der der Pfeil auf dem Zeigefinger des Schützen auflag. Der Bogen zerbrach mit einem Knacken, der Pfeil fiel zu Boden. Der Mann schrie vor Schmerz und Überraschung auf, hielt sich die verletzte rechte Hand mit der linken.

Einars Kopf fuhr herum. Affreca bückte sich bereits nach dem nächsten Stein am Boden. Von einem wilden Hochgefühl ergriffen, wurde ihm klar, dass das Lederarmband, das er zuvor an ihrem Handgelenk entdeckt hatte, die Schleuder war, die sie bei den Gälen in Schottland mitgenommen hatte.

Gizur hatte sich ebenfalls umgedreht und sah, dass Affreca sich aufrichtete und das nächste Geschoss einlegte.

»Du schwarzhäutiger Bastard!«, brüllte der Glatzkopf und schleuderte den Speer. Aber ihn hatte die Panik ergriffen, und er musste mit der linken Hand werfen, weil er in der rechten noch immer die Peitsche hielt. Das war offensichtlich nicht seine starke Hand. Der Speer verfehlte sein Ziel weit und landete mit einem dumpfen Aufprall neben Einar auf dem Boden.

Der Glatzkopf fluchte und schwang die Peitsche. Der Lederriemen sauste durch die Luft und traf die Brust des *blámaðrs*, teilte die Haut und ließ Blut fließen. Aber bevor der Wächter ihn zurückreißen konnte, hatte der Schwarze ihn gepackt. Der

Glatzkopf war außer sich vor Zorn, wie seine Miene verriet. Einar wurde Zeuge, wie Jahre der Unterdrückung endeten.

Der Wächter wollte seine Peitsche losreißen, aber der *blámaðr* hielt eisern fest. Dann riss er daran und eilte los. Der Wächter, der den Griff noch immer umklammerte, stolperte auf den Hünen zu.

Der *blámaðr* drückte eine riesige Hand auf das Gesicht seines Peinigers. Mit einem lauten Brüllen grub er ihm die Finger in die Augen und den Daumen unter den Kiefer. Der Wächter schrie auf. Mit einer schwungvollen Bewegung wirbelte ihn der *blámaðr* herum. Ein lautes Krachen ertönte, als hätte jemand einen Tonkrug auf einen Steinboden geworfen. Der kahle Kopf des Mannes schlug gegen den Todesstein. Der Schädelknochen gab nach, Blut spritzte in alle Richtungen. Der *blámaðr* zerrte den Wächter wieder hoch und donnerte seinen Kopf erneut gegen den Stein. Dann ließ er die zuckende Leiche fallen und richtete sich auf.

Einar schnappte sich den Eberspeer, den der tote Hüter nach ihm geworfen hatte. Dann rannte er auf Gizur zu.

»Zurück«, rief Gizur. »Ich habe sie noch immer in meiner Gewalt. Ich bringe sie um. Lass die Schleuder fallen, Miststück!«

Mit einem Auge auf Einar griff der Mann nach Affrecas Haaren, um sie zu sich zu ziehen. Aber seine Finger glitten erfolglos durch die Stoppeln, als sie zurückwich.

»Du hast gar nichts«, knurrte sie, schwang herum und trat nach Gizurs Knie. Er schrie vor Schmerzen auf und stolperte.

Dann erreichte Einar den Rand der Lichtung. Gizur schwang das Schwert mit beiden Händen, um seinem Gegner den Kopf zu spalten. Einar riss den Speerschaft hoch. Die Klinge grub sich tief in das Holz, wurde aber in ihrem Weg aufgehalten.

Einar versetzte Gizur einen Tritt in den Leib. Gizur taumelte zurück, verlor das Gleichgewicht und landete flach auf dem Rücken. Einar stieß ihm den Speer mit beiden Händen unter das Kinn. Die breite Spitze bohrte sich ins Fleisch und erstickte jeden Laut, während sie sich durch den Mund in den Schädel bohrte. Einar stemmte sich mit aller Kraft dagegen, und der beschädigte Schaft brach mit einem lauten Knacken in zwei Teile. Gizur war tot.

Einar schleuderte das abgebrochene Stück zur Seite. Er drehte sich um, um nach dem Bogenschützen zu sehen. Der Mann hatte den zerstörten Bogen weggeworfen und fummelte an dem Messer an seinem Gürtel herum, um es zu ziehen. Affreca wirbelte die Schleuder mit dem nächsten Stein um den Kopf.

Der Schwarze rannte auf den Bogenschützen zu. Der Mann stieß einen Schrei aus, fuhr herum und floh zwischen die Bäume. Affreca schickte ihm den Stein hinterher, aber das Geschoss prallte harmlos von einem Baum ab. Der *blámaðr* erkannte, dass der Bogenschütze zu schnell für ihn war, und gab die Jagd auf.

»Was jetzt?«, fragte Affreca.

Einar dachte daran, was gerade auf der Verräterinsel geschah.

KAPITEL 56

Ich gehe mit euch«, sagte der *blámaðr.* »Wir alle helfen deinen Freunden.«

»Das musst du nicht«, sagte Einar. »Du bist jetzt frei. Du brauchst dein Leben nicht mehr aufs Spiel zu setzen.«

»Wo soll ich hin?«, fragte der Schwarze. »Ich will aus diesem Land weg. Habt ihr ein Schiff?«

»Ja, das haben wir«, sagte Einar. »Also gut. Wir könnten deine Hilfe brauchen.«

Er riss den abgebrochenen Speer aus Gizurs Leiche. Affreca hob sein Schwert vom Boden auf, und sie liefen über den Pfad zurück durch den Wald. Es dauerte nicht lange, bis der Schwarze nach Luft schnappte und so stark schwitzte wie auf dem Höhepunkt des Ringkampfes.

»Ich glaube, du hast mir ein paar Rippen gebrochen«, keuchte er, blieb stehen und beugte sich vor, stützte die Hände auf die Knie. »Geht ohne mich weiter. Ich hole euch ein.«

Einar fühlte sich keineswegs besser, aber er wusste, dass die Flut mit jedem Augenblick höher stieg und die Schäre mitsamt den darauf gefesselten Wolfsmänteln überspülte.

Schließlich erblickten er und Affreca die Häuser von Avaldsnes zwischen den Bäumen. Sie liefen langsamer und blieben stehen, bevor sie den Schutz des Waldes verließen. In der Anlage um die Königshalle ging es so geschäftig zu wie in einem Bienenstock, genau wie im Hafen. Ein beständiger Schiffsstrom suchte sich den Weg in den Sund, um die Reise nach Süden zu beginnen. Das Schiff mit dem Raben von Orkney auf dem Segel war verschwunden und hatte vermutlich Vakir und die Königsfamilie an Bord. Das Kriegsschiff des Königs, dessen Segel mit Eriks blutroter Axt bemalt war, war auch weg. Einar vermochte förmlich die wachsende Panik zu spüren, die in der Luft lag. Jeder reiste ab. Avaldsnes wurde aufgegeben.

In der kleinen Bucht jenseits des Hafens war die Schäreninsel zu sehen. Sie war beinahe völlig vom Meer überspült, aber zu Einars Erleichterung konnte er Köpfe über der Wasseroberfläche entdecken. Die Wolfsmäntel waren noch nicht tot, aber wenn er nicht schnell etwas unternahm, würden sie es bald sein.

Die beiden Berserker, Narfi und Björn, standen bis zu den Schienbeinen im Wasser und hielten noch immer auf dem Felsen Wache. Das Ruderboot, das Affreca und Einar an Land gebracht hatte, lag noch auf dem Kiesstrand.

»Gehen wir einfach hin?«, fragte Affreca.

Einar nickte. »Jeder in Avaldsnes will einfach nur weg. Niemand wird sich fragen, wer wir sind, es sei denn, er kennt uns.«

»Was ist mit ihm?« Affreca deutete mit einer Kopfbewegung auf den *blámaðr*, der auf dem Pfad heranstolperte, um sie einzuholen. »Er wird auffallen.«

»Geh zurück und sag ihm, er soll zwischen den Bäumen warten«, antwortete Einar. »Wir treffen uns bei dem Ruderboot, mit dem wir an Land gekommen sind.«

Affreca lief zurück zu dem *blámaðr,* während Einar zum Ufer aufbrach. Dort duckte er sich hinter das Boot und versuchte sich einen Plan einfallen zu lassen. Die Schäre war nicht weit von der Küste entfernt, aber das Wasser war tief, und wenn sie das Boot nahmen, hatten sie keine Deckung.

Kurz darauf gesellte sich Affreca zu ihm.

»Was jetzt? Wir können nicht einfach dort rausrudern«, sagte sie. »Sie werden uns kommen sehen, sobald wir das Boot ins Wasser schieben.«

»Genau das werde ich tun«, antwortete Einar. »Und nur ich allein. Ich brauche dich hier. Schnapp dir ein paar Steine und versuch die Berserker mit deiner Schleuder zu treffen.«

»Bist du irre? Sie sind zu zweit. Sie tragen Kettenhemden, Eisenhelme und haben Schilde. Du hast einen abgebrochenen Speer und nicht einmal ein Hemd.«

»Ich habe einen Plan. Sobald ich rudere, fängst du an, sie mit Steinen zu beschießen.«

Affreca schüttelte den Kopf, sagte aber: »In Ordnung.«

Einar erhob sich und schob das Ruderboot ins Wasser. Sobald der Lärm des über die Steine rutschenden Kiels die Insel erreichte, drehten sich Narfi und Björn um.

»Wen haben wir denn da?«, rief Narfi. »Solltest du nicht tot sein?«

Einar ignorierte ihn und sprang auf die Ruderbank, schnappte sich die Riemen und fing an zu rudern. Das Boot fuhr auf die Schäre zu.

»Egal«, sagte Narfi. »Wenn man etwas richtig erledigt haben will, muss man es selbst machen. Du kommst, um deine Freunde zu retten, was? Dann her mit dir! Du kannst mit ihnen in den Tod gehen.«

Affreca schleuderte den ersten Stein. Er flog über das Wasser, aber die Entfernung war groß genug, dass der Berserker ihn kommen sah. Er wandte sich ab und ging in die Hocke, bedeckte die untere Gesichtshälfte, die nicht vom Helm geschützt wurde, mit dem dicken Lederhandschuh an seiner Hand. Der Stein traf seine Seite, prallte aber von dem Kettenhemd ab. Der Flug hatte ihm seine tödliche Macht geraubt, und die Eisenglieder hielten ihn auf. Dennoch traf er hart genug, dass es schmerzte.

Unwillkürlich stieß Narfi einen leisen Schrei aus. Er schnallte den Schild los und hielt ihn vor sich. Björn folgte seinem Beispiel. Einar ruderte, jeder Schlag brachte ihn näher an sein Ziel.

»Diese Steine werden uns nicht töten«, rief Narfi, als das nächste Geschoss von dem Schild abprallte. »Wir warten hier auf dich, Einar. Wir spießen dich auf wie ein gebratenes Schwein.«

»Tatsächlich?«, rief Einar zurück. »Ich habe gehört, dass Björn gern etwas aufspießt. Zwischen deinen Arschbacken.«

Narfi stieß hinter dem Schild ein leises Kichern aus. Es klang eher bedrohlich als amüsiert.

»Du hast ein großes Maul, Einar«, rief er. »Das wird dir aber nichts nützen. Wenn du uns weiter ärgerst, lassen wir uns einfach mehr Zeit, dich zu töten.«

Der nächste Stein sauste über das Wasser. Diesmal prallte er von Narfis Helm ab. Der Berserker fluchte.

»Hör damit auf!«, rief er. Seine Stimme war angespannt und ziemlich schrill. Einar konnte den Zorn und die Ohnmacht spüren, die in dem Berserker brodelten. »Deine Steine können uns nicht verletzen. Du verschwendest deine Zeit!«

Ein Stein prallte vom Schild ab.

»Das reicht!«, brüllte Narfi. »Wenn wir deinen Freund getötet haben, schnappen wir dich, Schlampe. Du bekommst von uns den Ritt deines Lebens. Und es wird der letzte sein, den du je erlebst!«

»Da wir gerade vom Reiten sprechen«, rief Einar, der noch immer ruderte, über die Schulter, »Ulrich hat mir eine interessante Geschichte erzählt, die letzten Sommer in Avaldsnes die Runde gemacht hat. Du hast eine Stute in Hitze geritten, und ein Hengst hat sie überrascht. Er war auf dem Rücken der Stute, bevor sie etwas tun konnte. Der Hengst hatte die Vorderbeine auf deine Schultern gelegt, und du hast die ganze Zeit dort festgesteckt. Zumindest hat es so ausgesehen. So wie ich es gehört habe, war schwer festzustellen, ob der Hengst in der Stute war oder in dir. Vielleicht hattest du einfach zu viel Spaß, um abzuspringen.«

»Du bist tot, Isländer«, brüllte Narfi hinter seinem Schild. »Komm endlich her. Ich kann es nicht erwarten, dich aufzuschlitzen!«

Einar schätzte, nahe genug an der Schäre zu sein. Er zog die Riemen ein letztes Mal kräftig durch, dann ließ er sie fallen. Er stand auf und stellte sich in die Richtung, in die das Boot weiterfuhr. Das Eiland war nur noch wenige Schritte entfernt, und Narfi und Björn hatten die Schilde gehoben und die Schwerter gezogen. Einar hatte den abgebrochenen Speer direkt hinter der langen Eisenspitze gepackt und hielt ihn an der Seite vor den Berserkern verborgen. Narfi knurrte wie ein Tier und nagte am Eisenring seines Schildes. Blut aus seinem Mund befleckte das Metall. Einar sah, dass ihn gleich die Berserkerwut übermannen würde; er war dabei, jedes Urteilsvermögen zu verlieren.

»Komm doch und hol mich!«, rief Einar.

Als Narfi sah, dass sein Feind in Reichweite war, verdrehte er die Augen und stieß ein Heulen aus, als der Zorn die Kontrolle über ihn übernahm. Er sprang von der Insel in das Boot und stürmte mit erhobenem Schwert los. Dabei brüllte er wie ein Bär.

Einar sprang zur Seite und wich dem herankommenden Berserker aus. Vom eigenen Schwung angetrieben stolperte Narfi an ihm vorbei. Er konnte sich nicht abfangen und stürzte über den Bootsrand.

Eine gewaltige Fontäne spritzte in die Höhe, und Narfi verschwand unter der Oberfläche. Das Wasser war tief, und das Gewicht von Kettenhemd, Schild, Waffen und Helm zog ihn direkt auf den Grund. Schon war er verschwunden. Er kam nicht wieder an die Oberfläche.

Björn war direkt hinter ihm, das Schwert zum Schlag erhoben. Einar wandte sich ihm zu. Mit der linken Hand fing er das Handgelenk von Björns Schwertarm ab und stemmte sich dagegen. Mit der Schulter drückte er den Schild zur Seite. Dann stieß er den abgebrochenen Speer mit aller Kraft in den Leib des Berserkers. Die Spitze zersprengte die Eisenringe, teilte das darunter befindliche Leder und bohrte sich in die Eingeweide. Björn fluchte, als Einar seinen Arm nach unten riss und ihn aus dem Boot stieß. Er stürzte kopfüber ins Wasser. Das Gewicht seiner Ausrüstung zog auch ihn sofort auf den Grund.

Einar ging in die Hocke, um das wilde Schaukeln des Bootes zu beenden und nicht ebenfalls über Bord zu gehen. Luftblasen zerplatzten an der Oberfläche; sie stiegen aus den schreienden Mündern der untergegangenen Berserker auf. Der Blasenstrom wurde langsamer, dann hörte er ganz auf.

»Einar! Bist du das?« Es war Ulrich. Sein Gesicht war beinahe völlig untergetaucht, und er hustete, als ihm Salzwasser in den Mund lief. »Wenn du es bist, hör auf rumzutrödeln, und hol uns hier raus.«

KAPITEL 57

Skar strich mit zwei Fingern über die linke Wange des *blámaðrs.*

Der *blámaðr* schnappte sich die Hand des großen Mannes und stieß sie weg. »Die Farbe kann man nicht abreiben. Das ist meine Hautfarbe. Hätte ich ein Goldstück für jedes Mal, an dem einer von euch versucht hat, sie abzuwischen, wäre ich reicher als ein König.«

Skar zuckte mit den Schultern und hockte sich wieder auf die Fersen.

»Hast du einen Namen?«, fragte er.

Sie saßen auf Roans Schiff und fuhren nach Norden. Vom dunklen Himmel nieselte es, während um sie herum nur graue wogende See war. Roan stand wie gewöhnlich völlig unbewegt am Steuer. Der Rest – Ulrich, Skar, Bödvar, Sigurd, Atli, Kari, Starkad, Einar, Affreca und der *blámaðr* – kauerten unter der Plane, die am Mast aufgespannt war, um Schutz vor den Elementen zu bieten. Auf dem Kochstein war ein Feuer entzündet, über dem ein Topf hing. Der appetitliche Duft von kochendem Fleisch hing in der Luft.

Nachdem Einar die Wolfsmäntel auf der Schäreninsel von ihren Fesseln befreit hatte, war die Flucht aus Avaldsnes einfach gewesen. Da jeder, der sie hätte aufhalten können, entweder tot oder bereits abgereist war, hatten sie sich Vorräte aus der Halle und den umgebenden Gebäuden genommen. Die meisten waren bereits leer geräumt, aber sie hatten das Glück, trockene Reisekleidung zu finden. In den Küchen des Königs hatten zu viele Vorräte gelagert, als dass die Flüchtenden alles hätten mitnehmen können, also hatten sie sich ausreichend bedienen können, und es war ein Essen für Könige. Eriks Gefolgschaft, die noch nicht weg war, lud ebenfalls Sachen ein, weshalb niemand den Wolfsmänteln Fragen stellte. Und zu ihrer Freude fanden sie mehrere Kannen Wein und ein Fass Ale. Dann rollten sie die Fässer zum Hafen hinunter, wo Roans Schiff vertäut lag, gingen an Bord und legten ab.

Da alle Schiffe nach Süden segelten, ging Roan auf Kurs Nord, in die entgegengesetzte Richtung der Nachzügler der königlichen Gefolgschaft.

»Mein Name ist Sayf al-Din«, sagte der *blámaðr.* Er sprach die Worte aus, als wäre er sich ihrer selbst nicht sicher.

»Seifel … was?« Skar verzog das Gesicht, als er den fremden Namen auszusprechen versuchte.

Der *blámaðr* lachte.

»Es ist so lange her, dass mich jemand mit Namen angesprochen hat«, sagte er. »Ich kann mich kaum noch selbst daran erinnern, wie man ihn richtig ausspricht.«

»Bist du ein Troll?«, wollte Affreca wissen.

Der Schwarze schüttelte den Kopf. »Nein, ich bin ein Mensch. Ich komme aus einem Land tief im Süden, jenseits des großen Mittelmeers. Jenseits des Landes, das ihr *Serkland* nennt.«

»Mir hat man immer erzählt, dass es hinter Serkland nichts gibt«, sagte Bödvar. »Die Sonne wird so heiß, dass dort nichts leben kann. Der Boden selbst brennt wie Feuer.«

»An einigen Orten ist das tatsächlich so. Ich wurde südlich des großen Sandmeeres geboren«, erzählte der *blámaðr.* »Vor vielen Jahren war ich ein Krieger. Ein frei geborener Krieger, kein Mameluck. Wir waren Feinde der Fatimiden, also reiste ich im

Dienst meines Herrn, um in den Heeren des Emirs von Córdoba in al-Andalus zu kämpfen.«

Beim Anblick der verständnislosen Mienen um ihn herum fügte er hinzu: »Das war einst eine Provinz der Römer namens Hispania, bevor es Männer unseres Glaubens eroberten.«

»Diese Römer waren ja überall«, sagte Einar. »Das waren bestimmt Riesen. Oder Zwerge.«

»Euer Volk hat al-Andalus angegriffen«, erzählte der *blámaðr*. »Es ist euch nicht gut ergangen. Wir haben euch besiegt, eure Schiffe mit Griechischem Feuer verbrannt. Aber ich hatte Pech. Beim Krieg gegen die Fatimiden wurde ich gefangen und an die Sklavenhändler der Berber verkauft. Am Ende landete ich auf einem Sklavenmarkt in Konstantinopel, der Stadt, die ihr Miklagard nennt. Ein nordischer Händler hat mich dort gekauft und nach Norden geschafft. Er hat mich König Harald Schönhaar zum Geschenk gemacht. Harald hat mich als Arenakämpfer gehalten, so wie sich manche Könige Kampfhunde halten.«

Er spuckte auf den heißen Stein. Die anderen konnten förmlich den Groll spüren, der in ihm brodelte.

»Nach Haralds Tod hat Erik mich geerbt und auf die gleiche Weise benutzt.« Er starrte in die Flammen des Feuers, dann sah er Affreca an.

»Ein Troll ist eine Art Dämon, richtig?«, fragte er. »Ein übernatürliches Geschöpf? Etwas wie das, das wir *Dschinn* nennen? Ein Teufel, der Böses tut und der Nacht gehört?«

Affreca nickte.

»Dann bin ich vielleicht ja doch einer, jedenfalls teilweise. Wenn ich kämpfe, scheint manchmal ein Teufel von mir Besitz zu ergreifen, der mich in eine rasende Bestie verwandelt. Dann will ich meinen Gegner nur noch töten, auch wenn er mir nichts getan hat. Mir nicht das Geringste bedeutet.«

»Klingt, als würdest du dich hier in guter Gesellschaft befinden«, meinte Skar und sah sich in der Runde der Wolfsmäntel um.

»Wie alt bist du?«, wollte Atli wissen.

»Ich weiß es nicht«, sagte der Schwarze. »Ich bin viel älter als ihr alle. Aber warum stellt ihr mir diese Fragen? Ich habe die meisten von euch seit Jahren in der königlichen Residenz kommen und gehen gesehen. Da habt ihr nie mit mir gesprochen.«

»Man hat immer nur Leute zu dir geschickt, die den König verärgert hatten«, sagte Skar. »Und wenn sie zu dir gingen, kehrten sie nie zurück.«

»Einige behaupten auch, dass sich im Süden vom Serkland Muspellsheim befindet«, meldete sich Ulrich das erste Mal zu Wort. Seit Beginn der Reise hatte er nur sehr wenig gesagt. »Das ist das Land aus Feuer, das sich am letzten Tag des Untergangs nach Norden ausbreiten und die Welt verschlingen wird.«

»Der Weg nach Muspellsheim wird von Surtur bewacht«, sagte Skar. »Ein Riese, dessen Haut von den Feuern von Muspell schwarz verbrannt wurde. Ich kann deinen Namen nicht aussprechen, mein Freund. Also sollten wir dich meiner Meinung nach Surtur nennen. Was hältst du davon?«

Der Schwarze lächelte. »Solange ihr von dem Ort fortsegelt, der so viele Jahre mein Gefängnis war, könnt ihr mich nennen, wie ihr wollt.«

»Und wie geht es weiter?«, wandte sich Skar an Ulrich.

Ulrich seufzte und verdrehte die Augen.

»Vor Kurzem hatten wir ein Kriegsschiff. Wir hatten Helme und Kettenhemden. Wir waren die besonderen Krieger des Königs. Jetzt fahren wir auf diesem Handelszuber. Wir sind immer noch nicht wieder zwölf Männer. Wir haben keine Kettenhemden, keine Wämser. Unsere Waffenkiste besteht aus ein paar Schwertern und einem abgebrochenen Speer. Wir haben keinen König, keinen Herrn. Was noch schlimmer ist, wir sind die

Feinde von mindestens drei Königen. Wir sind ohne Heimat und ohne Land. Wir sind Wanderer auf den Walstraßen.«

»Jetzt sind wir *wirklich* Wikinger«, sagte Skar mit einem Schmunzeln.

»Schon möglich«, erwiderte Ulrich. »Aber welchen Nutzen hat das alles, ohne einen König, für den man kämpft?«

»Wir sollten zu König Erik gehen«, meinte Atli. »Vielleicht nimmt er uns ja wieder in seinen Diensten auf.«

Alle schwiegen und sahen Atli an. Schließlich stand Ulrich auf.

»Scheiß drauf«, sagte er. »Scheiß auf ihn.«

Zustimmendes Nicken und Grunzen ertönte aus der Runde.

»Hat jemand etwa eine bessere Idee?«, wollte Atli wissen und schob die Unterlippe vor.

Einar stand auf. Er sah ausgezehrt aus, seine Haut war blass, unter seinen Augen zeichneten sich dunkle Ringe ab. Er sah in die Runde und erwiderte jeden Blick mit einem entschlossenen Ausdruck.

»Was denkst du?«, fragte Ulrich.

»Halb Norwegen erhebt sich gegen Erik«, sagte Einar. »Wir sollten uns den Rebellen anschließen.«

»Und was hätten wir davon?«, wollte Atli wissen.

»Rache!«, erwiderte Einar.

GLOSSAR

In diesem Roman werden viele Begriffe aus dem Altnordischen, Altenglischen und Altgälischen verwendet. Dieses Glossar versucht, eine moderne Übersetzung anzubieten. Das Altnordische und Altenglische mag heute vielen fremd erscheinen, aber es waren Schwestersprachen, und Begriffe werden oft klar, wenn die Aussprache deutlich wird.

Ägir: nordischer Gott des Meeres
Asen: einer der beiden Stämme der nordischen Götter. Der andere waren die Wanen.
alþingi: das Althing (Isländisches Parlament)
aptrgangr: Geist oder Wiedergänger
àrchù: (Irisches Gälisch) Kampfhunde
berserkergang: »Zum Berserker werden« – der unkontrollierbare Zorn, der den Verstand der Berserker übermannt, wenn sie sich in den Kampf stürzen, angeblich von Odin geschickt
Bifröst: die Regenbogenbrücke, die von der Erde zum Heim der Götter führt (Asgard)
blót: Feiertag für Opfergaben
brynja: Kettenhemd
dísablót: Opferfest für die Disen. Ein heidnisches Fest, das den Beginn des Winters feierte. Überzählige Tiere wurden den Disen geopfert, den weiblichen Geistern des Landes, dann verspeiste man das **Fleisch.**

drápa: höfisches Preislied
Fáfnir: Drache aus der nordischen Mythologie
fiðla: Saiteninstrument
Fimm Borginn: die fünf Boroughs; Landstriche in Nordostengland, die von den Nordmännern besiedelt wurden
Fólkvangr: Folkwang; Wohnsitz der Göttin Freya und Gegenstück zu Walhalla
Freya: »Die Herrin«, eine nordische Göttin
Freyr: »Der Herr«, ein nordischer Gott
Frigg: nordische Göttin, Gemahlin von Odin
galdr: sowohl ein heidnischer Zauber als auch die Art und Weise des Vortrags. Man nimmt an, dass der Gesang durch Lautstärke oder auf andere Weise nach Aufmerksamkeit suchte (z.B. im Falsett).
galdr maðr: zauberkundiger Mann
gangr-Planke: gangr ist das altnordische Verb für »gehen«. Eine Planke, über die man vom Schiff an Land geht. Ihm entstammt das »über die Planke gehen« der Piraten.
gata: Holzbohlenwege in Städten. Ursprung von Straßennamen in Städten wie York, die das Wort »Gate« beinhalten, z.B. Coppergate.
goði: isländischer Häuptling, der für einen Bezirk verantwortlich war. Im Zeitalter der Wikinger war der *Gode* für die Aufrechterhaltung der Gesetze und den Vollzug religiöser Riten zuständig.
Hausakljúfr: »Der Schädelspalter« – Beiname des Jarls von Orkney
Hel: Der moderne Begriff Hölle (Hell) entstammt dem nordischen Namen der Herrscherin des Königreichs, in das Menschen ohne Wert nach ihrem Tod eingingen (zum Beispiel Eidbrecher oder Mörder).
hof: heidnischer Tempel/Kirche

Holmgang: Der Begriff bedeutet wortwörtlich »Inselgang«, ein formelles Duell, das Streitigkeiten klären sollte.

Iriskr: nordische Bezeichnung für Iren

Jarl: mächtiger nordischer Adliger. Ursprung des modernen britischen Adelstitels »Earl«

jól: Julfest. Mittwinterfest der Wikinger

jötunn/jötnar: eine Kreatur der Finsternis und des Chaos. Wird für gewöhnlich als »Riese« übersetzt.

knattleikr: Spiel in der Wikingerzeit mit Schlägern und einem Ball auf einer Eisfläche; scheint dem modernen Eishockey zu ähneln. In den isländischen Sagas enden die Spiele für gewöhnlich mit Gewalt.

knǫrr: schweres Langschiff mit breitem Rumpf, das für den Handel benutzt wurde

Loki: nordischer Gott. Loki war für seine Betrügereien berühmt. Er war der Vater von drei furchterregenden Kindern und letztlich verantwortlich für Ragnarök, das Ende der Welt.

Mormaer: schottischer Kriegshäuptling

niðingr: jemand ohne Ehre; ein Schurke

Nornen: übernatürliche weibliche Wesen, die das Schicksal des Menschen bestimmen

Odin: Oberhaupt der nordischen Götter, bei den Germanen als Wotan bekannt

Rán: Gemahlin des nordischen Meergottes

Saga: »Was erzählt wurde«. Gemeint ist eine Geschichte oder ein historisches Ereignis, das sich für gewöhnlich auf eine Hauptfigur konzentriert.

seiðkona: Schwarze Magierin

seiðmadr: Schwarzer Magier

seiðr: Schwarze Magie, Zauberei

Skalde: berufsmäßiger Dichter und Sänger

skeið: schnellster Typ eines großen Kriegsschiffes mit dreißig Ruderbänken und Besatzungen von neunzig Männern

snekkja: leichtes, schnelles Kriegsschiff

spákona: Seherin; Frau, die in die Zukunft sehen kann. Weise Frau.

stafnbúi: Standartenträger oder Bugmann

strandhǫgg: Viehdiebstahl der Wikinger zwecks Proviantbeschaffung

sunnudagr: Sonnentag, Sonntag

tafl: Brettspiel

Thrall: Sklave

Tyr: nordischer Gott des Kampfes und des Sieges

Ulfberht: Schwert der Wikingerzeit, das für seine Qualität bekannt war. Der Name des Schmiedes war in die Klinge eingraviert.

úlfhéðnar: »Wolfsmäntel« oder »Wolfshäute«; Elitekrieger, die sich der Anbetung des heidnischen Gottes Odin verschrieben haben. Die Nordmänner unterschieden zwischen Berserkern und Wolfsmänteln.

úlfhéðinn: Einzahl von úlfhéðnar

Urd, Verdandi und Skuld: »Das, was war«, »das, was geschieht« und »das, was geschehen wird« oder »Vergangenheit«, »Gegenwart« und »Zukunft«. Die Nordmänner glaubten, dass tief unten in den Wurzeln der Welt drei übernatürliche Wesen in Gestalt alter Frauen die Schicksalsfäden der Menschen sponnen.

Walhalla: Odins Ruhmeshalle, in der die Tapferen nach ihrem Tod feiern und kämpfen

Walküren: »Die, die auf dem Schlachtfeld ehrenvoll Gefallene auswählen«. Weibliche Geisteswesen, die die Seelen der Tapferen in Odins Ruhmeshalle bringen.

Vidar: nordischer Gott der Vergeltung

vǫlva: eine Seherin

þing: »Thing«. Die Nordmänner hielten regelmäßige Versammlungen unter freiem Himmel ab, bei denen Rechtsstreitigkeiten geklärt und politische Entscheidungen getroffen wurden. Es gab sie auf lokaler und nationaler Ebene.